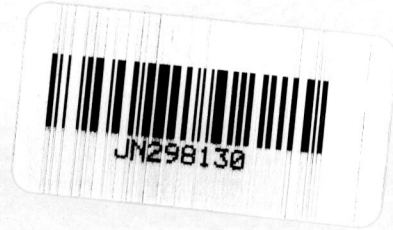

初心者でも**超**わかる！

川《かわ》づりの教《きょう》科《か》書《しょ》

監修／上田　歩
土屋書店編集部／編

土屋書店

はじめに

自然を相手に遊んでいると、
思いがけない光景《こうけい》や、想像《そうぞう》だにしなかった大魚との出会いがあったりする。
新幹線の高架下《こうかした》、今まさに最終が走り去った瞬間《しゅんかん》に
60 センチオーバーのサクラマスが“ドッパーンッ”とルアーに襲いかかってきたり、
急深《きゅうしん》なカケアガリに立っていたら、足下《あしもと》で団扇《うちわ》のような真紅《しんく》な胸ビレがヒラヒラしている。
何事かとちょっとおどかしてみれば、１メートルは優に越すところで
尾《お》ビレが跳《は》ねあがり、それを水面に叩《たた》きつけ水中へと姿を消す巨大な野ゴイ。
そうかと思えば、東京都下にある道の駅のすぐ真下を流れる川では、観光客の賑《にぎ》わいなど何処《どこ》吹く風、
岸辺《きしべ》に集まったオイカワをねらって 50 センチ超えのバスたちが
背ビレも露《あら》わに浅瀬へ大挙《たいきょ》してくる。
よく「孤高《ここう》のつり師《し》」などと揶揄《やゆ》されるけど、つり人は誰だって仲間はほしいもの。
で、つりの楽しさやおもしろさを仲間ほしさに必死で話していると、
「でもさ、それってみんな昔の話でしょ」、なんて返されてしまう。
…でも、信じてほしい。今話したことは、すべてここ２年くらいの出来事、
それも都会の流れのなかでの経験《けいけん》なのだ。もちろん大魚だけじゃあない。
シーズンともなれば、川のあちらこちらでその年に生まれた稚魚《ちぎょ》たちが
群れを成して川を移動していく。
昨今、聞こえてくるのは自然環境のか弱さと、その破壊《はかい》に対する嘆《なげ》きばかり。
しかし、つりという遊びで対峙《たいじ》してみれば、実際にはどーしてどーして
自然とはとても健気《けなげ》でしたたかな存在であることに気づかされたりする。

監修者　上田 歩

CONTENTS

初心者でも超わかる！川《かわ》づりの教科書《きょうかしょ》

CONTENTS

PART3 魚をつろう!………61

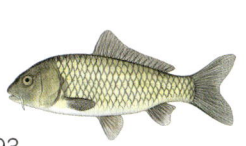

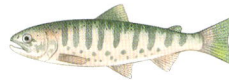

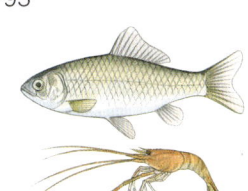

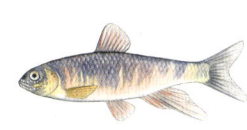

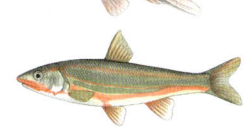

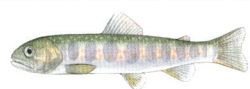

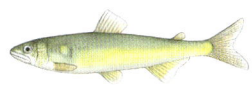

CONTENTS

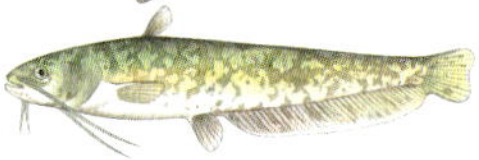

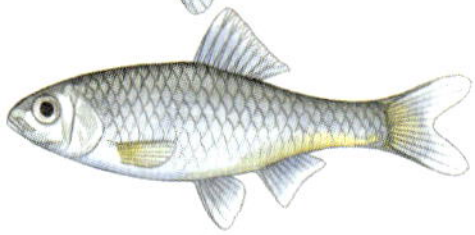

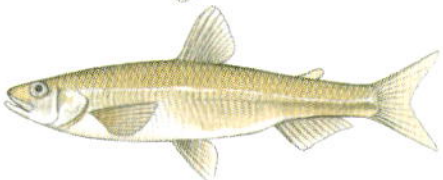

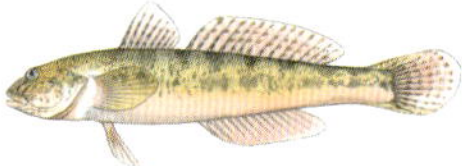

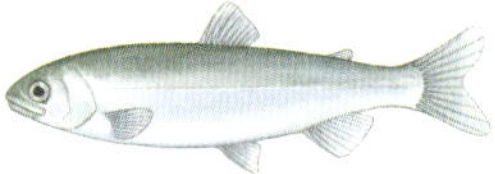

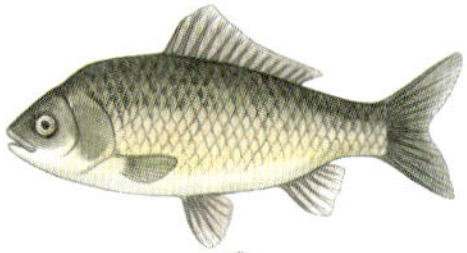

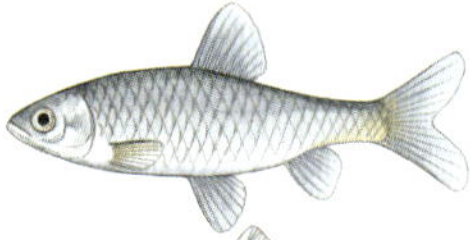

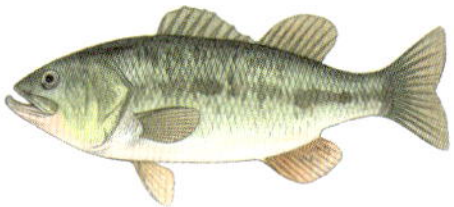

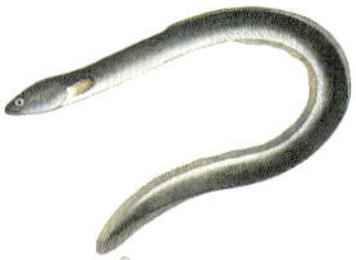

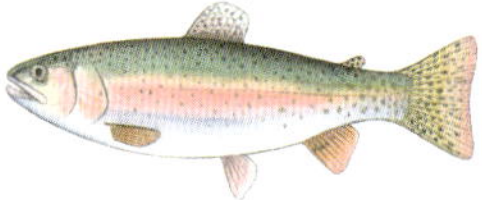

PART1

川づりはこんなに楽しい

川づりの魅力《みりょく》、教《おし》えます

海とはちょっと違う、遊び心満載《まんさい》の趣味《しゅみ》の世界!

“川づり”とは、国内陸部の川、池、湖、沼で行うつりのことで、つまりは淡水域《たんすいいき》(一部に汽水《きすい》域《いき》)に生息《せいそく》する魚を対象とするものである。海にくらべて、川づりの対象魚種は確かに少ないものの、漁業の延長《えんちょう》となる実利本位《じつりほんい》な釣技《ちょうぎ》や釣具《ちょうぐ》の開発が行われてきた海づりに対し、川づりはアユなど一部漁業の対象となるものを除き、主として純然《じゅんぜん》たる「趣味《しゅみ》のつり」として発展してきた。いいかえれば、一匹の魚をつるのに遊び心満載《まんさい》で挑《いど》めるのが、川づり最大の魅力《みりょく》なのである。

川づりって小物《こもの》ばかり?

小物《こもの》は小物《こもの》でも、それを味わい深くする釣《ちょう》法《ほう》や道具を追求する日本人特有《とくゆう》の繊細《せんさい》なワビサビの世界。

が、しかし……
こんな大物だってつれちゃうんですよー

じゃーん、大ゴイ!

わざわざ遠方へ行かないと…

どうせ遠方に出かけるなら海へと考えるかもしれないが、淡水《たんすい》にすむ魚は意外《いがい》にこんな近場《ちかば》にもいて待っているのである。

川づりは自然豊かな山深いところでするイメージ。
しかし……
都会近郊にもいろいろな魚種がいるし、彩《さい》色《しょく》豊《ゆた》かな釣法《ちょうほう》が楽しめるよ。

川の魚って食べられるの?

なかには生で食べられる魚もいますが、基本的には焼くなどの調《ちょう》理《り》が必要。おいしい?　かって、まだこの美《び》味《み》の世界を知らない人は不幸です。

川、独特《どくとく》の生ぐさささはないかな?
いえいえ、おいしいです。

アユの塩《しお》焼《や》きやカワエビの唐《から》揚《あ》げ、ニジマスなどはアウトドア料理の主役でメニューもバラエティ。

川づりのフィールドを知《し》ろう

ワンシーズンだけでは“モッタイナイ”四季折々《しきおりおり》の自然景観《しぜんけいかん》を満喫《まんきつ》！

渓流《けいりゅう》のつり

山に降った雨水の大部分は、樹木《じゅもく》の根ぎわをしたたり落ちて地下水となるが、運悪く？　あふれた水は、傾斜《けいしゃ》を下ってやがては谷間の細流となる。底には大小さまざまな岩や石塊《いしころ》が点在し、ところどころで地下水脈《ちかすいみゃく》も湧《わ》きでて、雨がなくても谷間には生き生きとほとばしるごとく水が流れるようになる。これが渓流《けいりゅう》である。ターゲットは、露出《ろしゅつ》した岩や大石の落ち込みなどを好んですみかとしているイワナやヤマメ、アマゴだ。ヤマメとアマゴは形態的《けいたいてき》にそっくりだが、アマゴには体側に鮮《あざ》やかな朱点《しゅてん》があるので区別できる。

軽装備《けいそうび》で山河を自由に彷徨《ほうこう》、ここぞと思ったポイントへサオを出す。渓流《けいりゅう》づりとは、さながら吟遊詩人《ぎんゆうしじん》のようなつりなのだ

河川《かせん》の中流域《ちゅうりゅういき》・清流《せいりゅう》〜緩流《かんりゅう》

渓流《けいりゅう》はやがて勾配《こうばい》のゆるやかな広い山麓地帯《さんろくちたい》を流れるようになり、瀬《せ》あり淵《ふち》ありと蛇行《だこう》しながら平野地帯を進んで行く。川底には大小の石や礫《つぶて》が多く、川面は陽あたりがよいこのようなところが“清流《せいりゅう》”である。アユやウグイ（ハヤ）、オイカワ（ヤマベ、ハス、ハエ、シラハ）など。

ときには養魚場《ようぎょじょう》や有料つり場から逃げたニジマスが野生化してサオを曲げる嬉《うれ》しいこともある。一方、緩流《かんりゅう》はきわめてゆるやかに平地を流れる区域《くいき》のことである。人間の生活の場を流れているが、ウグイやオイカワ、コイ、フナ、ナマズ、クチボソなどと魚種は意外に多い。

コイ
ウナギ
テナガエビ
水門《すいもん》
壊れたつり台
乱杭《らんくい》
中洲《なかす》
ゴロタ石
緩流《かんりゅう》
消《しょう》波《は》ブロック

山上湖《さんじょうこ》と池《いけ》・沼《ぬま》

山上湖《さんじょうこ》とは、高い山の頂上付近や山あいの盆《ぼん》地《ち》にある湖のことである。成り立ちも火口湖、ダムによる人造湖《じんぞうこ》とさまざま。近年では、特にルアーフィッシングやフライフィッシングが盛んで、ニジマスやヒメマス、ブラウントラウト、ワカサギなどが人気魚種。

山上湖《さんじょうこ》に比べて平地にある池・沼は底が砂泥《さでい》で浅く、水辺にはアシやヨシという植物が生い茂っているせいで、水温も高めである。対象《たいしょう》魚《ぎょ》はマブナやヘラブナ、ブラックバスやブルーギル、ナマズなどがあげられる。

池《いけ》・沼《ぬま》

ブラックバスやブルーギルなどは“特定外《とくていがい》来生物《らいせいぶつ》”に指定されているため、つった後の扱《あつか》いには注意しなければならない。

管理《かんり》つり場《ば》とつり堀《ぼり》

ここ数年、つり人のニーズに応えるため、管理つり場も実に多様になった。一般的には、ふつうの渓流《けいりゅう》に区域《くいき》を限定して渓流魚《けいりゅうぎょ》を放流《ほうりゅう》し、年中つりができる（自然渓流では内水面漁業調《ないすいめんぎょぎょうちょう》整規則《せいきそく》により、だいたいが10月から2月いっぱいが禁漁《きんりょう》期間《きかん》）ところが管理つり場と思っていいだろう。つり場自体の研究も熱心《ねっしん》で、成魚を養魚場《ようぎょじょう》から移入するのにあきたらず自分の養《よう》殖場《しょくじょう》で繁殖《はんしょく》をこころみるところが多く、魚種もこれにともなって増えている。また、はじめてつりザオを手にする女性や子どもにも、形のよい美しい魚がつれる嬉しいフィールドだ。

宅地造成《たくちぞうせい》や道路建設《どうろけんせつ》によって自然繁殖《しぜんはんしょく》の野池《のいけ》が少なくなりつつある都市近郊では、つり堀でのヘラブナつりが大変な人気だ。その理由のひとつが、最初から営業を目的としているので、食堂、トイレなどの設《せつ》備《び》があり、近代的ふん囲気のなかでつりが楽しめられるからだろう。

河口《かこう》

山の斜面から渓流《けいりゅう》、清流《せいりゅう》、そして平地流《へいちりゅう》と移り変わり、あるものは湖や沼、池へ寄り道をしながら海へそそぎ、長かったその旅を終える。旅の終わり間近の河口は、海水魚《かいすいぎょ》と淡水魚《たんすいぎょ》が、潮《しお》の満《み》ち引《ひ》きによって入れかわったりするため、きわめて魚種の豊富な水域《すいいき》となり、とても楽しいフィールドになる。主なつり魚はスズキ、クロダイ、ハゼなどの海の魚と、ボラ、ウナギ、ウグイ（マルタ）などの川の魚たちである。とりわけスズキについては、河口から数10㎞も遡上《そじょう》するため、つり人にとっては魅力《みりょく》のあるターゲットになっている。

PART2

川づりの道具と使い方

川《かわ》づり道具《どうぐ》

基本は"六物《ろくぶつ》"のサオ、イト、ウキ、オモリ、ハリ、エサだが、それだけで魚をつるにはかなり無理《むり》がある。日本の河川は短い距離の間に渓流《けいりゅう》から河口《かこう》までとめまぐるしく変化するからだ。つまりフィールドも対象魚《たいしょうぎょ》も豊《ほう》富《ふ》なため、多種多様《たしゅたよう》なつり道具が必要である。

サオ

サオの素材《そざい》には昔からの竹やグラスファイバーなどがあるが、現在、主流になっているのが、カーボンクロスを素材にした「カーボンロッド」である。カーボンロッドは細く、軽く、高い反発力《はんぱつりょく》をそなえているため、長ザオの必要なアユザオ、アタリをすばやくキャッチしたい渓流《けいりゅう》ザオ、そしてタメのきくヘラブナザオ、リールとのバランスで疑《ぎ》似餌《じえ》バリを意のままに駆使《くし》したいルアー、フライフィッシングにはとくに威力《いりょく》を発揮《はっき》する。もちろん従来のグラスロッドにも独特《どくとく》なねばりの調《ちょう》子《し》があるので愛用者も多い。また竹ザオには化学合成素材にない"味"があるため根強いファンがいる。

主要なサオの種類と長さ

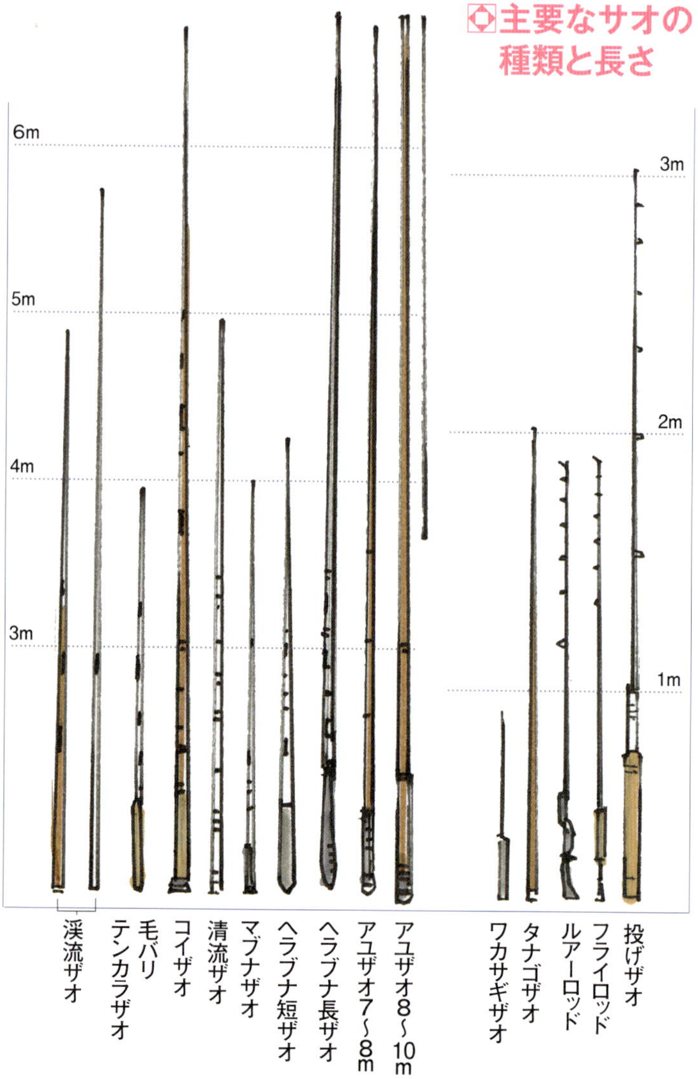

サオのオモリ負荷《ふか》

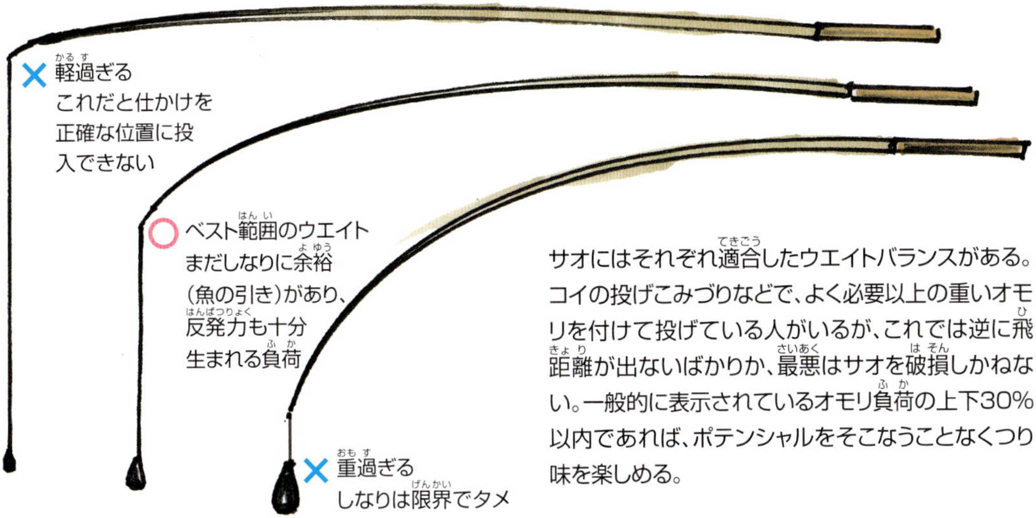

サオにはそれぞれ適合《てきごう》したウエイトバランスがある。コイの投げこみづりなどで、よく必要以上の重いオモリを付けて投げている人がいるが、これでは逆に飛距離《ひきょり》が出ないばかりか、最悪《さいあく》はサオを破損《はそん》しかねない。一般的に表示されているオモリ負荷《ふか》の上下30%以内であれば、ポテンシャルをそこなうことなくつり味を楽しめる。

サオの構造《こうぞう》

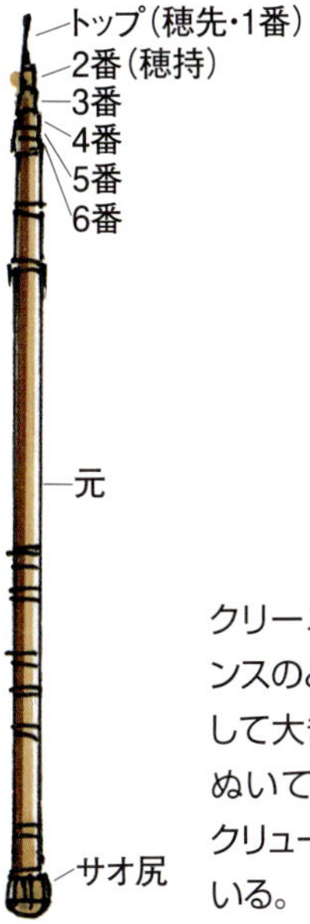

クリーニングやメンテナンスのときは、サオ尻《じり》を外して大きい番手順に引きぬいていく。サオ尻はスクリューキャップになっている。

サオの調子《ちょうし》

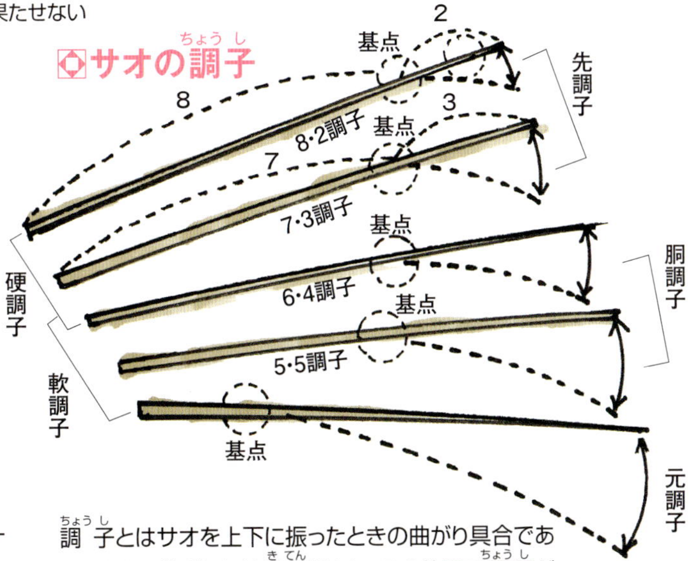

調《ちょう》子《し》とはサオを上下に振ったときの曲がり具合である。サオの曲がりには基点《きてん》があり、この位置で調《ちょう》子《し》が決まる。また、サオには反発力《はんぱつりょく》(弾力《だんりょく》)があり、魚の強い引きにも耐《た》えられる。つまり、サオの復元《ふくげん》しようとする力が自動的に魚を引っぱる役目をし、この復元力《ふくげんりょく》の強弱によって“硬《かた》調《ちょう》子《し》”や“軟《なん》調《ちょう》子《し》”などが決まる。

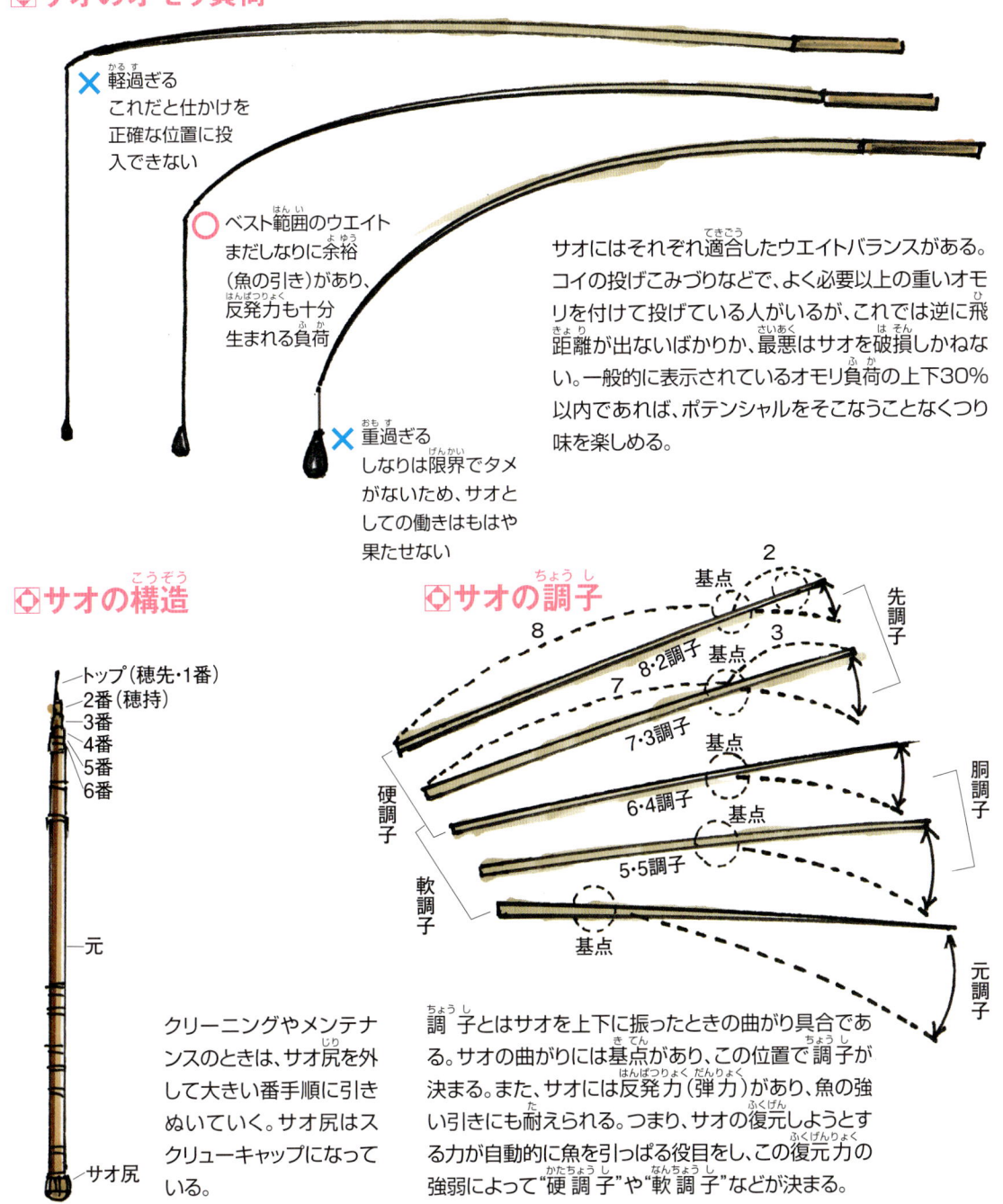

リール

海づりに負けないくらいリールの活躍《かつやく》が増えてきている。より遠くのポイントへ投げこみ、強い引きに対抗《たいこう》しなければならないコイ、年を追うごとに対象魚《たいしょうぎょ》が増えていくルアーフィッシングやフライフィッシングなど、リールの必要性《ひつようせい》は急速《きゅうそく》に高まってきている。

スピニングリール

扱《あつか》いやすく、ルアーフィッシングからコイつりなどに使えるオールマイティ的な用途《ようと》がある。

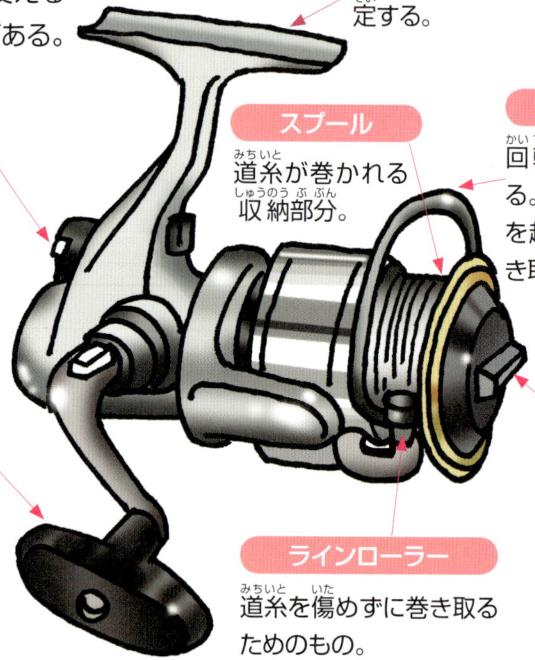

リールフット
サオのリールシートに固《こ》定《てい》する。

ストッパーレバー
ハンドルを逆回転《ぎゃくかいてん》させるときに使う。根《ね》がかりなど、急に糸を出したいときに使う。

スプール
道糸《みちいと》が巻かれる収納部分《しゅうのうぶぶん》。

ベイルアーム
回転《かいてん》して道糸《みちいと》を巻き取る。キャストのときはここを起《お》こす。この状態《じょうたい》で巻き取ることができる。

ドラグ
ここを調節《ちょうせつ》することによって、道糸《みちいと》にテンションをかけることが可能。

ハンドル
取り外《はず》して、右利《みぎき》き、左利《ひだりき》きに対応《たいおう》できる。

ラインローラー
道糸《みちいと》を傷《いた》めずに巻き取るためのもの。

●収納《しゅうのう》のためのリリースボタン

ハンドルの付《つ》け根《ね》部分にあるボタンを押しながらハンドルを倒すと、よりコンパクトになる。

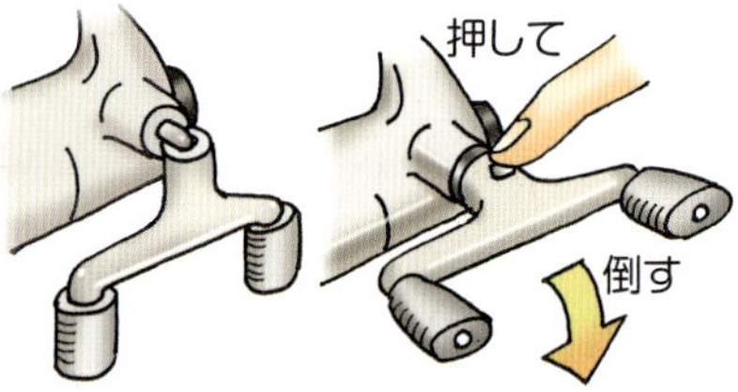

●リールのドラグと調整方法《ちょうせつほうほう》

ドラグはスプールの頭部分にあるノブを回して調節《ちょうせつ》する。

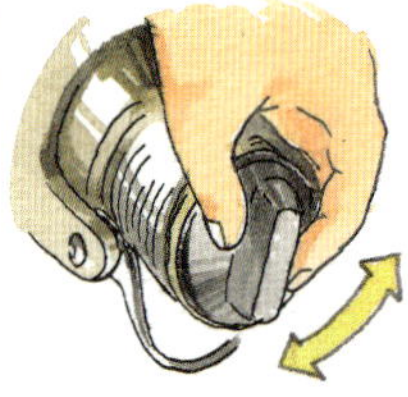

ベイトキャスティングリール

基本的にはルアーフィッシングで使われることが多いリール。なかでも重いルアーをキャストするのに適している。

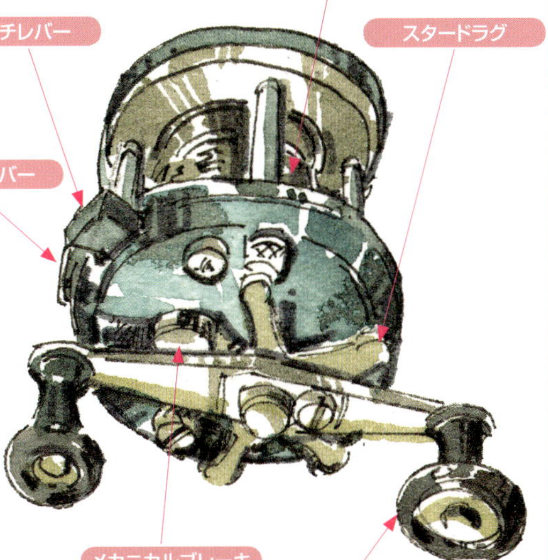

●バックラッシュのほどき方

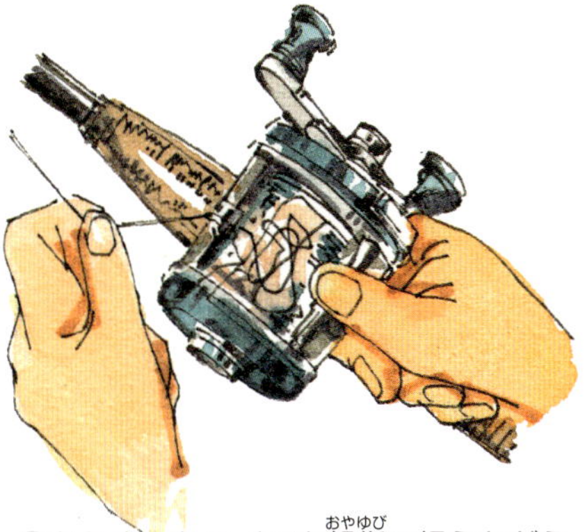

①からまったラインを親指《おやゆび》で押えながら左手で少し引っ張っていく。
②①でうまくいかないときは、親指でスプールを逆回転《ぎゃくかいてん》させながらほどくようにラインを引いていく。

クローズドフェイスリール

特にルアーフィッシングの初心者《しょしんしゃ》のために作られたリール。優れたメカ構造《こうぞう》を持っている。

フライリール

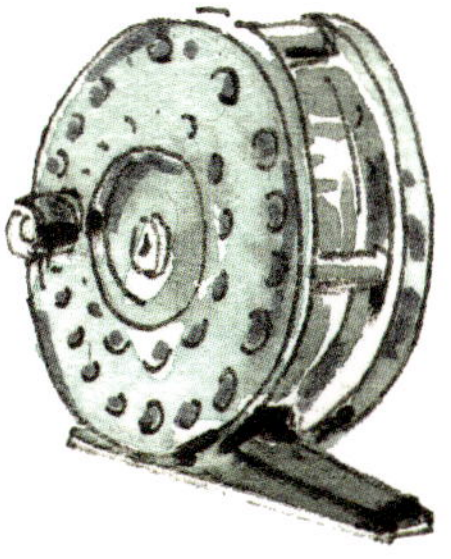

魚が大物《おおもの》でない限りは、リールを使って魚を巻き上げるのが目的ではなく、ラインの収《しゅう》納《のう》庫《こ》として利用される。

両軸《りょうじく》受《う》けリール

もともとは海のイシダイづり用のリール。川では、大型のコイづりにはなくてはならないリール。

ウキ

ウキのには、魚がエサを食う動作に敏感《びんかん》に反応《はんのう》し、つり人に水中の状況を知らせる役目がある。また、その浮力《ふりょく》で仕かけを水中の定位置《ていいち》(タナ)に保っておくことも重要で、これによって魚の食いを刺激《しげき》する。ミヤクづりで使う目印には、自らの重さや形状《けいじょう》で道糸《みちいと》に影響《えいきょう》を与えるものは使えない。なるべく抵抗《ていこう》の少ない軽いものを選びたい。タナゴづりではトンボという十字形《じゅうじがた》の目印を用いて水中、水面、水上に表われる動きで魚の行動を察知《さっち》する。

●ウキのいろいろ

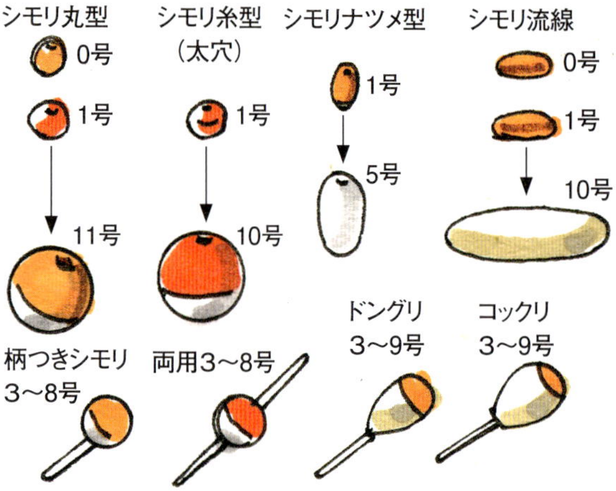

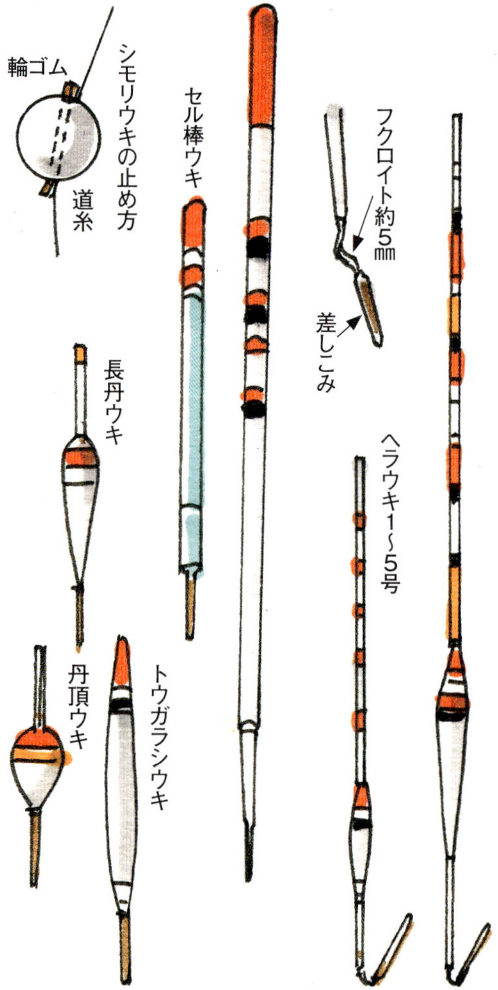

●目印のいろいろ

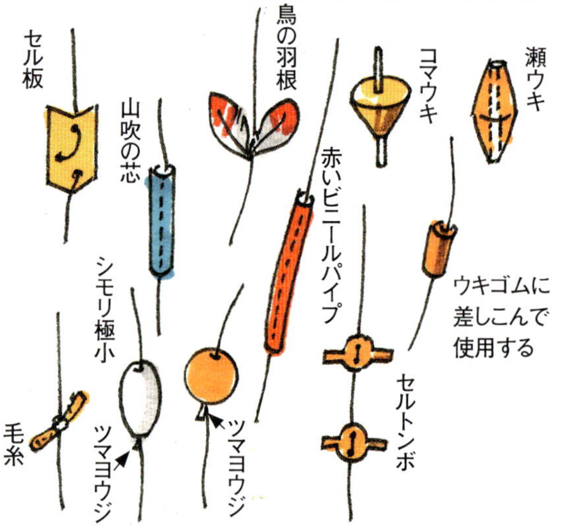

●2つのタイプの使い方

①立っている場合

アクティブにポイントを移《い》動《どう》しながらのつりは、目線《めせん》も高いため、玉《たま》ウキやフカセウキの方が便利《べんり》。

②座《すわ》っている場合

ヘラブナづりに代表《だいひょう》されるような1か所《しょ》でじっくり攻《せ》めるつりには、目線《めせん》は低《ひく》くても見やすい棒《ぼう》ウキやヘラウキに分《ぶ》がある。

●タイプ別のセットの方法

固定式《こていしき》の止《と》め方

固定式《こていしき》はゴム管《かん》を使うのが一般的《いっぱんてき》。

ゴム管《かん》（適当《てきとう》な長さにカットして使う）

中通《なかどお》しタイプの止《と》め方

爪《つま》ようじを使う。

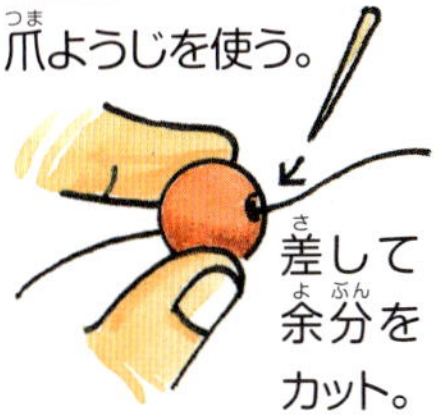

差《さ》して余分《よぶん》をカット。

①道糸《みちいと》を通す。

②もう一度通す。緩《ゆる》めるとタナを自在《じざい》に変《か》えられる。

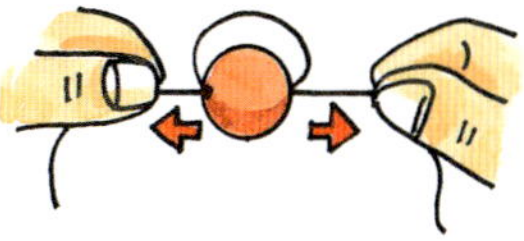

遊動式《ゆうどうしき》の止《と》め方（ウキ止《と》め糸を使う）

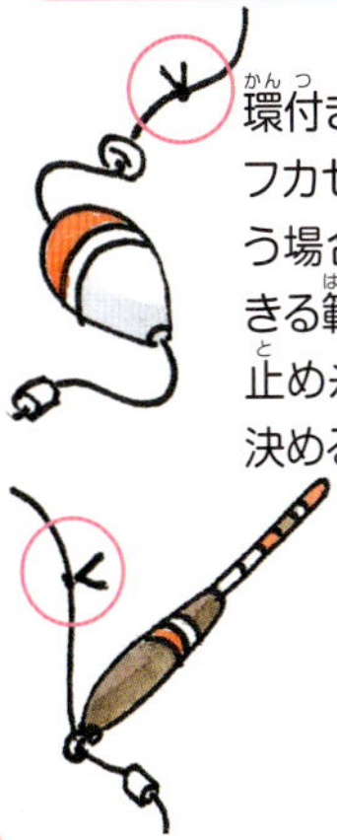

環付《かんつ》きのウキやフカセウキを使う場合、移動《いどう》できる範囲《はんい》はウキ止《と》め糸によって決める。

●ウキの浮力《ふりょく》の調整法《ちょうせいほう》

①ヘラウキや棒《ぼう》ウキの調整《ちょうせい》の仕方《しかた》

アタリが取りやすくなるよ

基本《きほん》

ヘラウキならボディ全体《ぜんたい》を、棒《ぼう》ウキなら3分《ぶん》の2くらいを沈《しず》ませる。

風が強かったり、波《なみ》のあるときは、オモリを増《ふ》やしてさらに深《ふか》く沈《しず》ませる。

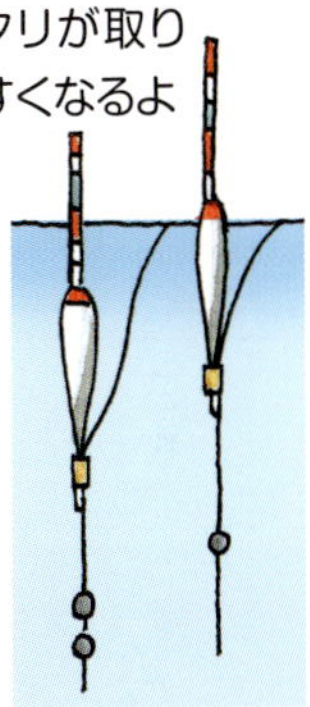

②玉《たま》ウキの調整《ちょうせい》の仕方《しかた》

○ウキの頭がギリギリ見えるくらいがベスト

×確《たし》かに見やすいが、これだと魚がエサを口にしたときの抵《てい》抗《こう》は強い。

ウキ止《ど》めの結び方

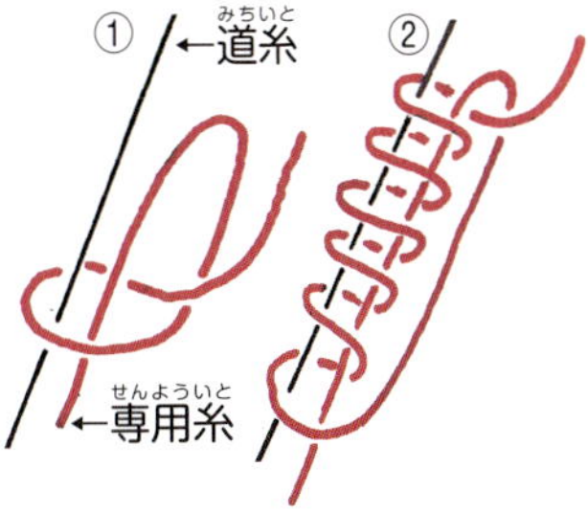

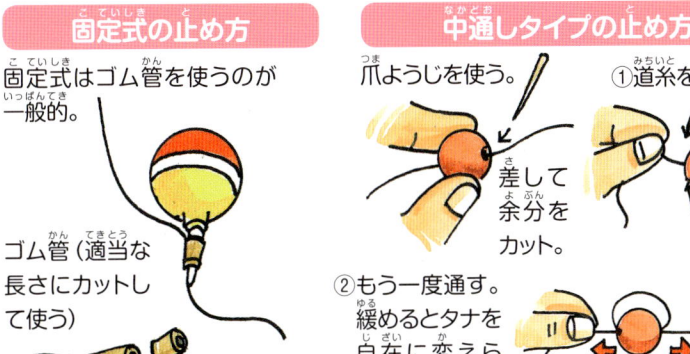

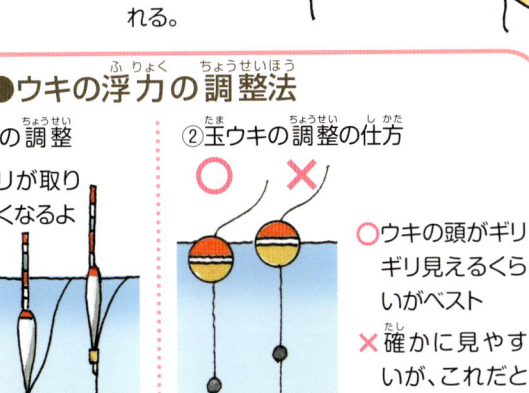

オモリ

オモリの役割《やくわり》は下の通りだが、そのためには小さく、しかも重いものが要求《ようきゅう》される。高価なものは消耗品《しょうもうひん》として不適格《ふてきかく》なため、成形《せいけい》がしやすく、安価なナマリが主となっている。ちなみに、オモリの重さは1号（1匁《もんめ》=3.75g）が基準。

●オモリの役割《やくわり》とは?

●ガン玉《だま》オモリのサイズ表記《ひょうき》はちょっと複雑《ふくざつ》

数字が大きくなるとオモリも大きくなる。

1B　2B　3B　4B　5B

大きくなる→

ここからは数字が大きくなると、オモリは小さくなる。

8号《ごう》　7号《ごう》　6号《ごう》　5号《ごう》　4号《ごう》　3号《ごう》　2号《ごう》　1号《ごう》

←小さくなる

ナス型《がた》オモリ

その名の通り、形はナスに似《に》ており、比較的《ひかくてき》根《ね》がかりはしにくい。防波堤《ぼうはてい》づりにはなくてはならない存在《そんざい》。

六角《ろっかく》オモリ

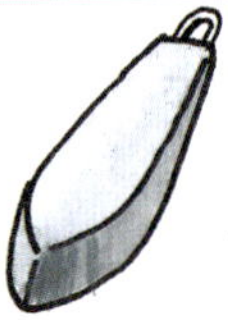

テンビン仕かけやサビキづりなど、オモリが底《そこ》にある仕かけで、潮《しお》などの流れに負けないように使用する。

●板《いた》オモリのセット

①ハサミで図のような五角形にカットする。

②幅《はば》のある方にハサミの刃《は》を当《あ》てて角《かど》を作る。

③角《かど》からくるくる巻《ま》いて、中心にできたすき間《ま》に糸を通す。

●その他のオモリの種類

カミツブシオモリ

ガン玉《だま》オモリの楕円形《だえんけい》バージョン。

中通《なかどお》しオモリ（ナツメ型《がた》）

主に投《な》げ込《こ》みづりに使用。根《ね》がかりの多いポイントには、この形状《けいじょう》が回避《かいひ》しやすい。

中通《なかどお》しオモリ（小判型《こばんがた》）

ナツメ型よりも、ポイントに仕《し》かけをしっかりと固定《こてい》したいときに使用。この形状《けいじょう》が流れなどの影響《えいきょう》を回避《かいひ》しやすい。

中通《なかどお》しオモリ（スパイク）

小判型《こばんがた》よりも、さらに強力に仕かけを固定《こてい》できるオモリ。

ハリ

種類は目的とする魚の習性《しゅうせい》や口の形状《けいじょう》、魚の大小、さらにはつり方によって多種《たしゅ》にわたる。川づりのハリは、丸型《まるがた》とソデ型《がた》と角型《かくがた》のおよそ3タイプに分けることができる。丸型《まるがた》は口が大きくてエサを吸いこむ魚、ソデ型《がた》は口が小さくエサを小きざみにちぎるように食う魚、角《かく》型《がた》は口が大きくて、エサをとる動作のきわめて敏捷《びんしょう》な魚に向いているといえる。

●魚の口の形状《けいじょう》と適合《てきごう》するハリの種類

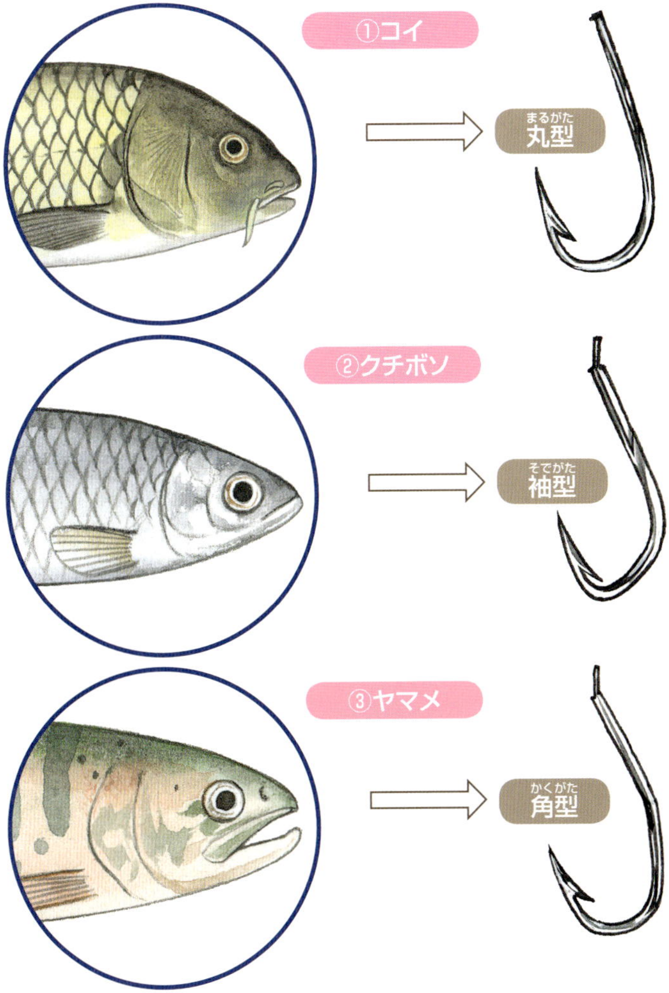

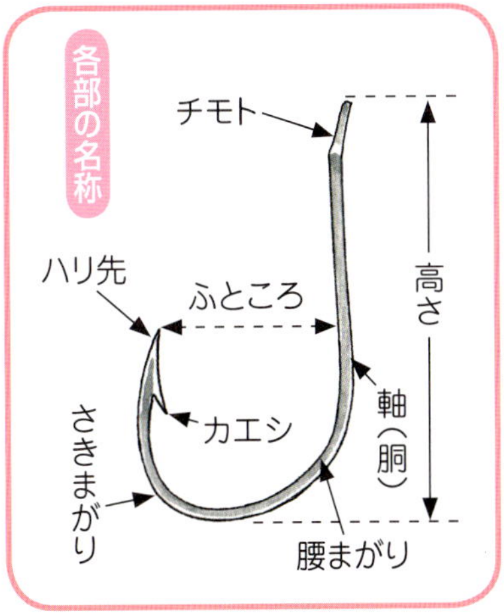

●バーブレスフックについて

バーブとはハリのカエシのことであり、この部分がつられた魚に必要以上のダメージを与える原因になっている。ある説では、バーブの有無《うむ》が魚のバラシに直接影響《ちょくせつえいきょう》するわけでないともいわれているが普《ふ》及率《きゅうりつ》はまだまだ低いのが現状《げんじょう》。また、管理つり場などでは原則としてバーブレスフック以外《いがい》の使用を禁止しているところもある。

道糸《みちいと》とハリス

道糸《みちいと》の素材《そざい》の主流はナイロンだが、他にルアーフィッシングではポリエチレン製の編み糸のPEラインやフライフィッシングのみに使う専用ラインがある。

ハリスはハリに直結《ちょっけつ》する部分なので、なるべく細くて魚に警戒心《けいかいしん》を起こさせないものが要《よう》求《きゅう》される。水の中で沈下しやすいフロロカーボンなどが主流《しゅりゅう》になりつつある。

●糸の素材《そざい》とそれぞれの長所と短所

ナイロン

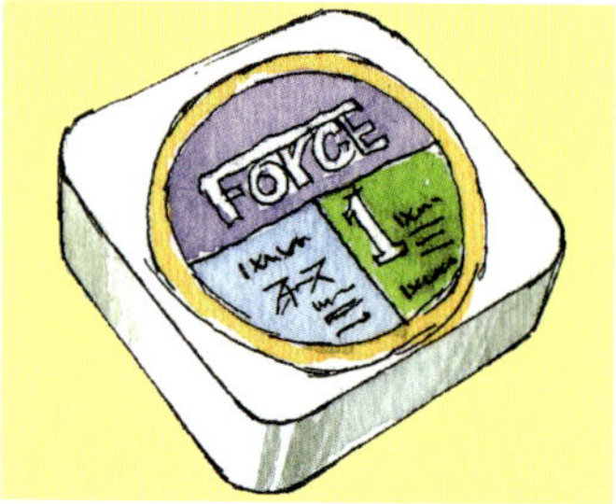

ナイロンはポリアミド製《せい》で他と比べると安価《あんか》である。道糸《みちいと》やハリスなどつり全般に使用される。

フロロカーボン

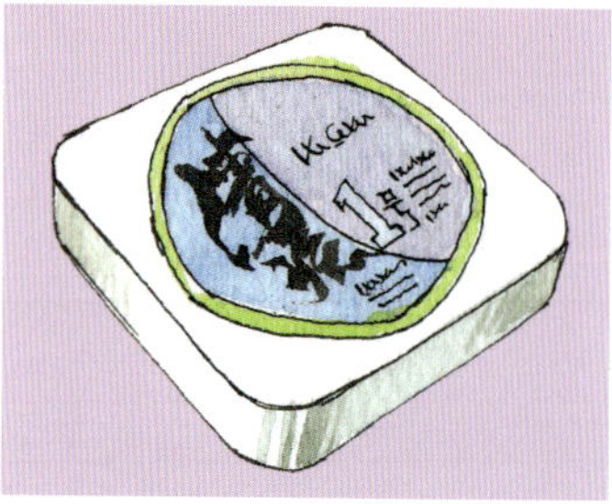

主に、海や川づりのハリスに使用される。またバスのルアーフィッシングにも使われる。

PEライン

ポリエチレン製《せい》のものを編《あ》み糸《いと》にして使用される。主に道糸《みちいと》として使われる。

	長《ちょう》　所《しょ》	短《たん》　所《しょ》
ナイロン	①柔《やわ》らかくて伸縮性《しんしゅくせい》に優《すぐ》れている。 ②ショックリーダーに最適《さいてき》で、魚とのヤリトリのときにバラしにくい。 ③他の素材《そざい》に比べて安価《あんか》。	①伸縮性《しんしゅくせい》があるために、アタリは伝わりにくい。 ②吸水性《きゅうすいせい》が高くて強度《きょうど》が落ちやすい。 ③根《ね》がかりなどの摩擦《まさつ》に弱い。
フロロカーボン	①比重《ひじゅう》が高いため、流れになじみやすい。 ②伸縮率《しんしゅくりつ》はナイロンより少ないので、アタリが伝わりやすい。 ③根《ね》がかりなどの摩擦《まさつ》に強い。	①ナイロンよりも高価《こうか》。 ②張《は》りがあるため、道糸《みちいと》には向かない。 ③張力強度《ちょうりょくきょうど》はナイロンに劣《おと》る。
PEライン	①張力強度《ちょうりょくきょうど》はナイロンの約2～2.5倍あるため、より細い径《けい》を選べる。 ②しなやかなためにリールなどによる巻きぐせが付きにくい。 ③伸縮率《しんしゅくりつ》は小さいため、とても感度《かんど》がある。	①他と比べるとかなり高価《こうか》。 ②伸縮率《しんしゅくりつ》が小さいためにショックを吸収《きゅうしゅう》できない。 ③専用《せんよう》(むずかしい)の結《むす》び方《かた》をしないと結束《けっそく》できない。

●糸の号数、直径、ポンドの適合性《てきごうせい》と対象魚《たいしょうぎょ》

号数	直径	lb	
0.4	0.104	1	川の小物
0.6	0.128	2	渓流
0.8	0.148	3	川の中物、海の小物
1	0.165	4	川、海の中物
1.5	0.205	6	〃
2	0.235	8	〃
2.5	0.260	10	〃

号数	直径	lb	
3	0.285	12	川の大物・海の中物
4	0.330	16	〃
6	0.405	22	川、海の大物
8	0.470	30	〃
10	0.520	35	〃
12	0.580	45	〃

●対象魚《たいしょうぎょ》を参考《さんこう》にした道糸《みちいと》とハリスの適合《てきごう》バランス

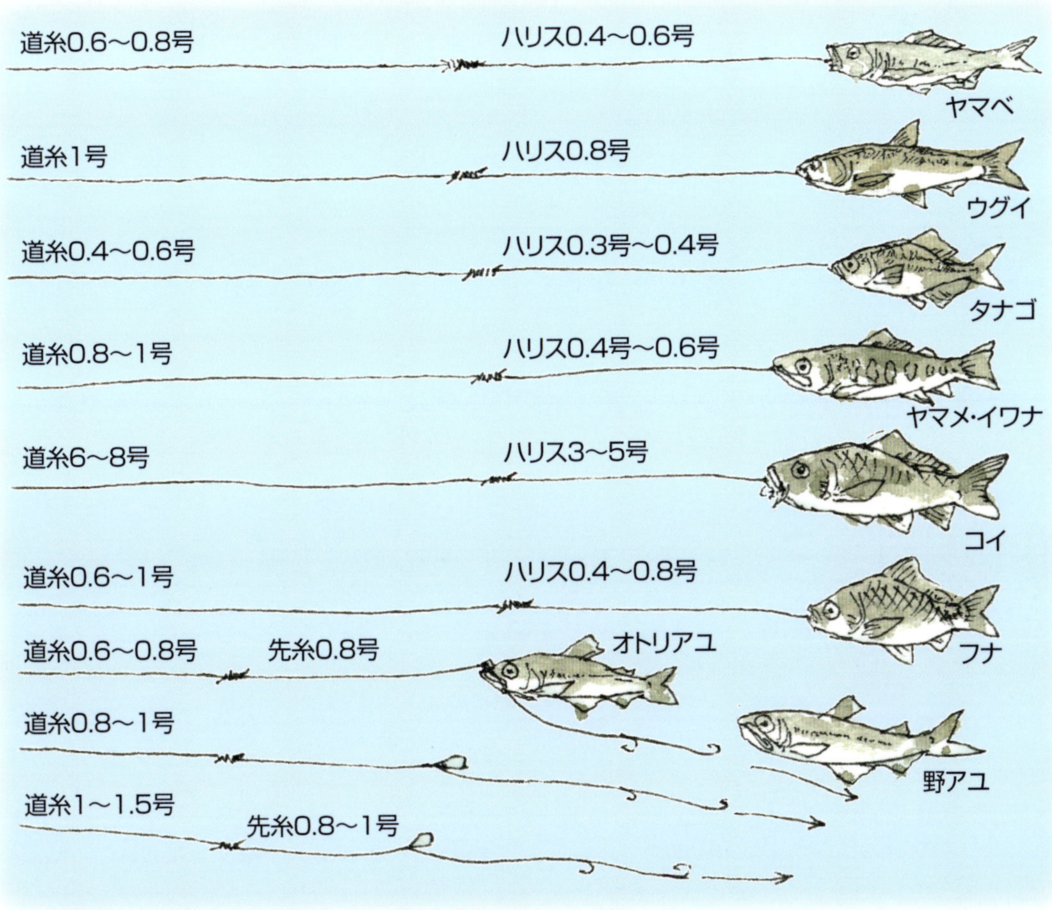

アイテム

　川づりでは、対象魚《たいしょうぎょ》やフィールドによって1か所にとどまったり、移動しながらつったりと、そのスタイルもさまざま。当然、それによってアイテムは決まってくるため、何が使い勝手《がって》がよいかを知る必要がある。また、つりの上達とともにアイテムへのこだわりも深くなっていく。妥協《だきょう》せず、自身の探求心《たんきゅうしん》の趣《おもむ》くままにアイテムをそろえる。なぜなら、つりはアイテムそのものがつり人を進歩《しんぽ》させる側面《そくめん》を持っているからである。

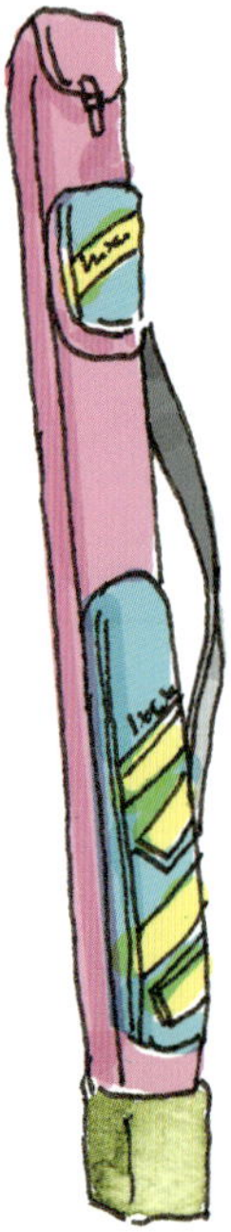

ロッドケース

つり人なら大切なロッドの運搬《うんぱん》にはもっと気を使うべきかもしれない。サイズによって収納《しゅうのう》できる本数は決まるが、リールをセットしたまま納《おさ》められるケースもある。

ウィロークリール（籠《かご》ビク）

主に渓流《けいりゅう》づりに使われるビク。しかし最近では、このノスタルジックなおもむきを、逆に新主流ととらえたフライフィッシャーたちが好んで使うようになっている。

偏光《へんこう》グラス

水面の乱反射《らんはんしゃ》を軽減《けいげん》させ、水中の様子を見やすくするためのもの。ノーマルタイプやサイドを覆《おお》うガルウイングタイプ、眼鏡《めがね》をかける人用のクリップタイプなどがある。

フローティングベスト

あくまでも自己責任《じこせきにん》ではあるが、もしものときの安全を考えると用意しておきたいアイテム。また、管理《かんり》する漁《ぎょ》協《きょう》（湖など）によっては、着用《ちゃくよう》しなければいけないところもある。

エサ箱《はこ》

生きエサの生きを保つのに必要な物。首かけタイプやウエストバックタイプなどがある。特にカワムシを必要とする渓流《けいりゅう》づりなどでは、クーラー機能《きのう》を持ったものがベストだ。

布《ぬの》ビク

川づりのビクといえば、今も昔も変わらず使われているのがこれ。布部分《ぬのぶぶん》だけでなく、アミのところまで水面下に設置《せっち》すれば、つった魚も十分に移動ができ元気いっぱいだ。

玉《たま》アミ

これはアユつりに使われるタイプ。コイなどの大物には、海づりで使われる柄《え》の長いタイプなどが重宝《ちょうほう》する。フィールドの垣根《かきね》を越えたアイテム選びも必要な一例だろう。

水《みず》くみバケツ

あるととても便利《べんり》なアイテム。使い方はそれこそ千差万別《せんさばんべつ》だ。アミになっているビクだとテナガエビには簡単《かんたん》に逃げられてしまう。そんなときにもこのアイテムは使える一品だ。

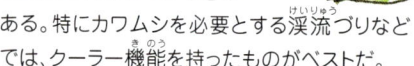

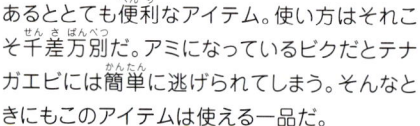

クーラー

川づりにおいても、その用途《ようと》に合わせてさまざまなタイプがある。もしもスタイルが決まっているならその専用クーラーを選ぼう。また、魚だけでなく、エサの鮮《せん》度《ど》のためにも必需品《ひつじゅひん》である。

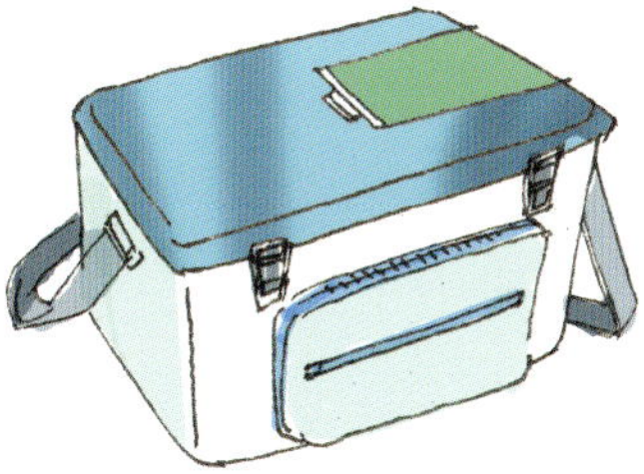

ランディングネット

フライフィッシングやルアーフィッシングで使われる玉アミ。キャッチアンドリリースが自身のつりスタイルなら、アミの目が細かいネット状のものが魚のダメージを軽減《けいげん》できるためにオススメ。

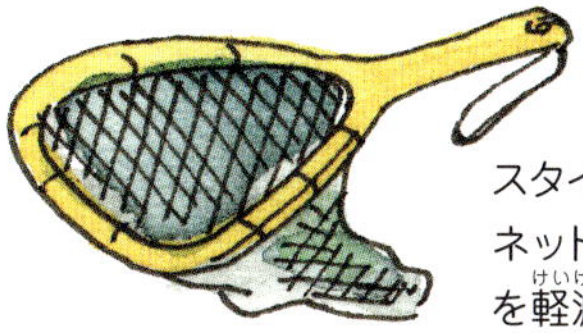

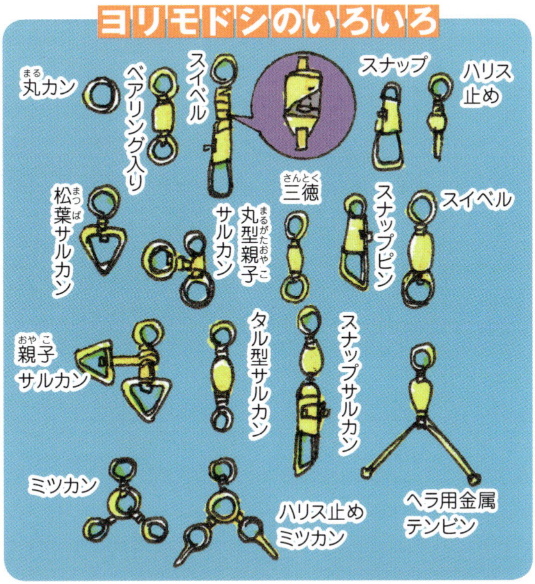

タックルボックス

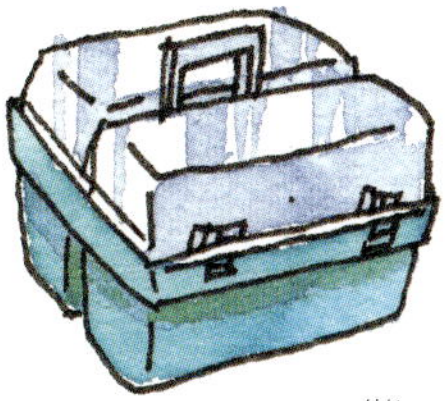

主にルアーを収納《しゅうのう》しておくためのもの。大体においてはこれを本拠地《ほんきょち》にし、その日に必要なルアーをここから選んで、携《けい》帯用《たいよう》のルアーケースに移すというのが一般《いっぱん》的《てき》な使い方である。

フレックスライト

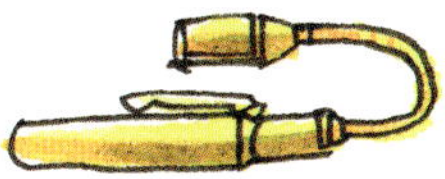

首の部分がフレックス（自在に）に動くため、特にタマズメのときに手元《てもと》を照らすのに必需品《ひつじゅひん》。少し高価になるが、選ぶならLEDタイプのものがオススメだ。

フィッシングベスト

もともとはフライフィッシャーの必需品《ひつじゅひん》。しかし収納《しゅうのう》におけるその機能《きのう》性《せい》から他のつりのスタイルだけでなく、フローティングベストにもこの機能《きのう》性《せい》が合わせられるようになった。

ユニットケース

用途《ようと》に合わせて大きさは選ぶようにする。上蓋《うわぶた》は透明《とうめい》なものの方が中身は確認《かくにん》しやすい。また、マグネット式になっているタイプだと、特にハリなどを取り出すときにとても重宝《ちょうほう》する。

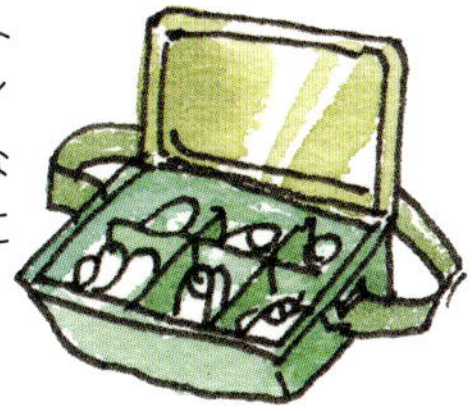

ハサミ

イトを切るだけなら、爪切り《つめき》タイプの方が使い勝手はよいかもしれない。これはPEライン専用タイプ。他にスプリットリング対応《たいおう》機能《きのう》を持ったタイプなどがある。

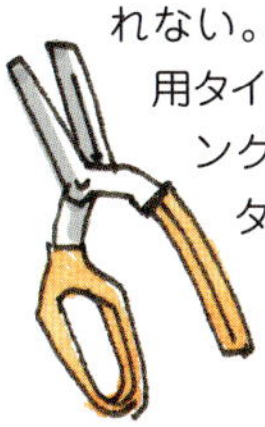

ハリ外し

文字どおり魚のクチから刺さったハリを外すためのもの。特に飲まれてしまったハリを外すのには必需品《ひつじゅひん》。また魚体《ぎょたい》に触れることなく外せるフォーセップタイプなどもある。

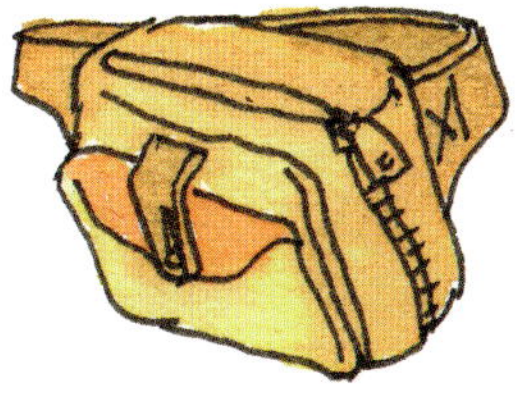

ウエストバック

両手を常にフリーしておくためのバック。型くずれせず、かといって簡単《かんたん》に洗えるものがよい。また、前にたれ下がるのを防ぐコンプレッションベルトタイプがオススメだ。

スタイル

川づりは、それぞれのフィールドや釣法《ちょうほう》によって装備《そうび》やスタイルは実にさまざまだ。また以前に比べると、他のスポーツと同様につりのスタイルも随分《ずいぶん》とファッショナブルになった。しかし、デキるつり人を目指すのならば、その機能《きのう》にもとことんこだわるべき。そのポイントとは、スバリ使いやすさと危険《きけん》防止《ぼうし》につきるだろう。

●川づりの基本スタイルと渓流《けいりゅう》づりのスタイル

中流《ちゅうりゅう》づり

流れにのまれることは波にさらわれるのと同様に危険《きけん》だ。護岸《ごがん》された場所ではスニーカーでもかまわないが、それ以外の場所では、足まわりにスベリ止め対《たい》策《さく》が施《ほどこ》されたものを選びたい。

足で釣果《ちょうか》をかせぐミャクづりでは、ベルトで腰の位置に固定《こてい》できるエサ箱が便利。ベント機能《きのう》が優《すぐ》れたものを選ぶ。

エサ箱《ばこ》

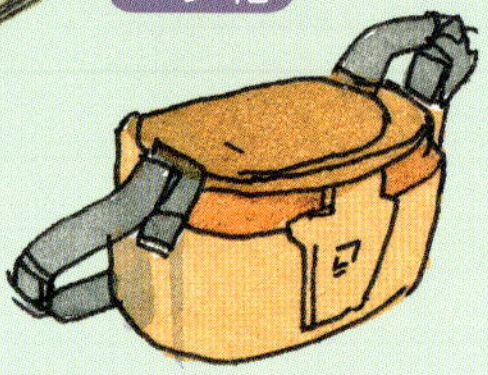

防水力《ぼうすいりょく》と通気性《つうきせい》に優《すぐ》れたゴアテックス素材を選びたい。

渓流《けいりゅう》づり

渓流《けいりゅう》づりにおいてベストと同等に必須《ひっすう》なのがウェーダーだ。これがあるとないとでは、機動力《きどうりょく》の差は歴然《れきぜん》。また、季節を問わずレインジャケットは備えておきたい。

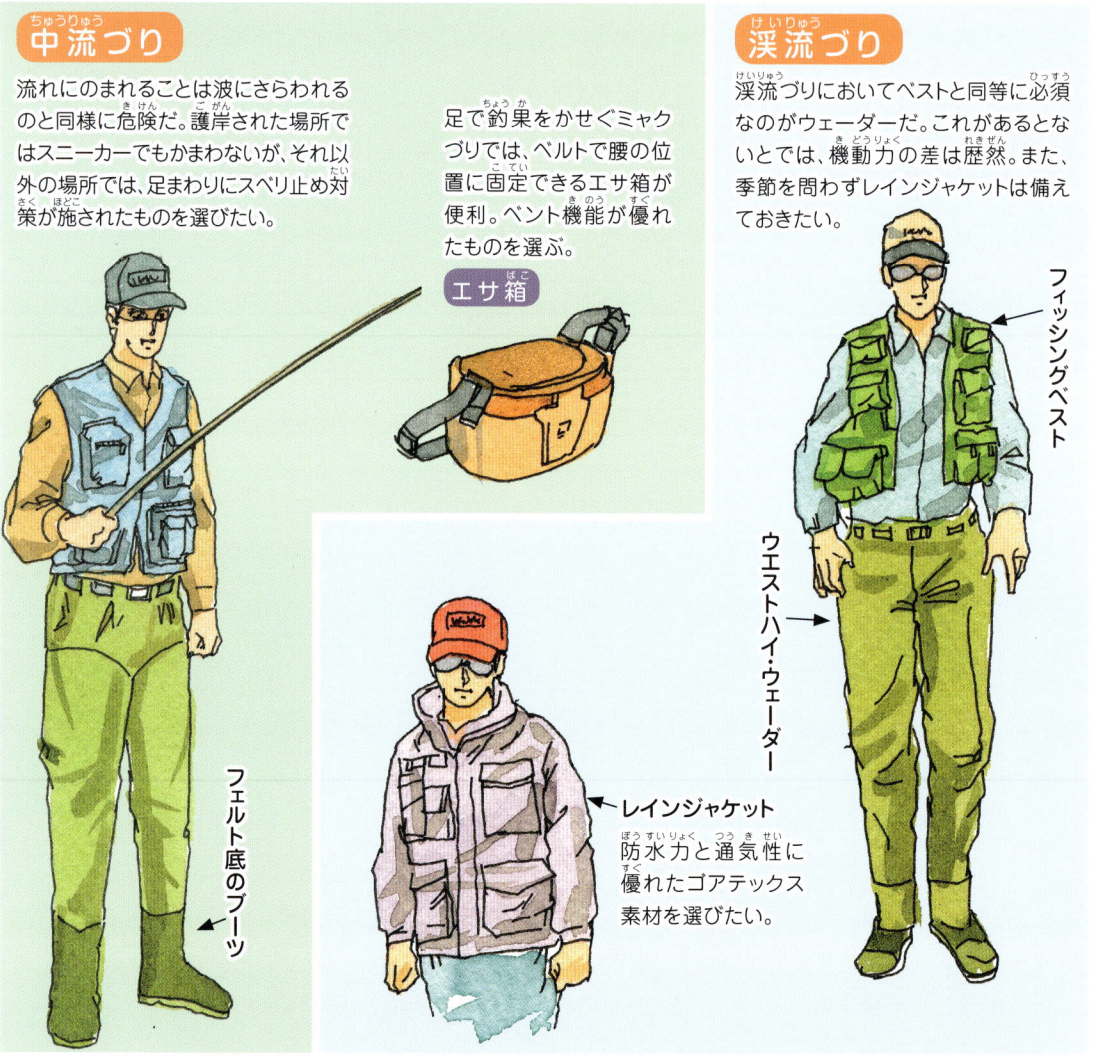

●ヘラブナづりのスタイルと装備《そうび》

ポイントを求めて移動するスタイルが多い点からすれば、ヘラブナづりは少し異質かもしれない。ポイントにつり座をかまえるため、その装備にはは各々につり人のこだわりが見える。

キャリーバッグ

ポイントによってはかなりの歩行を強《しい》いられることもある。全ての装備《そうび》が納まるバッグ。ここにもつり人の工夫が光っている。

●マブナ・タナゴづりのスタイルと装備《そうび》

このつりは関西よりも関東、つまりは江戸を中心に発展した大人の遊びのひとつで、そこから現在のスタイルになった。たとえ陽射《ひざ》しは暖かくても防寒《ぼうかん》ジャケットは必需品《ひつじゅひん》だ。

合財箱《こうさいばこ》

現代でいうところのタックルボックス。大人の粋《いき》な遊びだったことがよくわかる。これは道具というより工芸品《こうげいひん》。しかしバウハウス理論の塊《かたまり》でもある。

●アユのトモづりスタイルと装備《そうび》

長ザオ以外に、アユつり師は独特《どくとく》なスタイルですぐに見分けられる。それがドライタイツだ。尺《しゃく》アユを追って深場《ふかば》の激流《げきりゅう》に立ちこめるのは、このタイツのおかげである。

ドライタイツ

流水抵抗《りゅうすいていこう》が抑えられ、保温力《ほおんりょく》の優れているものを選ぶ。また、内側の素材《そざい》はスベリのよいものがはきやすく、疲れない。

舟《ふな》カンとトモ舟《ふな》ストッパー

つったアユには今度はオトリとしての役目がある。そのために魚の活性《かっせい》は重要《じゅうよう》。舟カンはフレッシュな水を供給《きょうきゅう》し、水温上昇を防ぐ専用ビク。

●ルアーフィッシングのスタイルと装備《そうび》

バスづりだけでなく、対象魚《たいしょうぎょ》の拡大とともにルアーフィッシングは成熟《せいじゅく》を強めつつある。それにともなってつり人のスタイルも奥深《おくぶか》く、独創性《どくそうせい》に富んでとてもバラエティだ。

レインジャケット

晩秋《ばんしゅう》から早春にかけては、雨降りでなくてもレインギアを着こむつり人は意外にも多い。理由は、水辺に吹く風は日中においても容赦《ようしゃ》なく体温を奪《うば》うため、集中力《しゅうちゅうりょく》が持続《じぞく》しないからである。

●フライフィッシングのスタイルと装備《そうび》

フライフィッシングのスタイルといえば、ベストである。使いやすさと機能《きのう》を追究《ついきゅう》し続けた結果が現在のデザインにいたった。まず目を引くのはそのポケットの多さだろう。各々のポケットに何をどのように収納《しゅうのう》していくかにもつり人の個性が見える。また、そのデザインも渓流用《けいりゅうよう》、湖《みずうみ》用《よう》で丈《たけ》の違うものや、夏にはメッシュ生地《きじ》タイプなどと豊富だ。

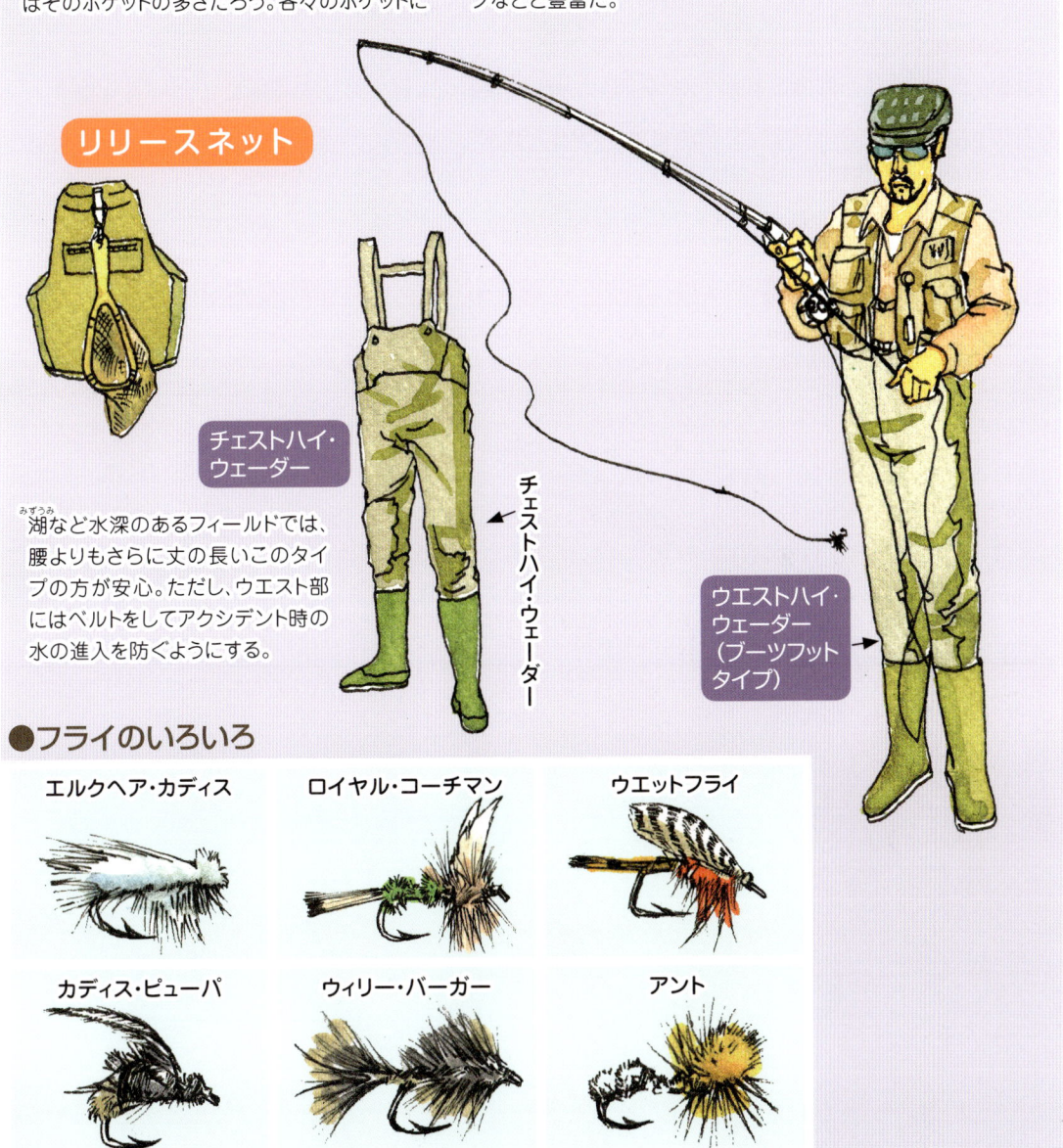

リリースネット

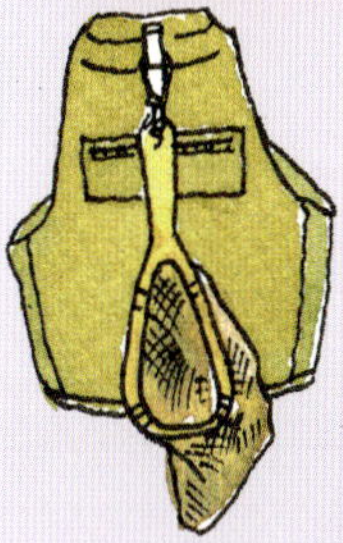

チェストハイ・ウェーダー

湖《みずうみ》など水深のあるフィールドでは、腰よりもさらに丈の長いこのタイプの方が安心。ただし、ウエスト部にはベルトをしてアクシデント時の水の進入を防ぐようにする。

●フライのいろいろ

エルクヘア・カディス

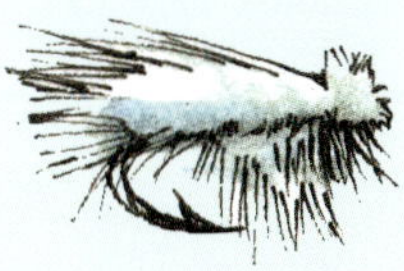

ロイヤル・コーチマン

ウエットフライ

カディス・ピューパ

ウィリー・バーガー

アント

仕《し》かけのつくり方《かた》

ぶっつけ本番《ほんばん》とはいかない仕かけづくり

つり道具《どうぐ》が個別《こべつ》にそろっても魚はつれない。個々の道具《どうぐ》をひとつにまとめ上げてはじめて役に立つ道具となる。目的とする魚をつるために道具や材料をひとつに結び、組み立てることを“仕かけづくり”という。

仕かけづくりの真髄《しんずい》は、ズバリ、ていねいに仕上げることにある。これは初心者もベテランも皆同じ。サオ先と道糸《みちいと》との連結《れんけつ》や糸と糸との結びなど、基本にそって行えば決して難しくはなく、どちらかといえば、習うよりも慣《な》れるものといえる。

●もっとも基本《きほん》の固定《こてい》ウキ仕《し》かけ

仕かけづくりの基本《きほん》となっているのが固定《こてい》ウキ仕かけ。それぞれの手順や各部の結び方さえ覚《おぼ》えてしまえば、他の仕かけづくりになってもそんなに苦戦《くせん》はしないはず。ここで、しっかりマスターしておこう。

手順④　ハリスとハリの結束《けっそく》

内かけ結び

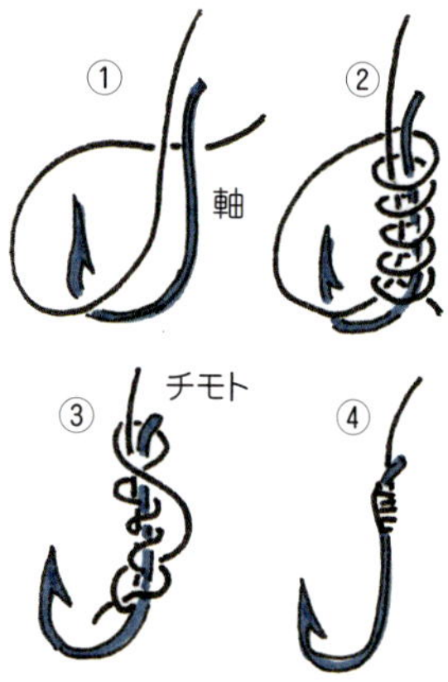

①ハリスの先に輪をつくり、ハリの軸とともに巻きつける。

②5～6回巻く。

③矢印の方向にハリス引きながら徐々にしめていく。

④チモトからハリスがほどけないように強くしめる。結び目は必ず内側にくること。

手順⑤　ガン玉《たま》のセット

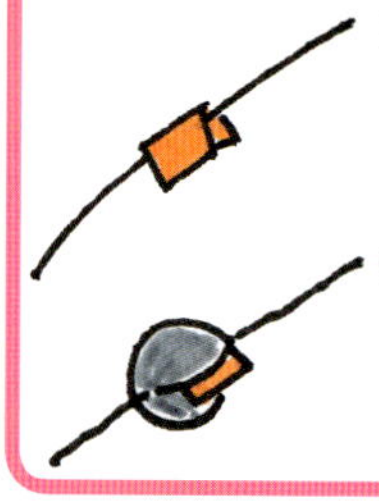

①ハリスの強度を落としたくないときは、ティッシュを使う。

②はさんだら、噛みつぶして留める。

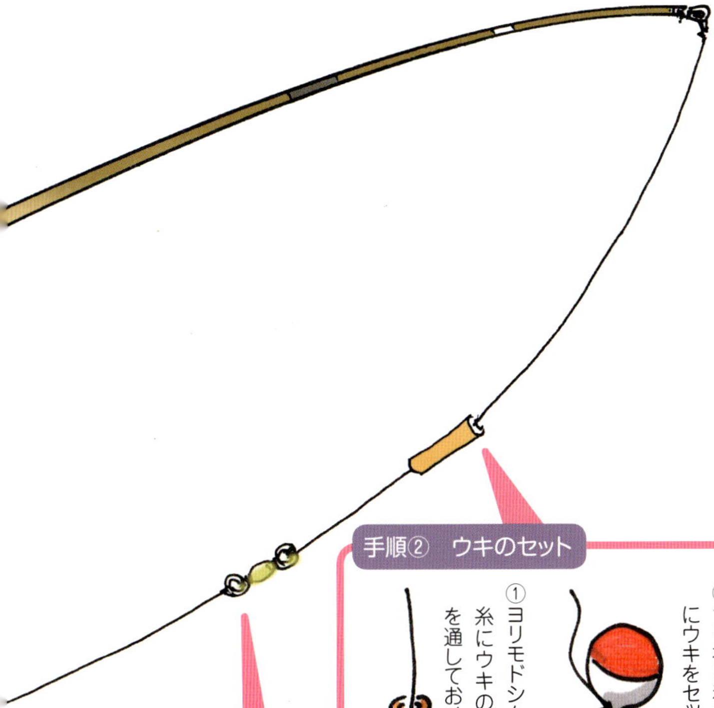

手順① サオ先《さき》と道糸《みちいと》の連結《れんけつ》①

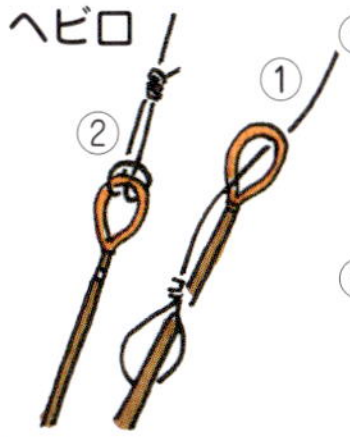

①チチワ（41ページ参照）をヘビロの環にくぐらせ、道糸を通す。

②そのまま図のようになるまで、引きしめる。

手順① サオ先《さき》と道糸《みちいと》の連結《れんけつ》②

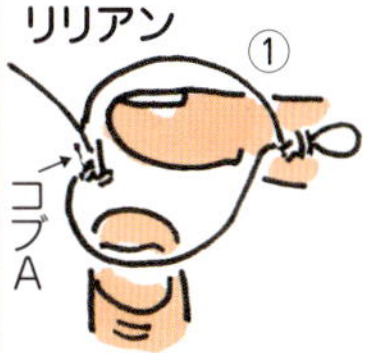

①チチワの輪から指を入れ、コブAをつまんで引き入れる。

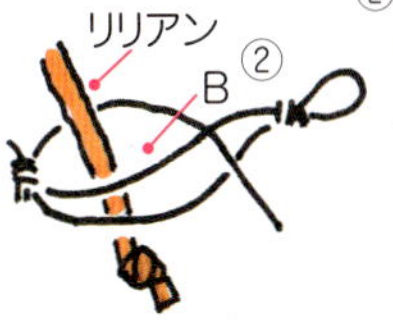

②チチワと道糸でできた輪（B）にリリアンを入れる。

③道糸をしめていく。

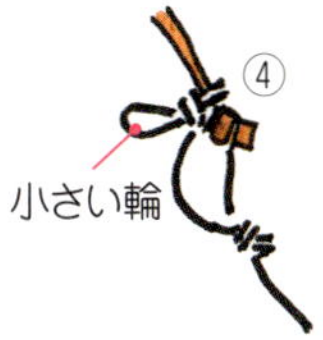

④完成図。小さい輪を引くと簡単にほどける。

手順② ウキのセット

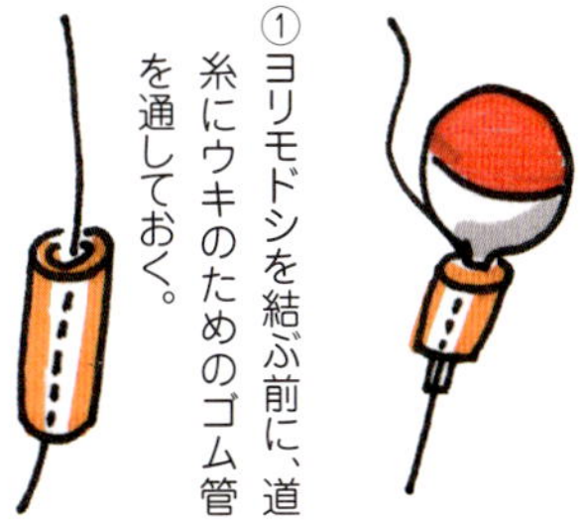

①ヨリモドシを結ぶ前に、道糸にウキのためのゴム管を通しておく。

②つり場に着いてからゴム管にウキをセットする。

手順③ ヨリモドシの結束《けっそく》

結束①チチワ

①チチワ

②ヨリモドシの環にチチワを通す。

③通したチチワにヨリモドシ本体をくぐらせる。

④道糸をしめる。他に丸カンもこの方法を使う。

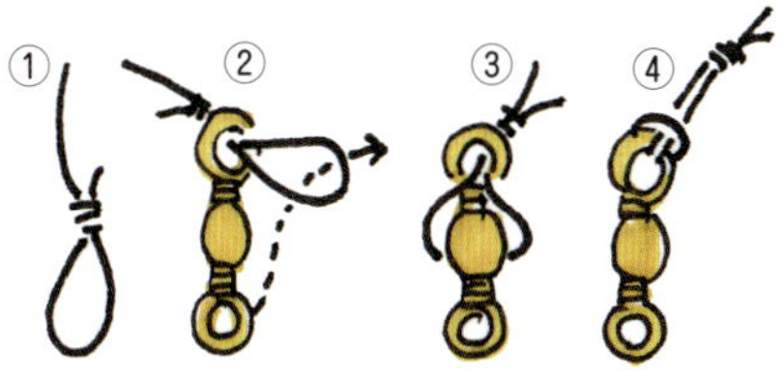

結束①結び

①環に通した道糸をヨる。

②5～6回ヨリ、道糸の先を最初のヨリに通し、できた輪へさらに通して引きしめる。

結束②結び

①環に通して一度留める。

②留めた先の部分で輪をつくり、輪と一方のイトを同時に5～6回巻いていく。

③引いてしめつけ完成。

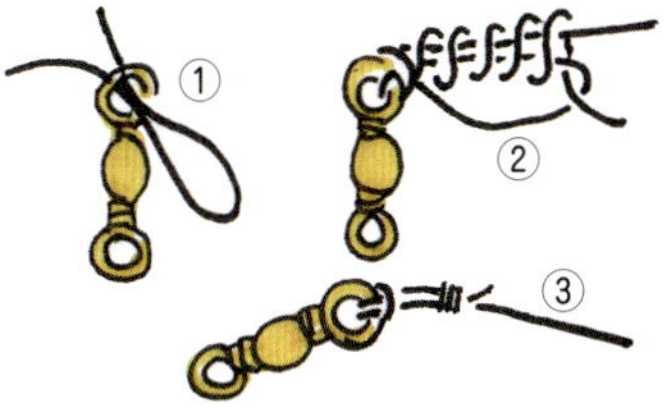

※ハリスも同じ要領で、ヨリモドシのもう一方の環に結束する。

●渓流《けいりゅう》ミャクづりとテンカラ仕《し》かけ

渓流《けいりゅう》ミャクづりと他の仕かけとの大きな違いは、空中糸《くうちゅういと》と水中糸《すいちゅういと》と呼ばれる長ハリスにある。これはなるだけ細いハリス（0.2〜0.5号）の強度を損《そこ》なうことなく使うための工夫でもある。

手順① リリアンと空中糸《くうちゅういと》の結束《けっそく》

※固定ウキ仕かけ（P37参照）

手順② 空中糸《くうちゅういと》に止《と》めをつくる

① エイトノットでコブをつくる。

② 1〜2cmの間隔でもう1つコブをつくる。

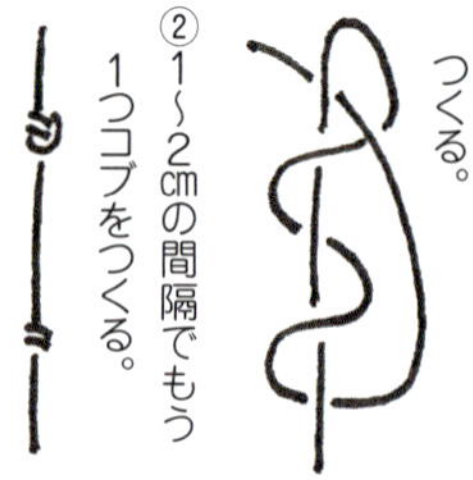

手順③ 水中糸に2重チチワをつくる

① 水中イトを約8cmの長さで重ね返す。

② さらにもう一度（4cm）重ね返す。

③ 2重の重ね合わせをチチワの要領でくぐらせる。

④ 完成。

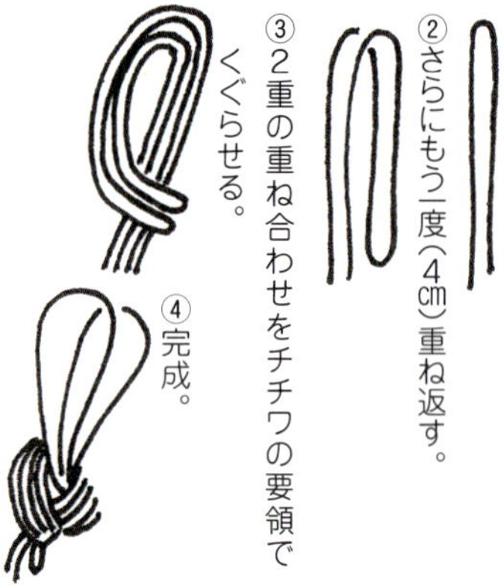

手順④ 空中糸《くうちゅういと》と水中糸《すいちゅういと》の結束《けっそく》

2重チチワを図のようにして、空中糸の奥のコブよりも先へ通してしめる。

手順⑤ 水中糸《すいちゅういと》（0.2〜0.5号）とハリの結《むす》び方《かた》

① ①〜④までは、手順③と同じ。ただし、最初の重ね返しは③より若干短くする。

② チチワでつくった輪のなかにハリの軸を通す。

③ 一度しめつけ、さらにハリのフトコロ側へ輪をつくって通す。

④ それぞれの糸が交差しないようにしっかりとしめつける。

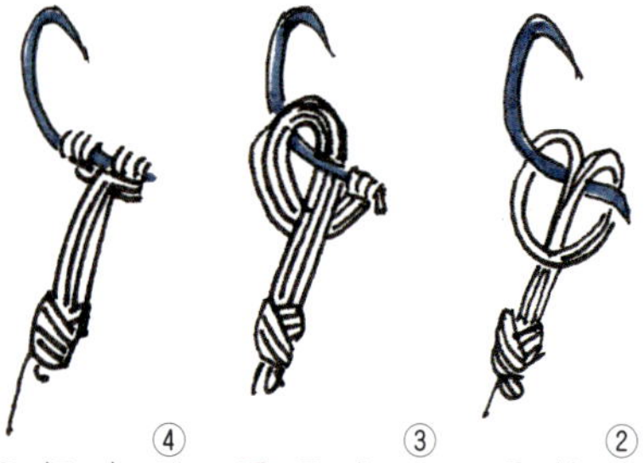

テンカラ毛《け》バリの結《むす》び方《かた》

① ハリの環にティペットを通して先に結びで輪をつくる。

② ①でつくった輪に毛バリ本体をくぐらせる。

③ ハリスが縮れないようにしめつける。

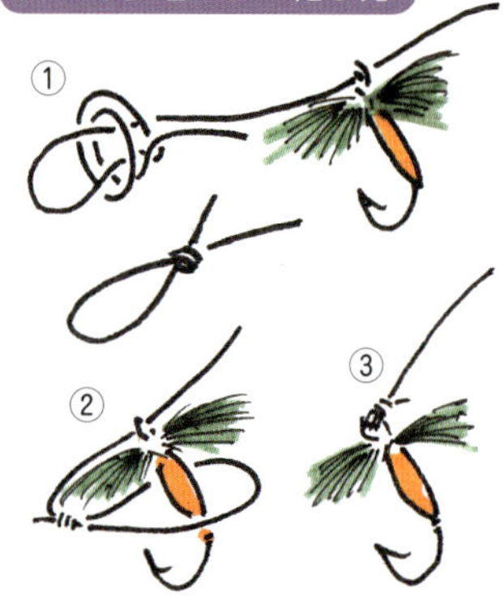

●フライフィッシング仕《し》かけ

フライフィッシングは、他とは一線を画するつりといえる。毛《け》バリを使うつりは、日本にもテンカラという釣法《ちょうほう》はあるが、フライフィッシングではその毛バリをときには50mもキャストするために太いラインが使用されるのである。

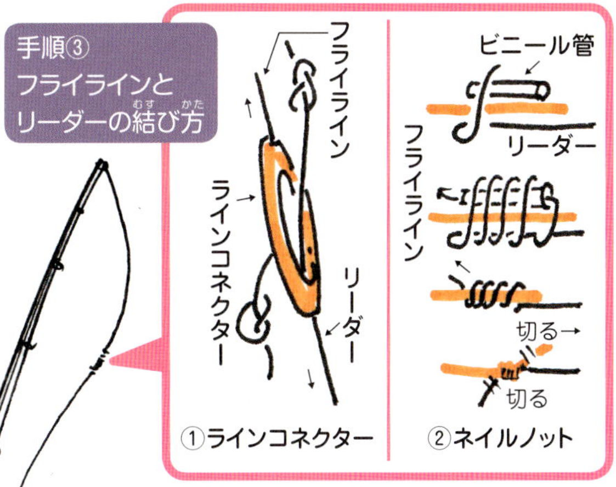

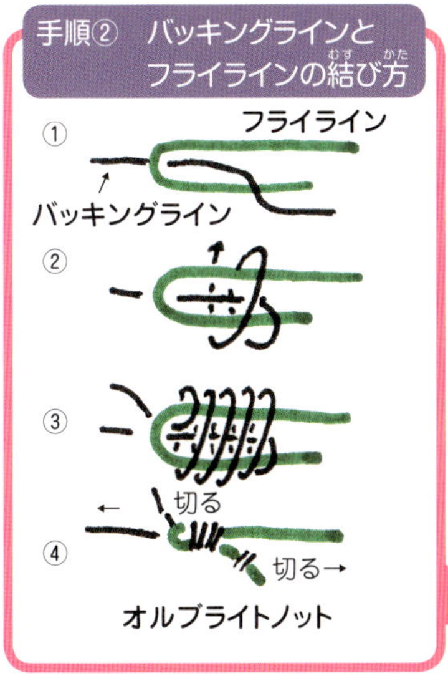

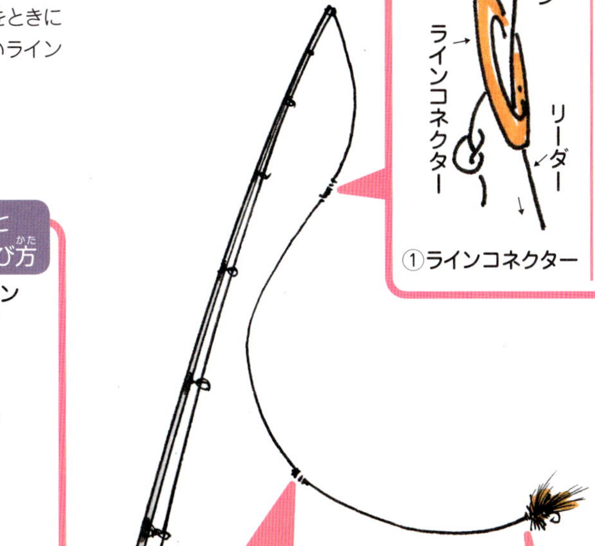

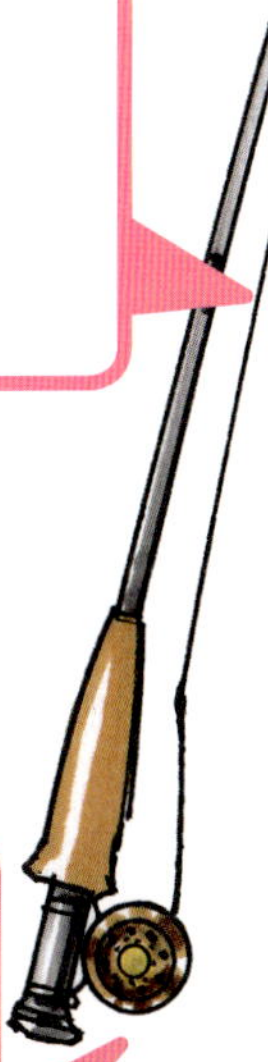

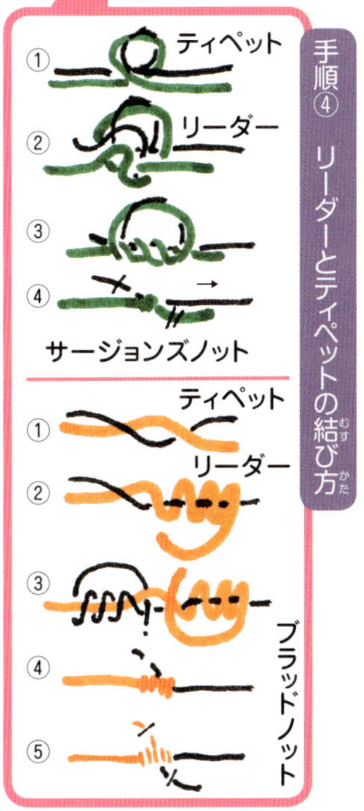

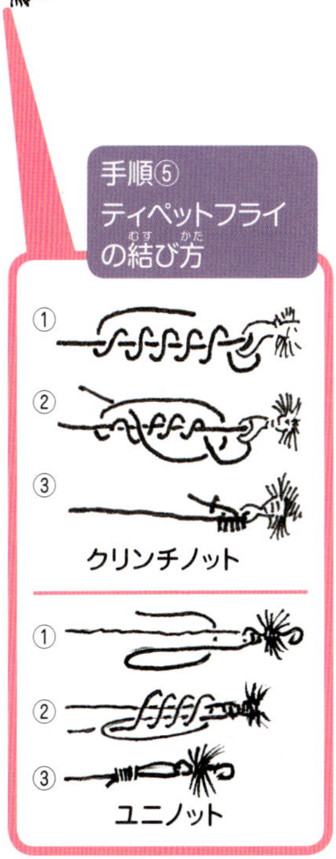

●ルアーフィッシング仕《し》かけ

ルアーフィッシングでは、PEラインを使う以外はそんなに複雑《ふくざつ》なノット（結び方）はないと思ってよい。その分、結び方には十分《じゅうぶん》凝《こ》りたいものだ。なぜならノットのやり方で、劇的《げきてき》にアクションが変化するルアーもあるからである。

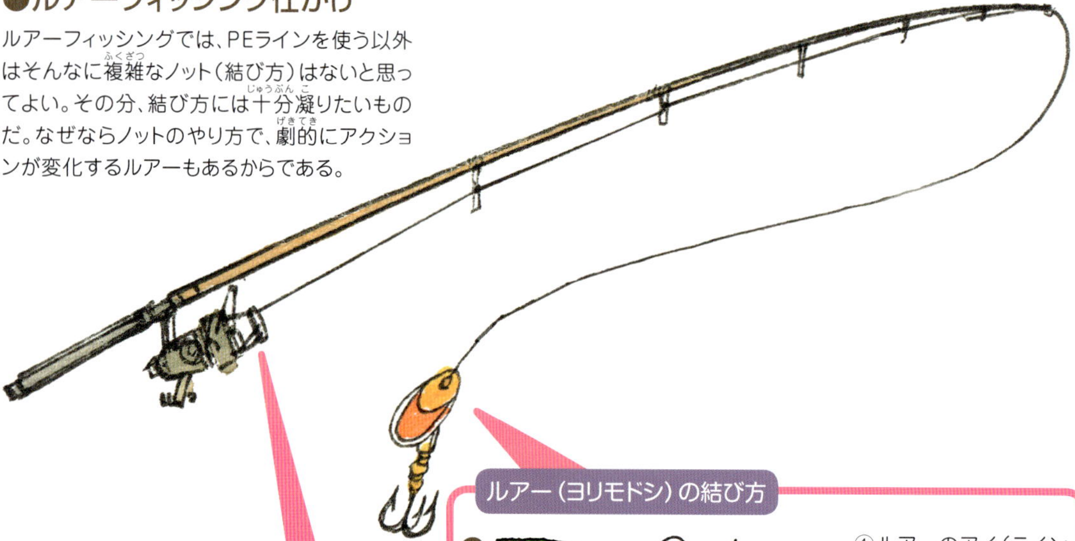

ルアー（ヨリモドシ）の結び方

ユニノット

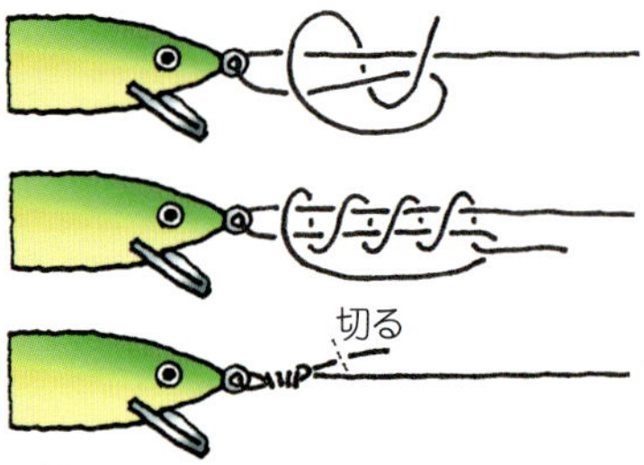

①ルアーのアイ（ラインを結《むす》ぶ環《わ》）にラインを通《とお》し、輪《わ》を作る

②輪《わ》に通《とお》したラインをいっしょに4～5回巻《ま》く

③ラインをゆっくり引いて締《し》め余《よ》分《ぶん》をカット

フリーノット

①片結《かたむす》びの輪《わ》を作り、その端《はし》をアイ（環《わ》）に通《とお》す

②通したラインを輪《わ》のなかに通《とお》す

③もう一度ラインを通《とお》して輪《わ》を作る

④ゆっくり締《し》めて輪《わ》の大きさを1cmくらいに締《し》める

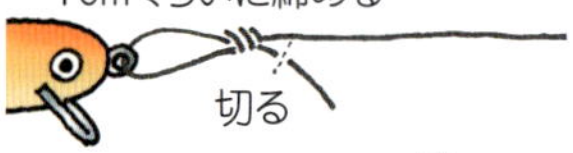

クリンチノット

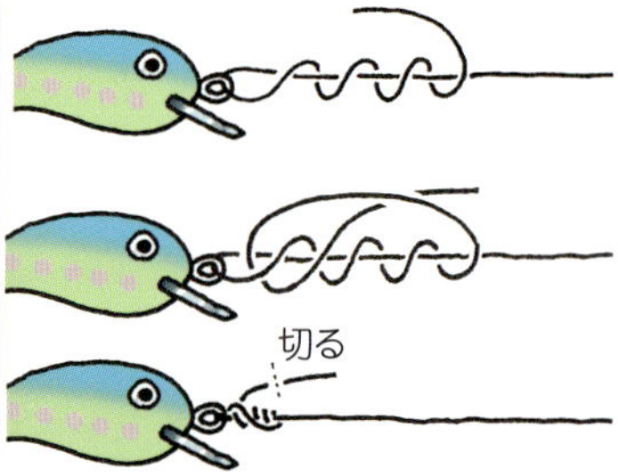

①アイにラインを通《とお》したら、4～5回巻《ま》きつける

②アイに一番近い輪《わ》のなかにラインの端《はし》を通《とお》し、そのときにできる大きい輪《わ》にさらに通《とお》す

③ゆっくりと締《し》めてから、余《よ》分《ぶん》をカット

スプールと道糸《みちいと》の結び方

① スプールに道糸《みちいと》を巻《ま》きつける。

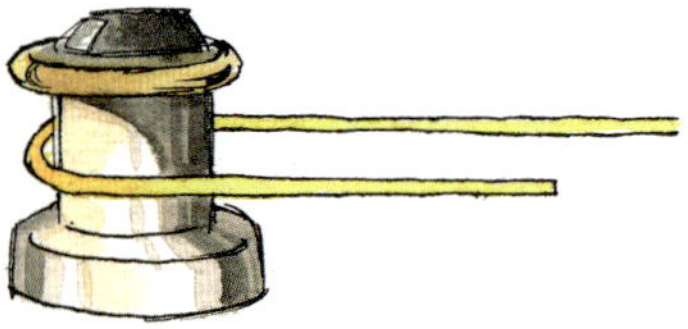

② 巻《ま》きつけた先に輪《わ》を作り、図のように4～5回巻《ま》いて、しっかり締《し》めれば完成《かんせい》。

●糸《いと》と糸《いと》、糸《いと》とハリの結《むす》び方《かた》

特に最近では、市販品《しはんひん》のハリにハリスが結ばれたものが一般的になりつつあるため、これらの結び方は不必要と思われがちである。しかし、ハリを真剣《しんけん》に結《むす》んでいると、ハリのそれぞれの種類に形状《けいじょう》の違いや、丸《まる》い軸《じく》や角張《かくば》った軸《じく》など、気づくこともまた多いのである。

チチワの作り方

チチワ結《むす》び

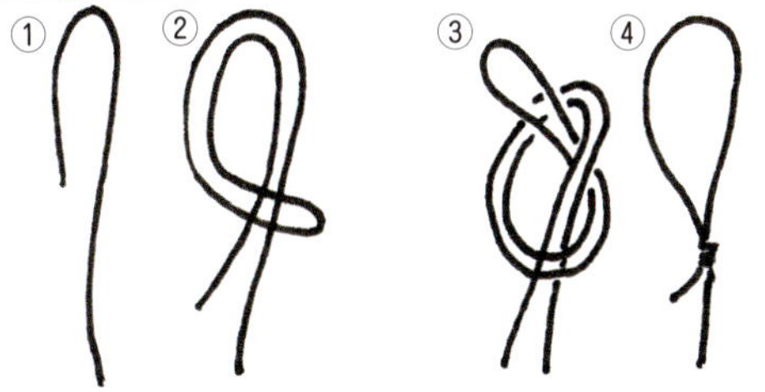

8の字《じ》結《むす》び

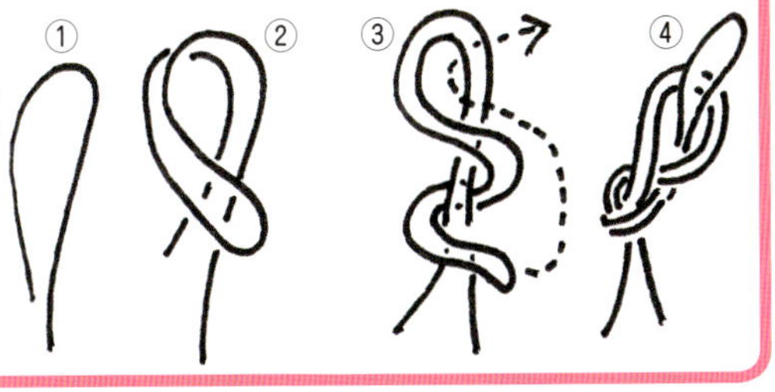

糸と糸の結び方

電車結《でんしゃむす》び

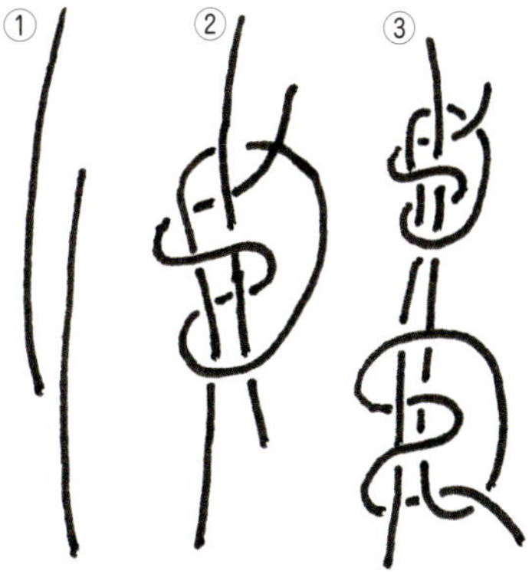

ふたコブどうしの連結法《れんけつほう》。すっぽぬけが少なく、古くからもっとも普及《ふきゅう》している結《むす》び方《かた》。

糸とハリの結び方

漁師《りょうし》結《むす》び

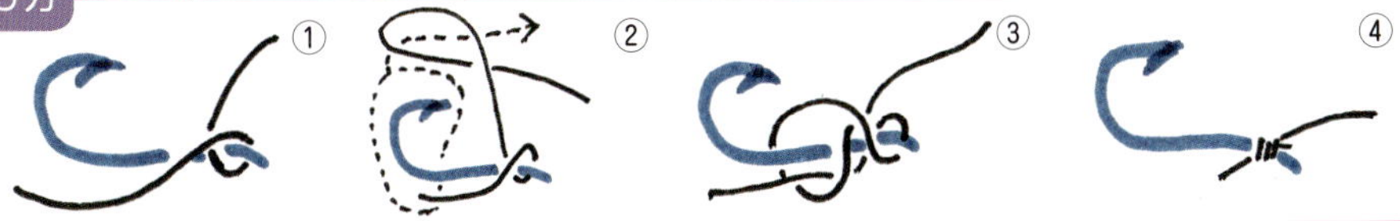

とっくり結《むす》び

外《そと》がけ結《むす》び

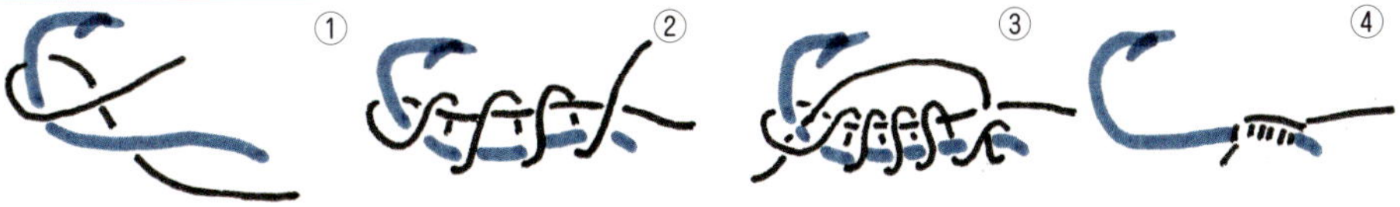

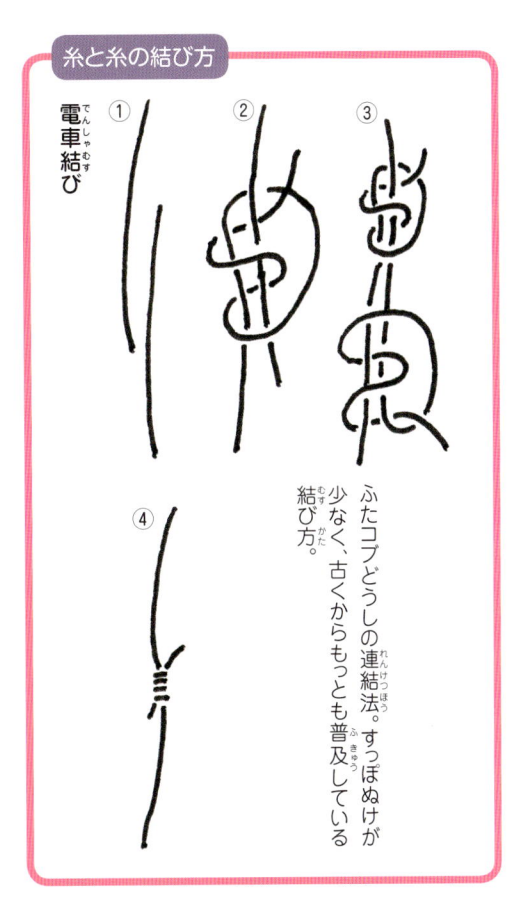

それぞれの釣法《ちょうほう》に必要《ひつよう》なキャスト方法《ほうほう》

コツさえつかめば、簡単《かんたん》にマスターできる

初心者《しょしんしゃ》がうまくつれない理由は多々あるが、ここぞと思うポイントへ正確な仕かけ投入ができなければ、すでに魚との勝負《しょうぶ》はついてしまっているといっていい。またポイントの状況《じょうきょう》によっては、常に同じキャストが行えるとは限らないため、いくつかキャスト（投げ、振りこみ）のパターンをマスターしておくことも必要《ひつよう》だろう。

エサづりの振《ふ》りこみ

送りこみ

もっともオーソドックスなキャスト（振りこみ）方法。ポイント方向へ常に身体を向け、目《め》線《せん》さえそらさなければ、正確《せいかく》なキャストが実現《じつげん》できる。

疲《つか》れないサオの握《にぎ》り方《かた》

サオ尻を腕に当て、人《ひと》差《さ》し指《ゆび》は伸ばさずに下から支えるように握《にぎ》れば、長ザオでも疲れない。

①サオとは逆の手で、ハリより少し上のハリスを人《ひと》差《さ》し指《ゆび》と親指《おやゆび》でつまむ。

②つまんだ指を離すと同時にサオを上に振りあげる。

③仕かけが伸びきるのに合わせてサオを寝《ね》かす。

たすき送《おく》りこみ

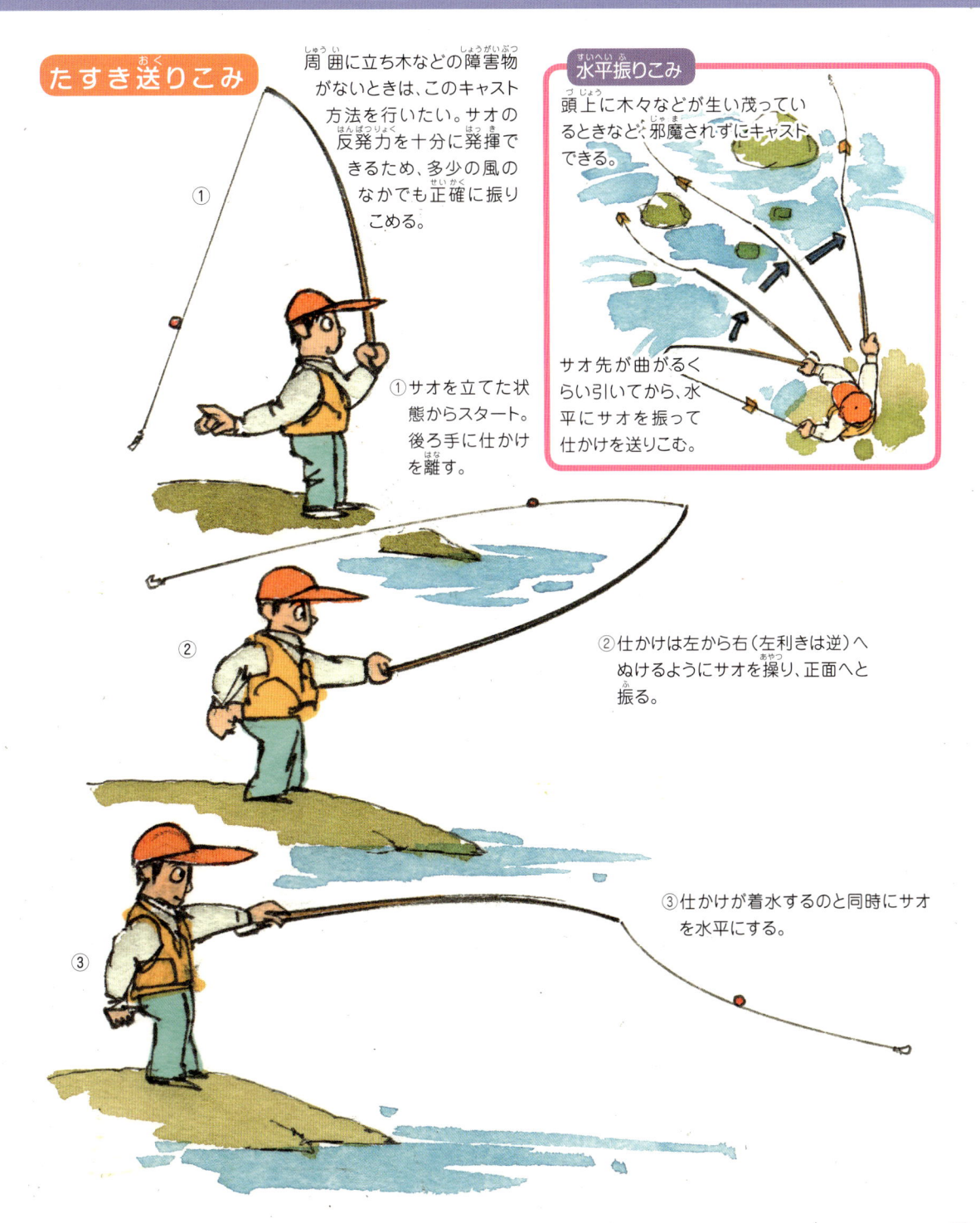

周囲《しゅうい》に立ち木などの障害物《しょうがいぶつ》がないときは、このキャスト方法を行いたい。サオの反発力《はんぱつりょく》を十分に発揮《はっき》できるため、多少の風のなかでも正確《せいかく》に振りこめる。

①サオを立てた状態からスタート。後ろ手に仕かけを離《はな》す。

②仕かけは左から右（左利きは逆）へぬけるようにサオを操《あやつ》り、正面へと振《ふ》る。

③仕かけが着水するのと同時にサオを水平にする。

水平振《すいへいふ》りこみ

頭上《ずじょう》に木々などが生い茂っているときなど、邪魔《じゃま》されずにキャストできる。

サオ先が曲がるくらい引いてから、水平にサオを振って仕かけを送りこむ。

スピニングリールと両軸受《りょうじくう》けリールの投《な》げ方《かた》

川づりでも、海づりと同様《どうよう》にリールを使うときがある。例《たと》えば、ハゼつりや寒《かん》バヤと呼ばれる冬のウグイつり。コイは大物《おおもの》ともなると、スピニングよりも巻き力の強い両軸受《りょうじくう》けリールでないと心もとないほど、引きは強力になる。

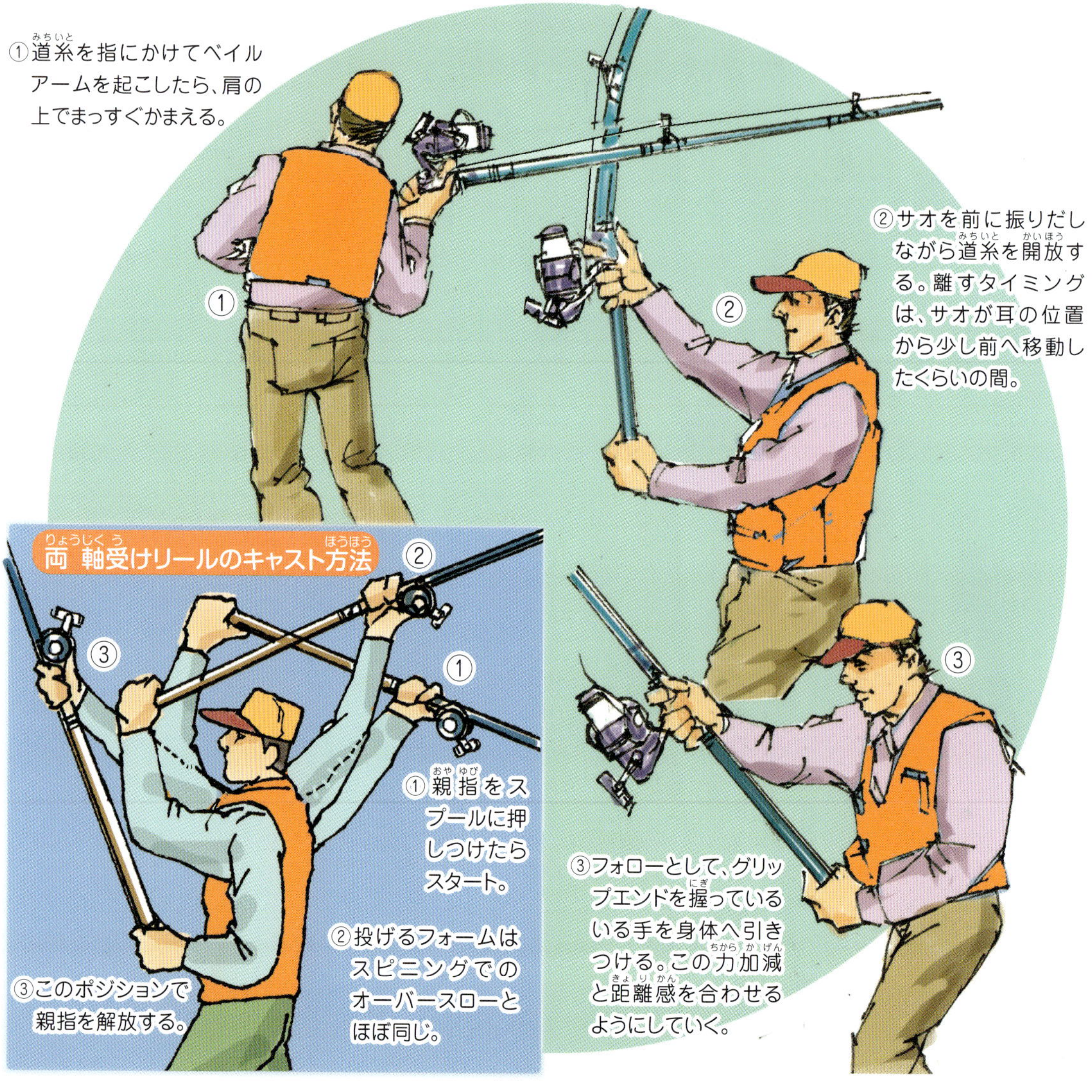
①道糸《みちいと》を指にかけてベイルアームを起こしたら、肩の上でまっすぐかまえる。
①
②サオを前に振りだしながら道糸《みちいと》を開放《かいほう》する。離すタイミングは、サオが耳の位置から少し前へ移動したくらいの間。
②
③
③フォローとして、グリップエンドを握《にぎ》っている手を身体へ引きつける。この力加減《ちからかげん》と距離感《きょりかん》を合わせるようにしていく。
両軸受《りょうじくう》けリールのキャスト方法《ほうほう》
②
③
①
①親指《おやゆび》をスプールに押しつけたらスタート。
②投げるフォームはスピニングでのオーバースローとほぼ同じ。
③このポジションで親指を解放する。

ルアーフィッシングの投げ方

特にバスフィッシングにおいては、キャストの正確《せいかく》さが絶対的《ぜったいてき》に釣果《ちょうか》へ反映される。バスはストラクチャー（障害物《しょうがいぶつ》）に居付《いつ》く習性《しゅうせい》をもつ。ストラクチャーの存在は同時にキャストの障害物《しょうがいぶつ》にもなりうる。多彩《たさい》なキャストパターンがこの魚に対する攻略《こうりゃく》の一歩なのだ。

スピニングリールのオーバーヘッド・キャスト

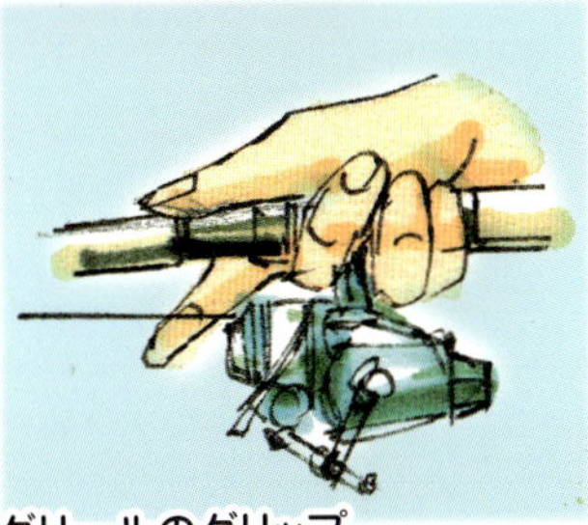

スピニングリールのグリップ

①ベイルアームを起こし、人差《ひとさ》し指《ゆび》にラインをかけてスタート。

②手首を使ってロッドを起こしていく。

③十分な反発力《はんぱつりょく》を得るために、ルアーのウエイトと腕の反動《はんどう》を利用してロッドをしならせる。

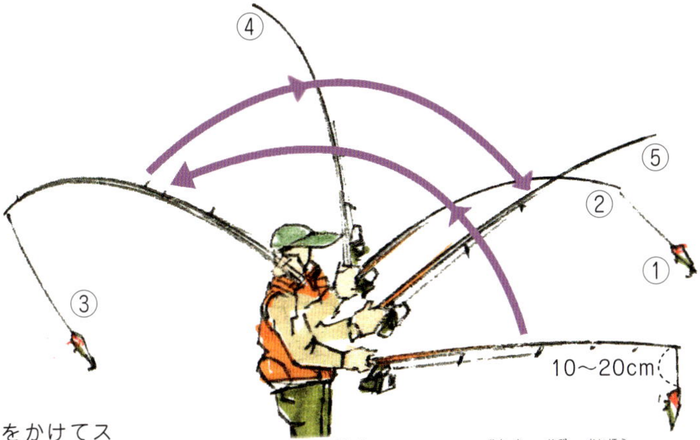

④ロッドが頭上を通過《つうか》するくらいで人差《ひとさ》し指《ゆび》を解放《かいほう》する。

⑤この位置でルアーが着水《ちゃくすい》するまで保持《ほじ》しておく。

ベイトキャスティングリールのオーバーヘッド・キャスト

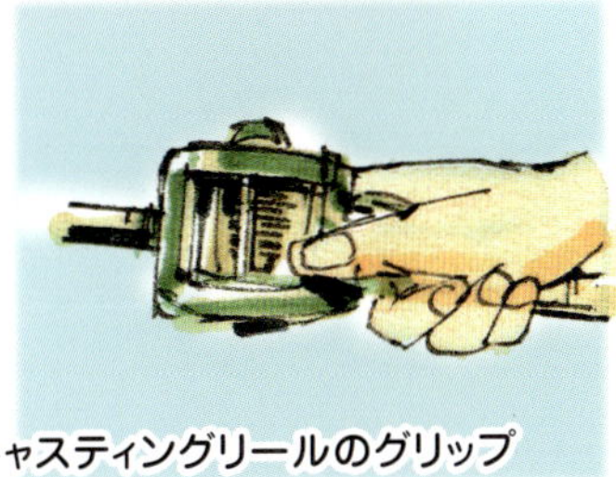

ベイトキャスティングリールのグリップ

①親指《おやゆび》でスプールを押え、水平にかまえてスタート。このときに脇《わき》をしめておかないとコントロールがさだまらない。

②腕全体《うでぜんたい》ではなく、ヒジから先だけを使ってテイクバックする。

③ロッドのしなりで感じていた重みが“フッ”とぬける瞬間《しゅんかん》がある。このときがまさに重みが反発力に変わった瞬間《しゅんかん》だ。

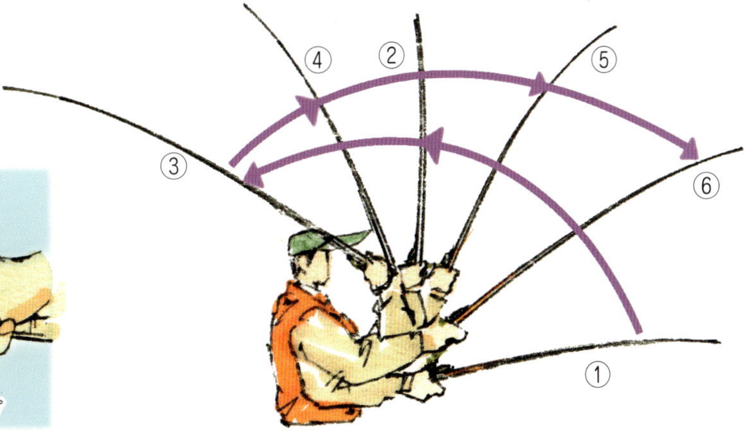

④③からタイミングよく前方へロッドを振る。スムーズにいけば、力はそれほどいらないことに気づくはずだ。

⑤押えていたスプールを解放《かいほう》。早《はや》過《す》ぎるとフライに。 遅《おそ》過《す》ぎると水面をたたいてしまう。

⑥着水時のロッドの高さ。

サイドハンド・キャスト

頭上に樹木などの障害物《しょうがいぶつ》があるときに多用するキャスト。また、低い弾道《だんどう》でルアーをキャストできるため、オーバーヘッド・キャストよりも初心者向きといえるかもしれない。

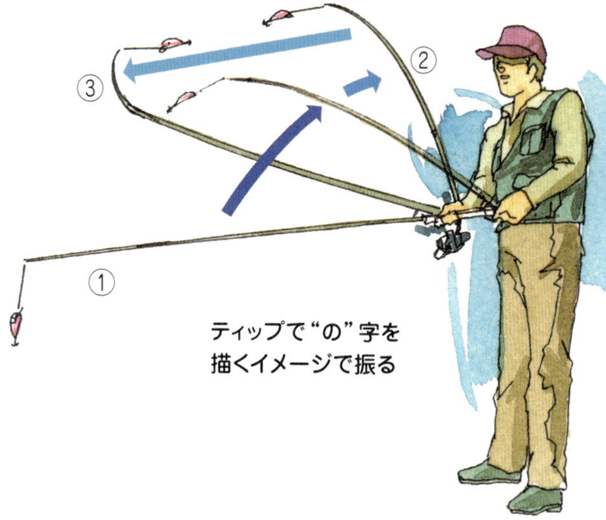
③
②
①
ヒジから先だけで、
腕全体は動かさない
ティップで"の"字を
描くイメージで振る

①ロッドティップから10cmほどルアーを下げる。ロッドは水平、脇は締めてのポジションからスタート。
②手首を返してロッドをテイクバック。そこから今度はヒジから先を使ってロッドを振る。
③ロッドの反発力をそこなうことなく手首を返してラインをリリースする。

バックハンド・キャスト

右利きの人は右側にロッドを振ってキャストするが、その右側に障害物《しょうがいぶつ》などがあってロッドを振れないときに多用するキャスト。比較的《ひかくてき》に難易度《なんいど》は高いキャストである。

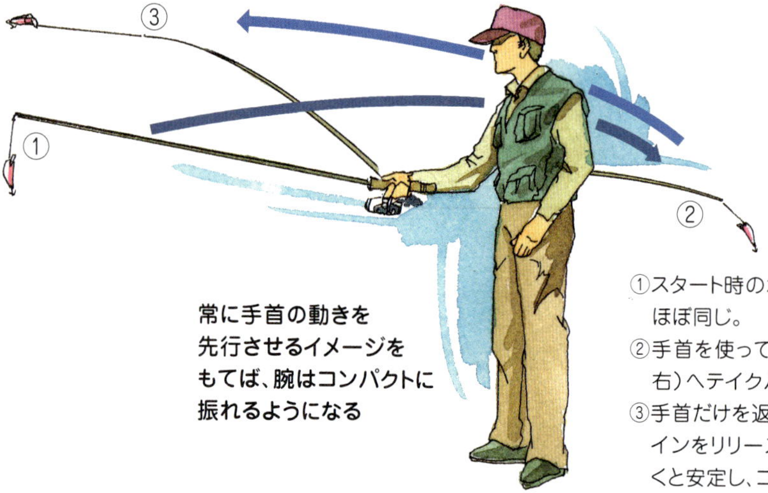
③
①
②
常に手首の動きを
先行させるイメージを
もてば、腕はコンパクトに
振れるようになる

①スタート時のポジションは、サイドハンドとほぼ同じ。
②手首を使って身体の左側（左利きは逆の右）へテイクバックさせる。
③手首だけを返すようにしてロッドを振り、ラインをリリースする。ヒジを固定させておくと安定し、コントロールしやすくなる。

ピッチング

これはルアーフィッシング特有《とくゆう》のキャスト。その長所と短所を知って、必要なときにはその効果《こうか》を最大限に活用しよう。長所①正確にしかも低い弾道《だんどう》でキャストできる。②着水音《ちゃくすいおん》はとても静かなため、ポイントにギリギリまで近づける。短所①飛距離《ひきょり》はそれほどかせげない。②軽いルアーをキャストするにはあまり適していない。

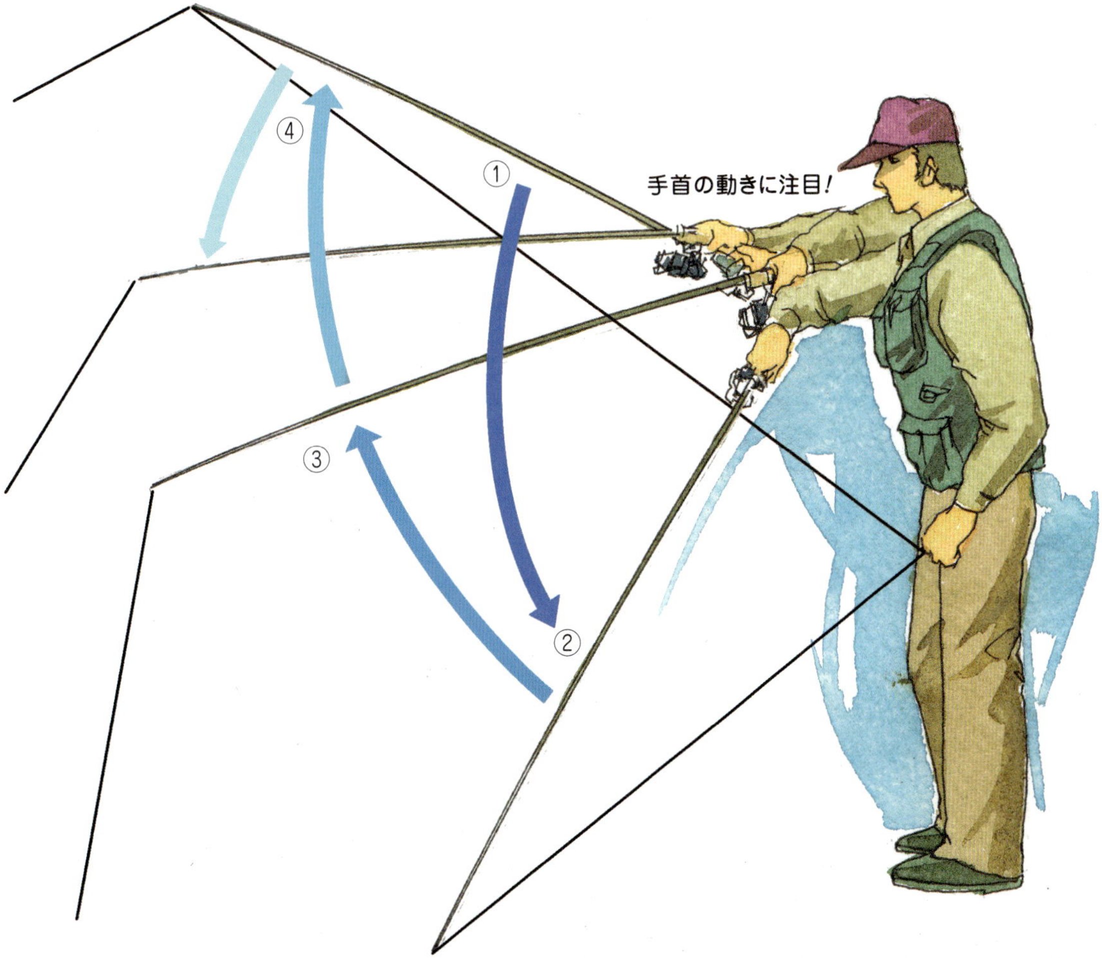

①スタート時のロッドの位置。ロッドよりも短めにラインをだし、逆の手でルアーを持つ。
②ロッドをこの位置まで下げる。
③ロッド振り上げる瞬間《しゅんかん》にルアーをリリース。
④タイミングを合わせて①の位置くらいまで、ルアーを前方に飛ばすようにロッドを振る。
⑤ポイントに落ちる寸前にロッドを戻し、さらに静かに着《ちゃく》水《すい》させる。

フライフィッシングのキャスト

フライフィッシングのキャスト（投げ方）は他のつりとちょっと違う。他はオモリやルアーといった重さを利用するが、フライにはそれがないだけ多少は厄介《やっかい》かもしれない。マスターするには、つりというよりスポーツにトライする感覚《かんかく》で楽しもう。

フォルスキャスト

このキャストがフライフィッシングの基本であり、全てのキャストのベースとなる。フォルスはバックキャスト（後方）とフォワードキャスト（前方）を繰《く》り返《かえ》すことで空中にラインを保持《ほじ》できるシステムだ。

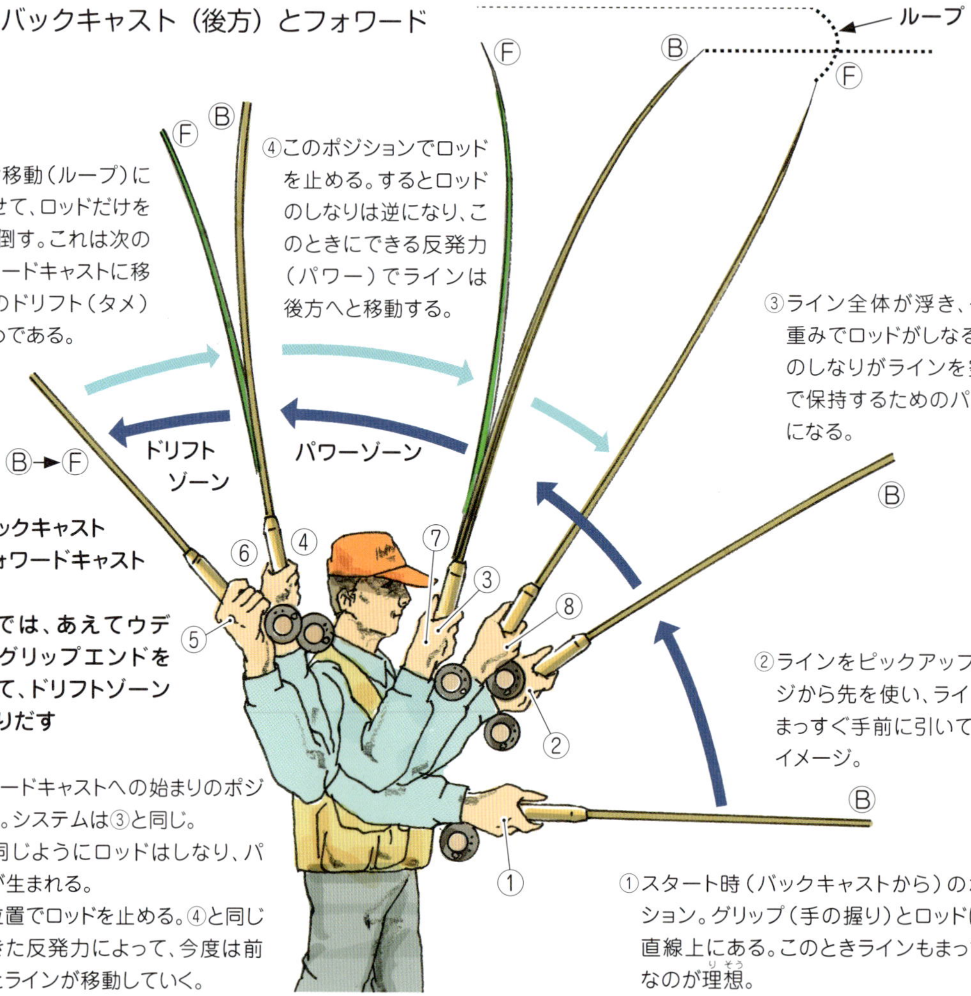

⑤ライン移動（ループ）に合わせて、ロッドだけを若干《じゃっかん》倒す。これは次のフォワードキャストに移る際のドリフト（タメ）のためである。

④このポジションでロッドを止める。するとロッドのしなりは逆になり、このときにできる反発力（パワー）でラインは後方へと移動する。

③ライン全体が浮き、その重みでロッドがしなる。このしなりがラインを空中で保持するためのパワーになる。

Ⓑ→バックキャスト
Ⓕ→フォワードキャスト

ここでは、あえてウデからグリップエンドを離して、ドリフトゾーンを作りだす

②ラインをピックアップ。ヒジから先を使い、ラインをまっすぐ手前に引いてくるイメージ。

⑥フォワードキャストへの始まりのポジション。システムは③と同じ。
⑦③と同じようにロッドはしなり、パワーが生まれる。
⑧この位置でロッドを止める。④と同じにできた反発力によって、今度は前方へとラインが移動していく。

①スタート時（バックキャストから）のポジション。グリップ（手の握り）とロッドは一直線上にある。このときラインもまっすぐなのが理想《りそう》。

フォルスキャストの失敗例《しっぱいれい》

前ページでスポーツ感覚《かんかく》で…と解説したとおり、このキャストは、他のスポーツと同様《どうよう》にフォームが重要である。一度、まちがったフォームが身についてしまうと、矯正《きょうせい》はとても難しいため、最初の段階《だんかい》で徹底的《てっていてき》にチェックして完璧《かんぺき》なフォームをものにしよう。

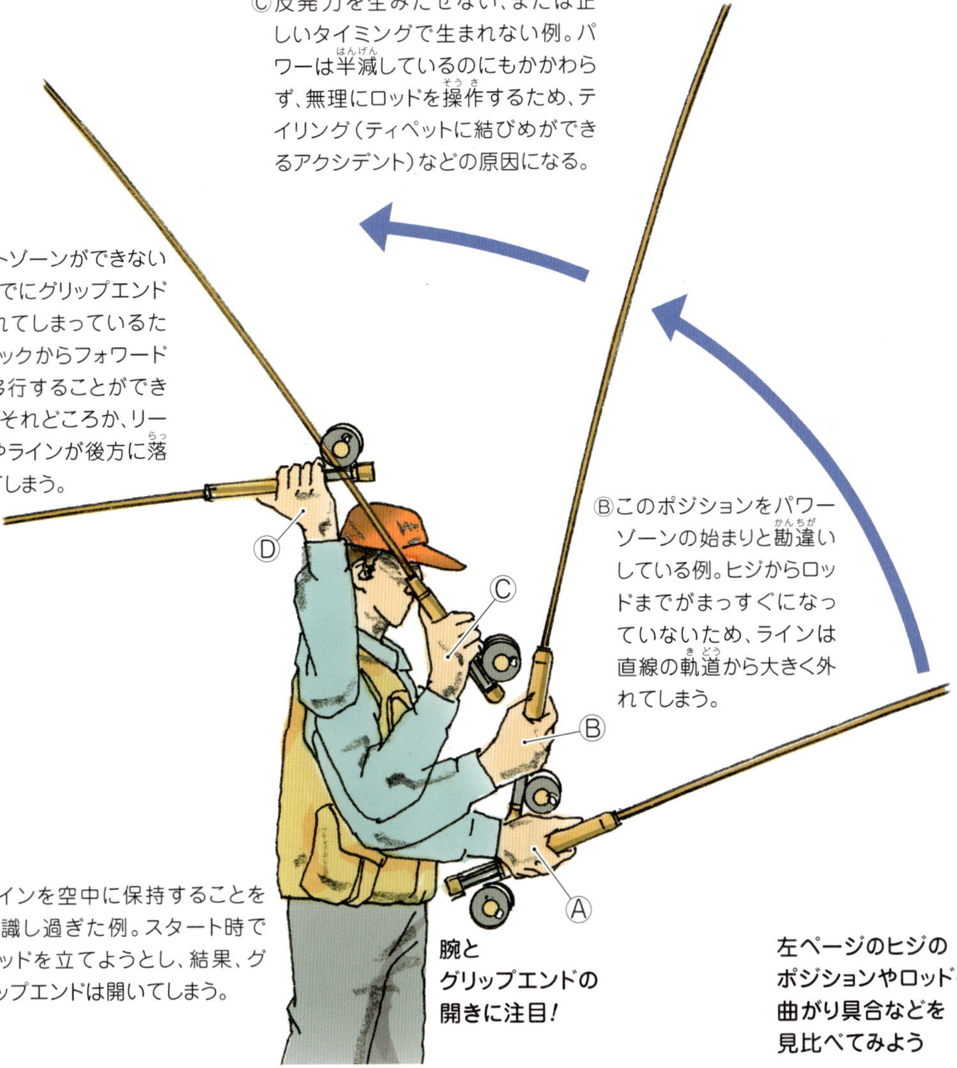

Ⓒ反発力《はんぱつりょく》を生みだせない、または正しいタイミングで生まれない例。パワーは半減《はんげん》しているのにもかかわらず、無理にロッドを操作《そうさ》するため、テイリング（ティペットに結びめができるアクシデント）などの原因になる。

Ⓓドリフトゾーンができない例。すでにグリップエンドが離れてしまっているため、バックからフォワードへと移行することができない。それどころか、リーダーやラインが後方に落《らっ》下《か》してしまう。

Ⓑこのポジションをパワーゾーンの始まりと勘違《かんちが》いしている例。ヒジからロッドまでがまっすぐになっていないため、ラインは直線の軌道《きどう》から大きく外れてしまう。

Ⓐラインを空中に保持することを意識し過ぎた例。スタート時でロッドを立てようとし、結果、グリップエンドは開いてしまう。

腕とグリップエンドの開きに注目！

左ページのヒジのポジションやロッドの曲がり具合などを見比べてみよう

フォルスキャストのメカニズムを知ろう

バックキャストとフォワードキャストを連続《れんぞく》して行うのがフォルスキャストである。バック～で後方に伸びたラインが落下《らっか》する前にフォワード～へと移行《いこう》しながら、ラインスピードを加速《かそく》させ、ポイントまでの距離《きょり》を生みだしていくものである。練習《れんしゅう》するには、最初から長い距離《きょり》ではなく、5m くらいから徐々にラインを伸ばしていこう。

グリップのパターン

サムオン･トップは基本となる握《にぎ》り方《かた》で、高番手《こうばんて》のロッドなどパワーキャストに向く。ヒィンガーグリップは低番手《ていばんて》のロッドによる渓流《けいりゅう》づりなどに向いている。

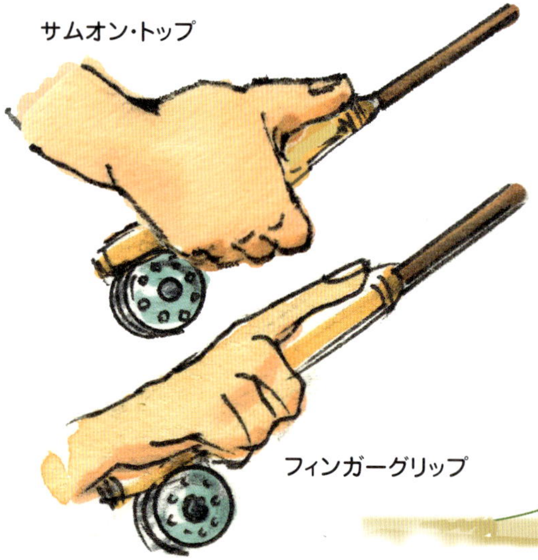

それぞれのロッドポジションとラインの軌跡《きせき》

①スタート時のラインピックアップとファイナルキャスト（プレゼンテーション）での位置《いち》。

③フォワードキャストの終わり。今まさにロッドティップの先にループが生まれている。

ロッドの角度《かくど》によって変わるライン軌道《きどう》

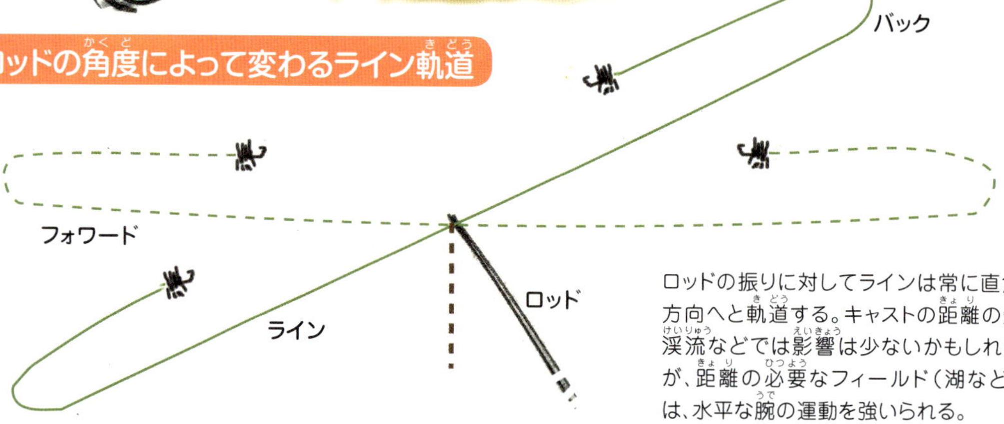

ロッドの振りに対してラインは常に直角の方向へと軌道《きどう》する。キャストの距離《きょり》の短い渓流《けいりゅう》などでは影響《えいきょう》は少ないかもしれないが、距離《きょり》の必要《ひつよう》なフィールド（湖など）では、水平な腕《うで》の運動を強いられる。

ロールキャスト

このキャストは主に2つの状況《じょうきょう》下で多用される。ひとつはフォルスキャストのピックアップのときにラインをまっすぐに、そして水面に浮かせるとき。もうひとつは、後ろに障害物《しょうがいぶつ》などがあり、バックキャストができないときに行う。マスターするとかなりの距離《きょり》をキャストできる。

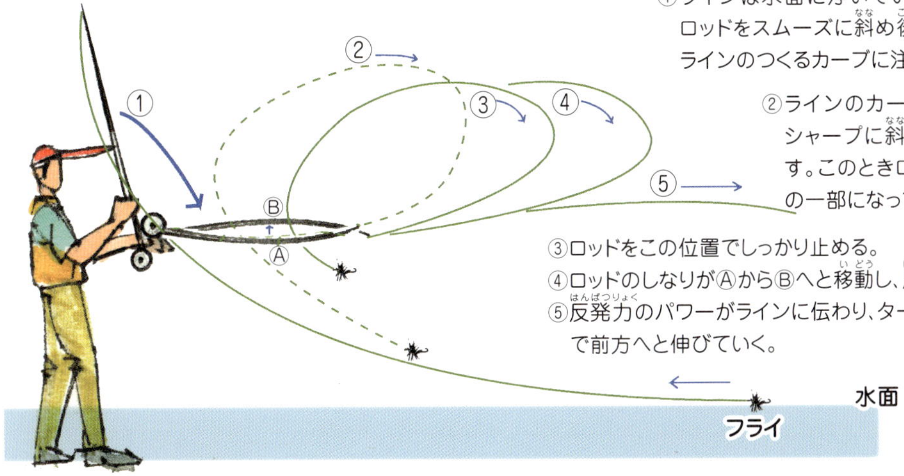

①ラインは水面に浮いている状態《じょうたい》でスタート。ロッドをスムーズに斜《なな》め後方《こうほう》へと立てていく。ラインのつくるカーブに注目。

②ラインのカーブが円を描くようにシャープに斜《なな》め前方《ぜんぽう》へと振り下ろす。このときロッドの曲がりⒶが円の一部になっていればベスト。

③ロッドをこの位置でしっかり止める。

④ロッドのしなりがⒶからⒷへと移動《いどう》し、反発力《はんぱつりょく》が生まれる。

⑤反発力《はんぱつりょく》のパワーがラインに伝わり、ターンオーバーすることで前方へと伸びていく。

メンディング

フライラインが川の流れに流されるとフライは水面の上を引かれてしまう。これを“ドラッグがかかる”といい、魚には警戒《けいかい》されてしまう。そのドラッグを回避《かいひ》するためのひとつの方法がこのメンディングである。

①下流側《かりゅうがわ》にできたラインのたるみ。ドラッグの原因になる。

②メンディングのかぎは手首のスナップにある。

③スナップを利かせて上空へとラインを跳《は》ね上《あ》げるようにする。ただし、動くのはたるみ部分だけ。フライはそのままをキープしなければならない。

④跳《は》ね上《あ》げたたるみを上流側へと着水《ちゃくすい》させる。このたるみが再び下流側《かりゅうがわ》へと移動《いどう》するまではフライは自然に流れてくれる。

エサの種類《しゅるい》

対象魚《たいしょうぎょ》が海づりにくらべると少ない川づりだが、そのわりにはエサの種類《しゅるい》は多い。これはすんでいる場所の条件にあったエサを摂取《せっしゅ》しているためで、その食性は画一的《かくいつてき》ではないからである。また雑食性《ざっしょくせい》の魚が多いことや、つり場の環境《かんきょう》や季節によっても変わる。つり人は、魚をあきさせないエサ選びをしなければならない。

生《い》きエサの取《と》り方《かた》

ひとくちに生きエサといってもその種類《しゅるい》はさまざま。たいていはつり具店で売られており、ミミズ（キジ）、サシ（ウジ）、アカムシ（ユスリカ）などが一般的で、他にブドウムシやヤナギムシ、地域《ちいき》によってはカワムシの類を扱うショップもある。大物づりに必要なザリガニやドジョウなども入手可能だ。ただしこれらの生きエサたちは、当然自分でも採取《さいしゅ》はできる。特に渓流《けいりゅう》づりでは、エサのカワムシ採《と》りからつりは始まるといわれるほど重要。カワムシはとても弱いため、現地でないと難しいからである。

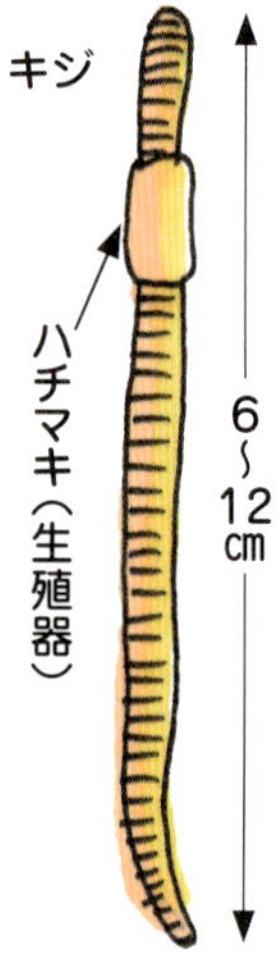

ミミズ

レギュラーサイズをキジ、太いものはドバミミズとして売られ、キジよりもさらに細いサイズも量販店《りょうはんてん》ではそろえられている。
もしも、つりから帰ってエサ箱にミミズが残っていたら、自然繁殖《しぜんはんしょく》させてみるのもおもしろい。ポリバケツの底に穴をあけて水はけをよくしておき、黒土を入れる。つぎに茶がらをまいて雨や日光に当たらない場所に置いておけばよい。くれぐれも乾燥《かんそう》させないようにすること。

サシ・アカムシ

いずれもポピュラーな川づり用のエサである。サシ虫はギンバエのウジなどを養殖《ようしょく》させたもので、アカムシはユスリカの幼虫である。サシの種類《しゅるい》に赤く着色したものは紅《べに》サシ、臭《にお》いで集魚《しゅうぎょ》効果《こうか》のあるチーズサシなど、つり人のニーズに応えるように業者の工夫が施《ほど》されたエサが増えた。さすがにサシを育てるのにはつらいものがあるが、もし近所に用水路があるならアカムシを採取《さいしゅ》することができるかもしれない。

カワムシ

いずれも川にすむ昆虫《こんちゅう》の幼虫《ようちゅう》の総称《そうしょう》。エサとなるカワムシには大きく分けてカゲロウ類、カワゲラ類、トビケラ類がある。その他にトンボ類広翅類《こうしるい》ほか2種類ほどがカワムシに数えられる。関西では冬のハエづりの好エサにフタオカゲロラという種類を用いる。特にトビケラ類の幼虫はクロカワムシと呼ばれ、大物づりにかかせないエサ。

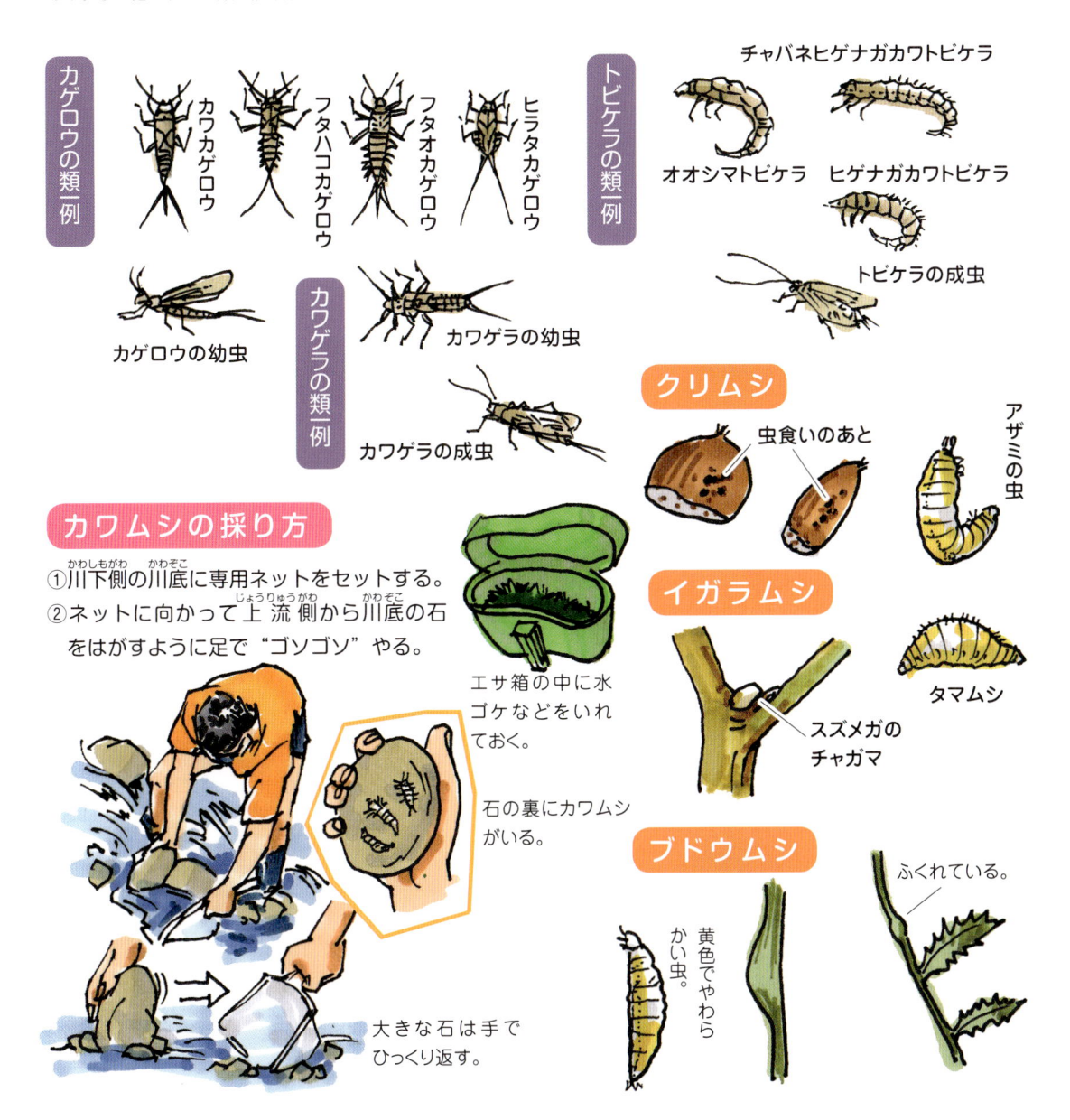

カゲロウの類一例

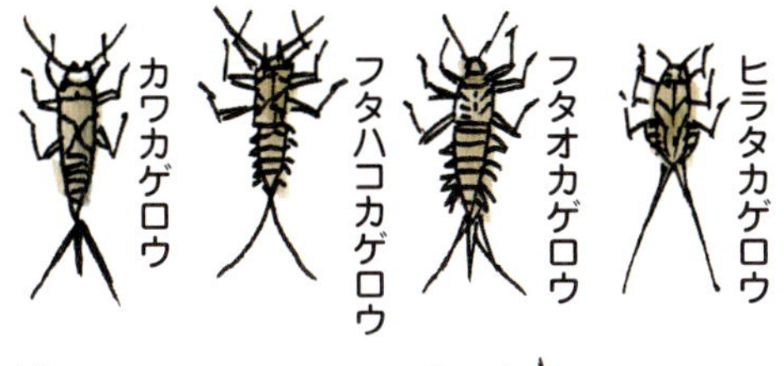

カワゲラの類一例

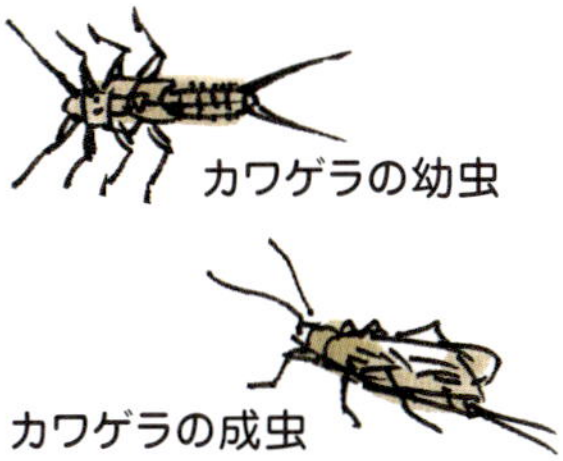

トビケラの類一例

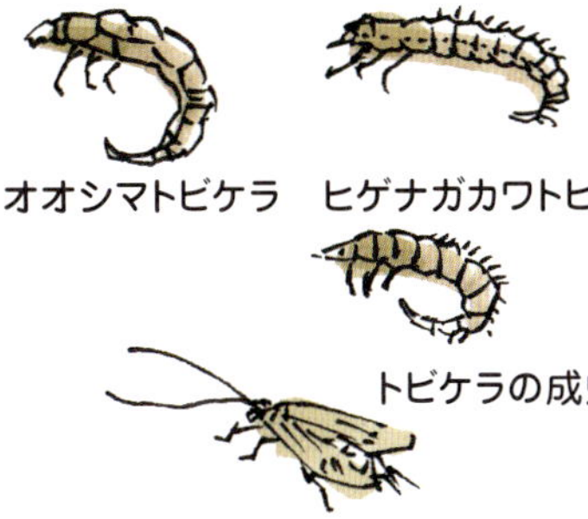

カワムシの採り方

①川下側《かわしもがわ》の川底《かわぞこ》に専用ネットをセットする。
②ネットに向かって上流側《じょうりゅうがわ》から川底《かわぞこ》の石をはがすように足で“ゴソゴソ”やる。

エサ箱の中に水ゴケなどをいれておく。

石の裏にカワムシがいる。

大きな石は手でひっくり返す。

クリムシ

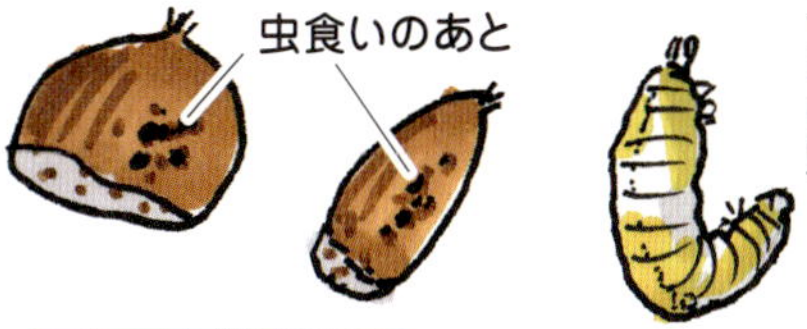

イガラムシ

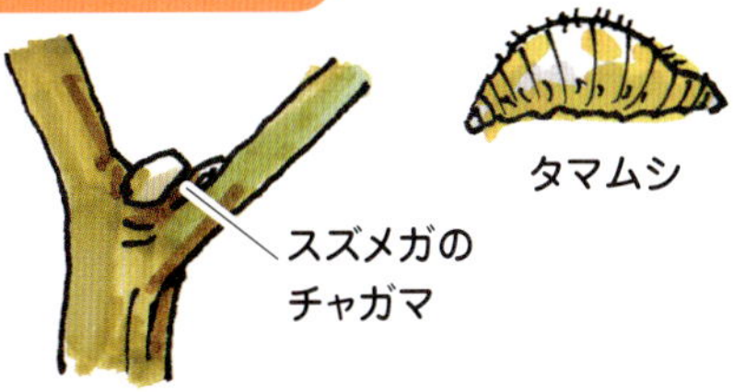

ブドウムシ

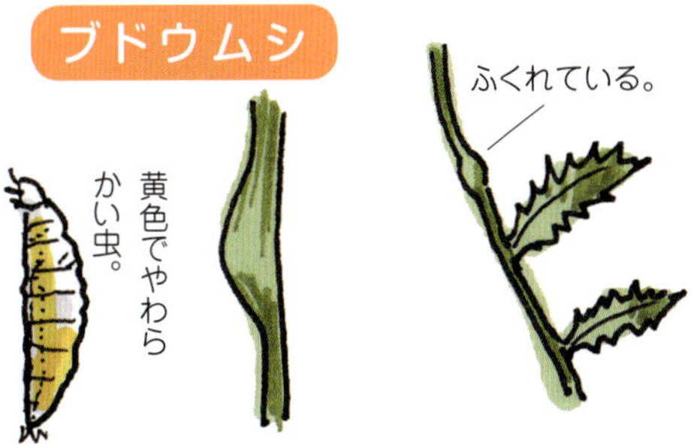

エサのつけ方《かた》

そのつり（対象魚《たいしょうぎょ》）にもっともふさわしいエサが用意できたら、つぎはハリによるエサつけだ。エサのつけ方はハリの形、ねらう魚によってさまざまざだが、エサ本来《ほんらい》の性質《せいしつ》、たとえばアカムシやイクラなど、内容物《ないようぶつ》がハリ穴からでてしまわないように注意し、小物づりではねりエサなどハリ先にまとめるようにつける。また、イモの角《かく》切《ぎ》りでは、ハリの軸は深く、ハリ先をエサの中心にもってくる。生きエサの場合、ハリの刺すところに注意。失敗すると、動きをそこなうどころか死んでしまう。

サ　シ　ム　シ

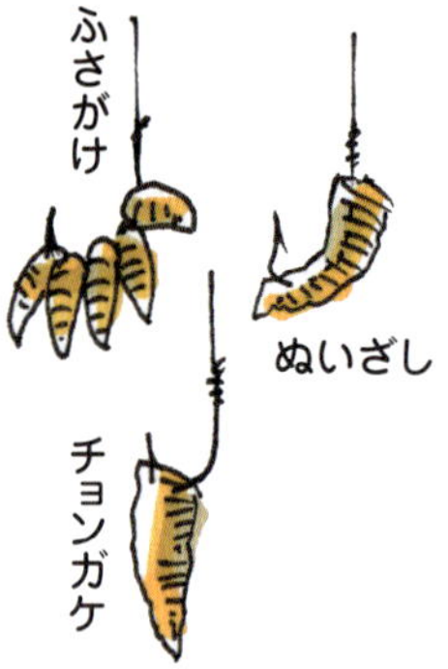

ア　カ　ム　シ

ミ　ミ　ズ

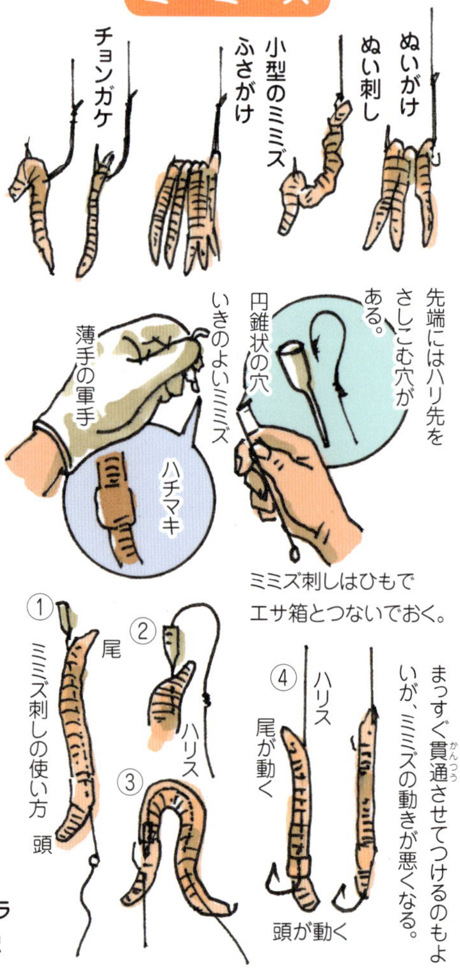

カゲロウ類

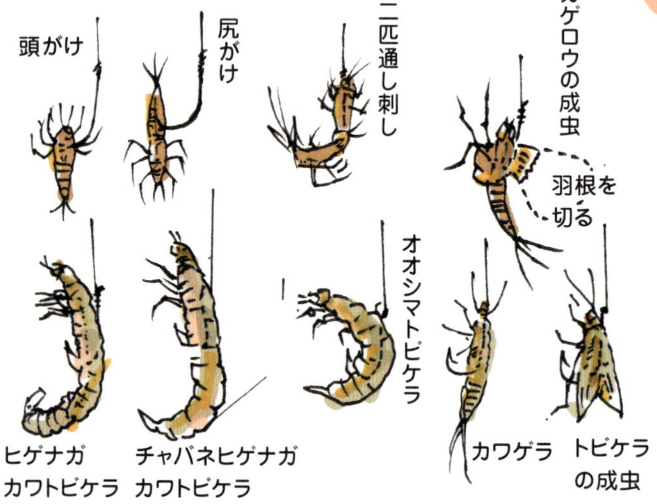

エビ

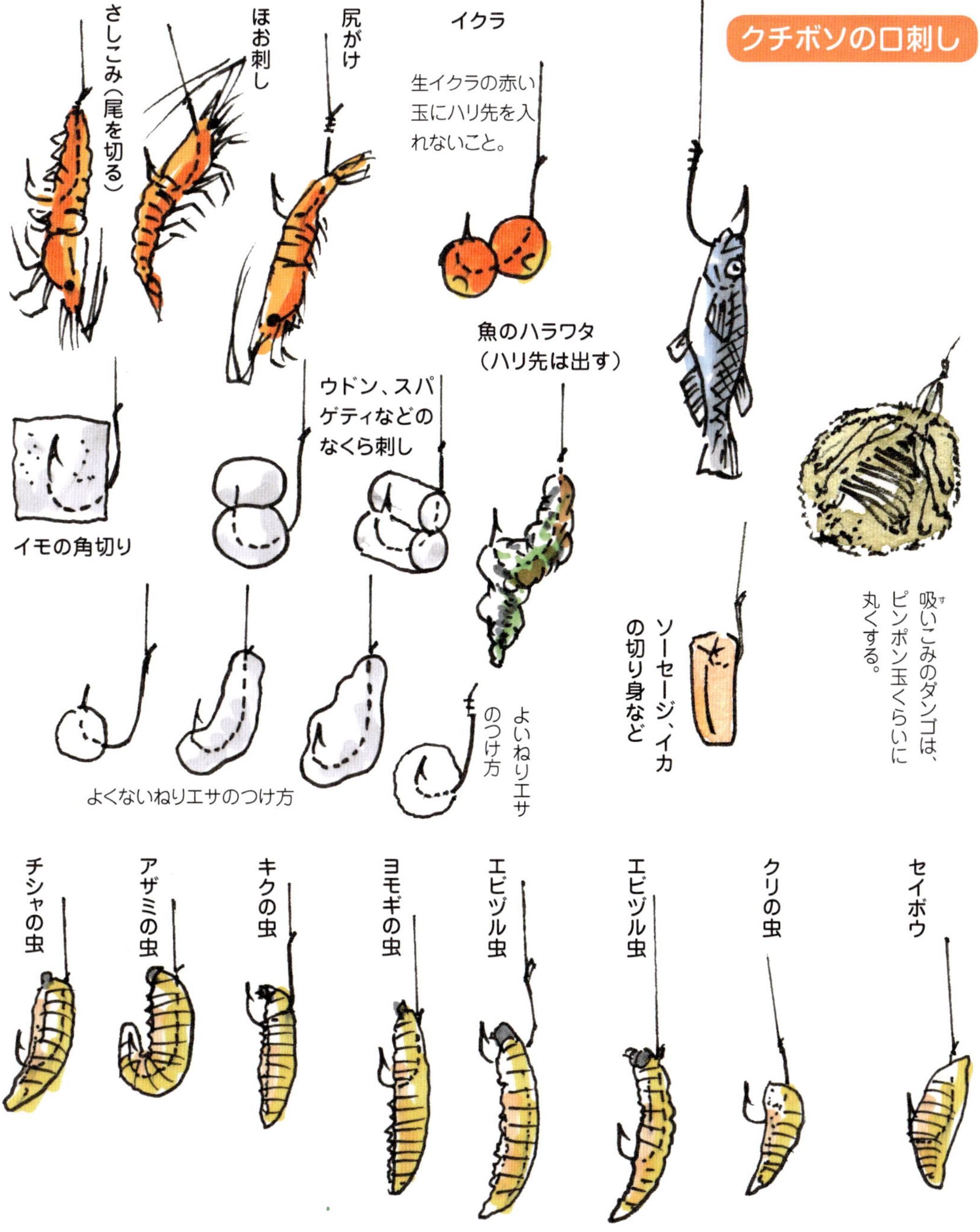
さしこみ（尾を切る）
ほお刺し
尻がけ
イクラ
生イクラの赤い玉にハリ先を入れないこと。
クチボソの口刺し
魚のハラワタ（ハリ先は出す）
ウドン、スパゲティなどのなくら刺し
イモの角切り
よくないねりエサのつけ方
よいねりエサのつけ方
ソーセージ、イカの切り身など
吸《す》いこみのダンゴは、ピンポン玉くらいに丸くする。
チシャの虫
アザミの虫
キクの虫
ヨモギの虫
エビヅル虫
エビヅル虫
クリの虫
セイボウ

擬似《ぎじ》バリ（フライ）の巻《ま》き方《かた》

ハリにエサをつけずに、ハリ自体《じたい》に工夫が施《ほどこ》されたものを疑似餌《ぎじえ》、または擬似《ぎじ》バリという。疑似餌《ぎじえ》バリには毛バリ、ルアー、フライなどがあり、ここではもっともポピュラーなフライの巻き方を紹介する。フライの素材には、天然素材《てんねんそざい》の鳥の羽根《はね》や羽《う》毛《もう》、動物の毛などと、シンセティックと呼ばれる化学繊維素材《かがくせんいそざい》がある。また、巻くための工具については、最低でも以下の種類は必要だろう。

フライタイイングの工具

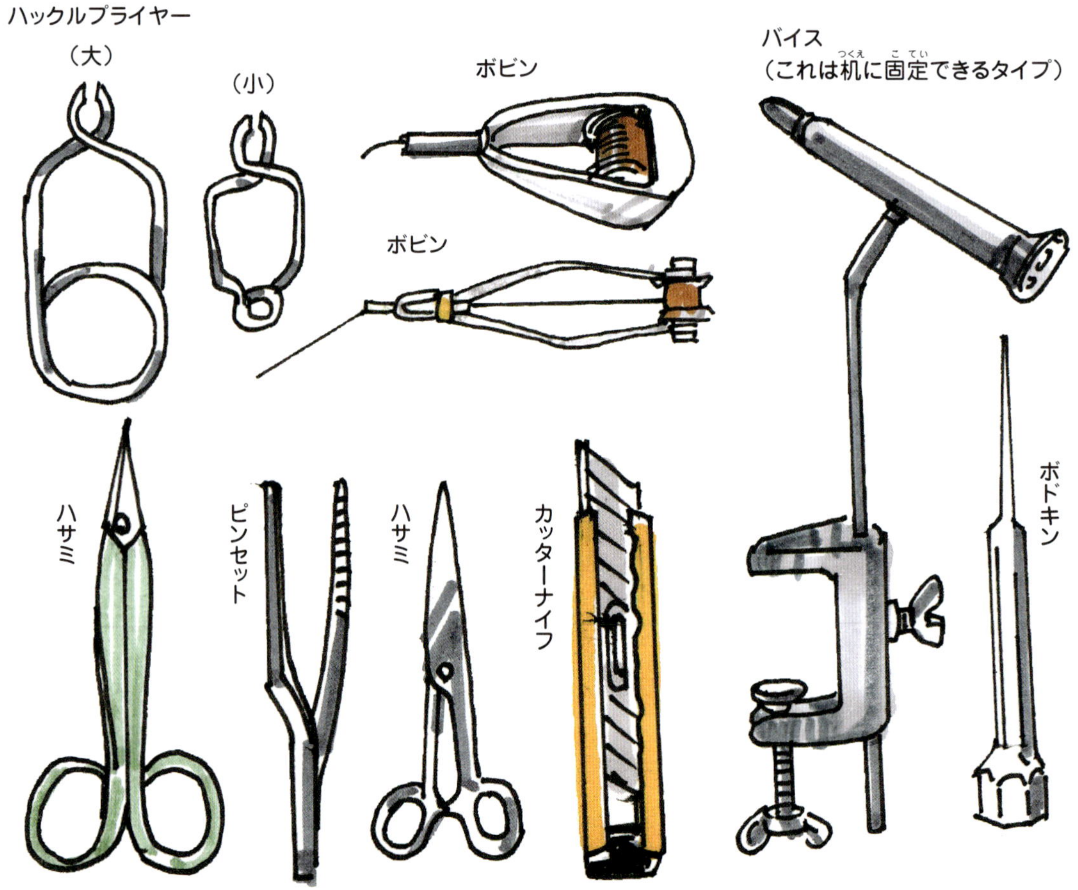

フライタイイングの基本

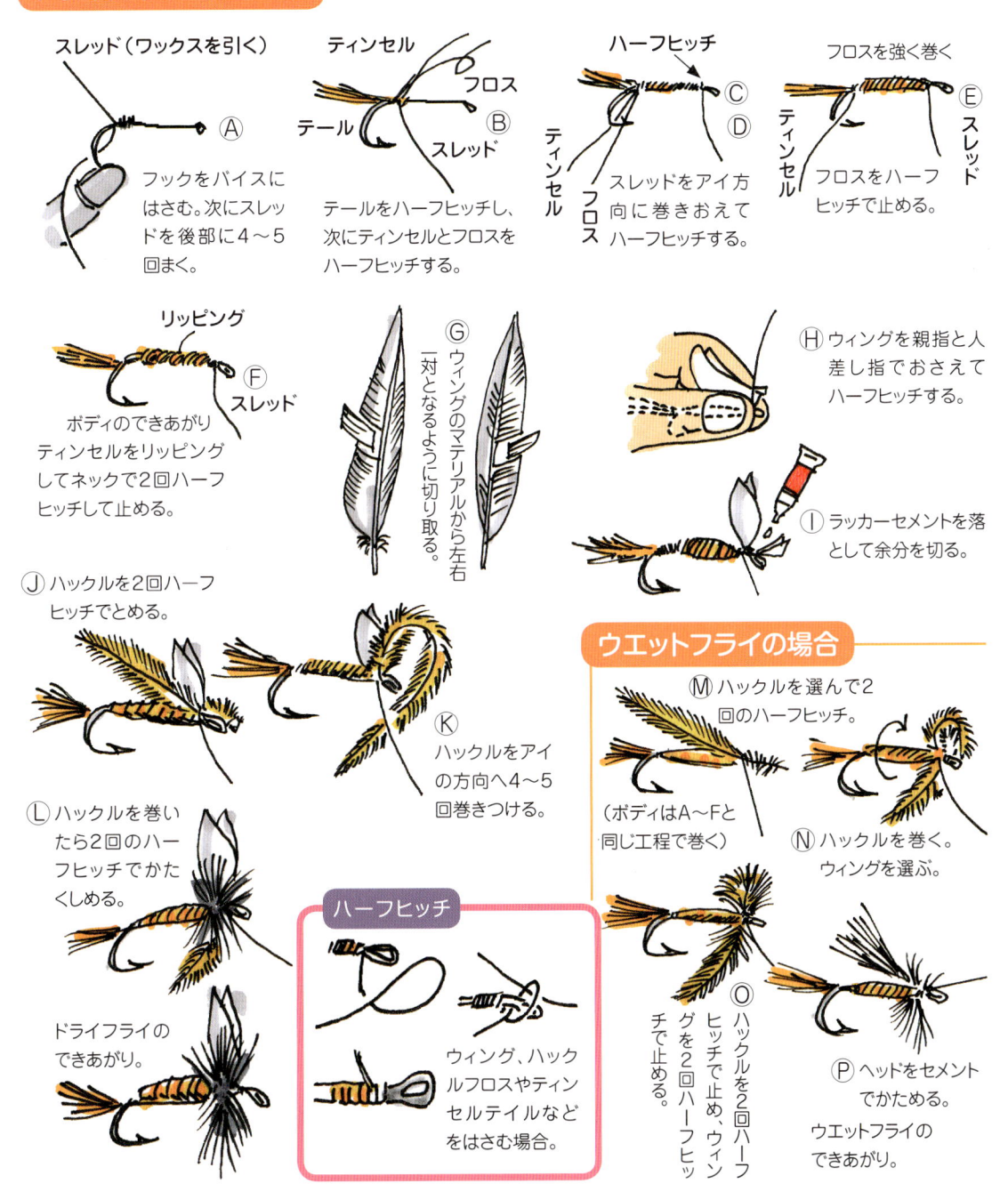

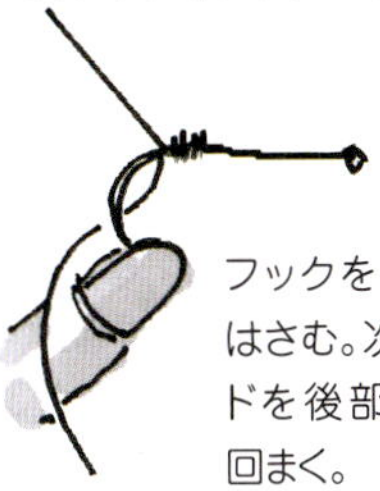

フックをバイスにはさむ。次にスレッドを後部に4～5回まく。

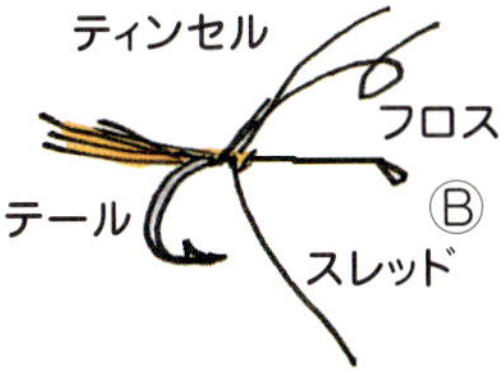

テールをハーフヒッチし、次にティンセルとフロスをハーフヒッチする。

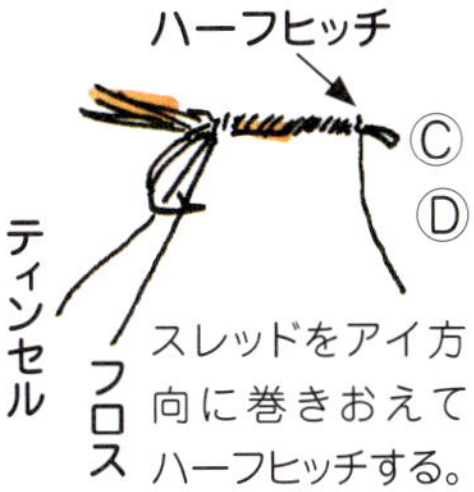

スレッドをアイ方向に巻きおえてハーフヒッチする。

フロスをハーフヒッチで止める。

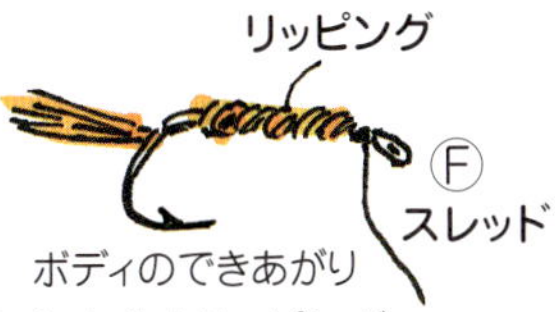

ボディのできあがり
ティンセルをリッピングしてネックで2回ハーフヒッチして止める。

Ⓖウィングのマテリアルから左右一対となるように切り取る。

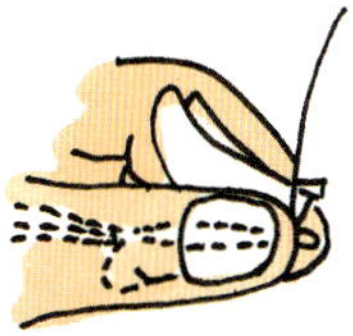

Ⓗウィングを親指と人差し指でおさえてハーフヒッチする。

Ⓘラッカーセメントを落として余分を切る。

Ⓙハックルを2回ハーフヒッチでとめる。

Ⓚハックルをアイの方向へ4～5回巻きつける。

Ⓛハックルを巻いたら2回のハーフヒッチでかたくしめる。

ドライフライのできあがり。

ハーフヒッチ

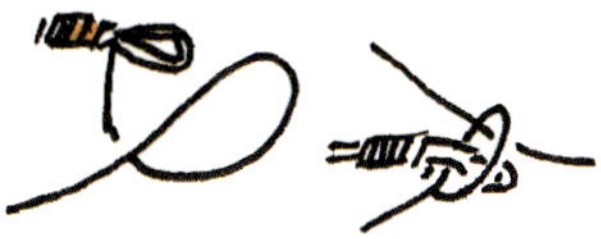

ウィング、ハックルフロスやティンセルテイルなどをはさむ場合。

ウエットフライの場合

Ⓜハックルを選んで2回のハーフヒッチ。

（ボディはA～Fと同じ工程で巻く）

Ⓝハックルを巻く。ウィングを選ぶ。

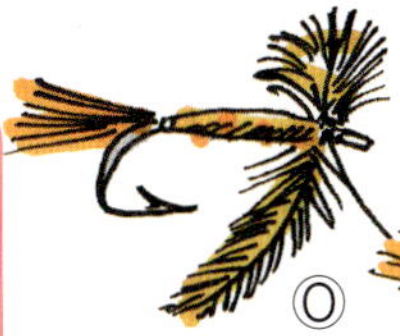

Ⓞハックルを2回ハーフヒッチで止め、ウィングを2回ハーフヒッチで止める。

Ⓟヘッドをセメントでかためる。

ウエットフライのできあがり。

加工《かこう》（人工《じんこう》）エサ

つりのために生産されている加工《かこう》エサの種類《しゅるい》は膨大《ぼうだい》だ。しかし、ベテランともなるとそれにはたよらず、前日から台所にこもってマル秘エサを自製《じせい》したりする。ほかに、もともと人間用の食べものとして加工されたイクラや魚肉ソーセージなどもエサになる。

ねりエサ

加工《かこう》エサの代表的なものがねりエサである。材料のベースとなるのがサツマイモやジャガイモ、小麦粉。それに集魚力《しゅうぎょりょく》を高めるために臭いのあるニンニク粉やサナギ粉などが混ぜられている。なお、ねりエサには食わせと寄せの両方の役割があることを覚えておこう。

吸《す》いこみ仕かけのねりエサは、食わせエサと寄せエサの役目をする。
水中でくずれないように、粘《ねば》りが出るまでていねいに練りこむ。

耳たぶくらいの硬さを目安にする。

ヘラブナ用のねりエサは、マブナやコイにも使える

サツマイモはコイの食わせエサで、四季《しき》を通して使える。

川づりのマナー

それぞれの地域《ちいき》において、河川《かせん》や湖沼《こしょう》などは漁業協同組合によって管理されている。場所によって設定《せってい》される規則《きそく》に違いがあるため、「入漁漁《にゅうぎょりょう》の有無《うむ》」「禁漁《きんりょう》期間《きかん》」「リリース区間《くかん》や禁漁区《きんりょうく》の範囲《はんい》」など、事前にしっかりとチェックしておこう。また、近年特定外来種に指定された魚（ブラックバスやブルーギルなど）もいるので、決まりを守りながらおおいにつりを楽しむようにしよう。

一人《ひとり》で釣行《ちょうこう》しない

ベテランほどひとり釣行《ちょうこう》を好む傾《けい》向《こう》にあるが、初心者は特に初めてのフィールドにはひとりで行かないこと。何かあって手おくれ…なんてことにも。

先行者《せんこうしゃ》がいたときは…

川では下流から上流へとつり上がるのがセオリー。つまり、先行者を追いぬくことはマナー違《い》反《はん》。もしも追いついてしまったら、必ず一声かけて確認《かくにん》すること。

周囲《しゅうい》をよく確認《かくにん》する

つり人の同士のトラブルとして絶えないのがこれ。特にリールザオを使用するときには周囲《しゅうい》の安全《あんぜん》を確認《かくにん》すること。つりバリにカエシがあるため、刺さるとぬけづらく大ケガになるので絶対注意《ぜったいちゅうい》。

危険《きけん》な生《い》き物《もの》に注意《ちゅうい》！

山深く分け入らなくても、川《かわ》辺《べ》には危険《きけん》な生物がいる。特に注意しなければならないのが、マムシとスズメバチ。両者とも猛毒《もうどく》の持ち主なので、もしも噛《か》まれたり刺《さ》されたら、早急に必ず医師の診断《しんだん》を受けること。

雷《かみなり》に注意《ちゅうい》！

カーボンなどはとても電気の流れやすい性質を持っている。つまり、雷雨《らいう》のなかでのつりは長い避雷針《ひらいしん》を手にしているといっても、決して過言《かごん》ではない。すぐにやめて避難しよう。

ゴミは持《も》ち帰《かえ》る

ゴミを持ち帰ることはつり人でなくても人としてあたり前のモラル。自分たちのゴミだけでなく、目につくゴミは拾うくらいの優しさを自然に対して持ってほしい。

乱獲者《らんかくしゃ》にはならない

つった魚を持ち帰りたいときは、その日に家族が食べられる分だけを必ず持ち帰るようにしよう。つり人自身が乱《らん》獲者《かくしゃ》にならないためにもね。

キャッチ・アンド・リリース

魚の皮膚《ひふ》のヌルが取れないように濡《ぬ》れた手で優しく支え、頭は上流側に向けて保持してあげる。これは新鮮《しんせん》な酸素《さんそ》がエラに取りこめるためで、このまま自力《じりき》で泳ぎだすまで待ってあげること。

PART3

魚をつろう！

雲上《うんじょう》の尺《しゃく》イワナは、昔も今もつり人には幻《まぼろし》

イワナ

★サケ目サケ科

●よび名《な》（地方名《ちほうめい》）

イモチ、イモウオ（滋賀）、キリクチ（紀州）、
タンプリ、タンポリ（鳥取・島根）、
ゴキ、コギ（広島・島根）など。

●生息場所《せいそくばしょ》

ヤマメ（アマゴ）がすんでいる渓流《けいりゅう》地帯《ちたい》よりさらに上流の冷水域《れいすいいき》。また、細い谷筋《たにすじ》など。

●生態《せいたい》・習性《しゅうせい》

よく似た近似種《きんじしゅ》を総称してイワナという場合と特定種の和名イワナを指す場合がある。和名のイワナのほかに北海道、東北にすむエゾイワナ、北海道のカラフトイワナ、中国山地のゴギなどが知られる。秋から産卵期《さんらんき》に入る。食性《しょくせい》は動物食で、かなり悪食《あくじき》。警戒心《けいかいしん》の強い魚だが、しばしば食欲がそれを上回る。

■つり期《き》

ヤマメやアマゴと同じように各都道府県では、禁漁期《きんりょうき》をもうけて産卵前後のイワナを保護《ほご》している。したがって、3月以降、10月ごろまでがつり期。しかし、山間源流《さんかんげんりゅう》地帯《ちたい》は積雪があるので、5月ころからが本当のつり期となる。

■つり方《かた》

エサづりが主だが、夏期は昆虫《こんちゅう》エサにした吹き飛ばしも盛ん。ほかには、テンカラづりやルアー、フライフィッシングなど。

■ポイント

谷の落ち込み、反流点《はんりゅうてん》、淵尻《ふちじり》、えん堤下《ていした》の水深のあるところ、瀬《せ》の中の石陰《いしかげ》などがねらい場である。

つるためのコツ！

★障害物《しょうがいぶつ》の多いところを好むため、見落としそうなポイントにも大物がいる。
★朝夕のマズメ時《どき》だけでなく、気温の低いときは日中も高条件となりうる。
★ヤマメのような早アワセはいらない。

「渓流《けいりゅう》の女王《じょうおう》」の名にふさわしい美しい魚体

ヤマメ（アマゴ）

★サケ目サケ科

●よび名《な》（地方名《ちほうめい》）

ヤマメ→ヤマベ（北海道·東北）、ヒラベ（山陰）、
エノハ、マダラ（九州）など
アマゴ→アメノウオ（紀伊半島）、コサメ（三重）、
アマゴ（四国）、ヒラメ（山陽）

●生息場所《せいそくばしょ》

冷水性《れいすいせい》の魚で年間を通じて水温が15〜18°Cより高くならない川の上流《じょうりゅう》部《ぶ》の渓流《けいりゅう》地帯《ちたい》を好み、水量が豊富で水生昆虫《すいせいこんちゅう》の多いところ。

●生態《せいたい》・習性《しゅうせい》

ヤマメもアマゴもサケ科の魚で、アマゴには体側《たいそく》に小さな朱点《しゅてん》がある。パーマーク（だ円の幼魚班《ようぎょはん》）は、両者とも7〜13ほどある。動物食ですばしっこい。
アマゴの天然分布は、関東酒匂川《さかわがわ》（静岡県·神奈川県）以西の太平洋岸に流入する河川の上流（中部、紀伊半島、山陽、四国、九州北東部）とされている。
これ以外はヤマメの分布域《ぶんぶいき》とされている。

■つり期《き》

資源保護《しげんほご》のため、産卵期《さんらんき》の秋から冬にかけては禁漁期間《きんりょうきかん》。おおよそ、3〜9月いっぱいがつり期。

■つり方《かた》

エサづり、毛バリづり、ルアーづりなど。一般的にはエサづりで、毛バリづりにはテンカラづりとフライフィッシングがある。

■ポイント

谷の流れの中で体を隠《かく》しやすいところで、エサが流れつきやすいところ。季節によって多少ちがう。

つるためのコツ！

★良型のヤマメほど大場所の大岩や大きな落《お》ちこみにいる傾向がある。
★警戒心《けいかいしん》が強いため、河原では細心の注意を払って行動しなければならない。
★異変《いへん》を感じるとすぐに吐き出してしまうため、早アワセが原則。

ミャクづり

渓流《けいりゅう》は両岸《りょうぎし》から樹木《じゅもく》がかぶさったり、岩と岩との間をぬうように流れている。そうした障害物《しょうがいぶつ》に仕かけを引っかけないようにしながら、順次上流へとつり登ってのぼって行く。イワナはつり逃がしても、しばらくするとまたエサを食うのでねらってみよう。

仕《し》かけ

7.2m以上《いじょう》のサオ

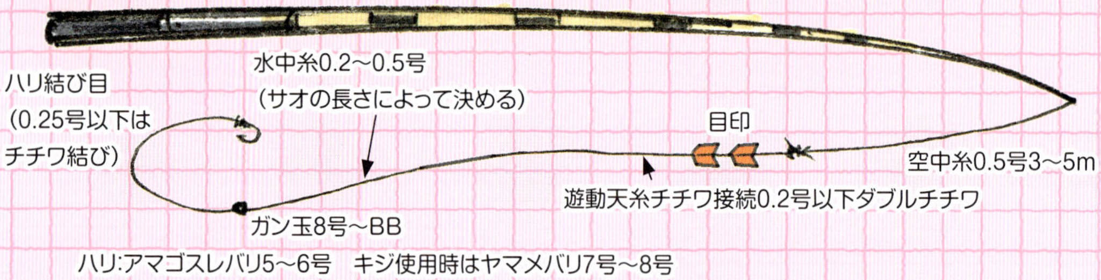

6.1m以下《いか》のサオ

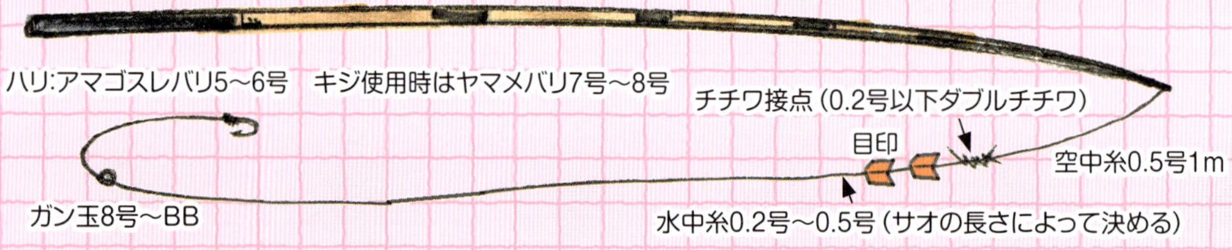

標準《ひょうじゅん》仕《し》かけ（ナイロン）

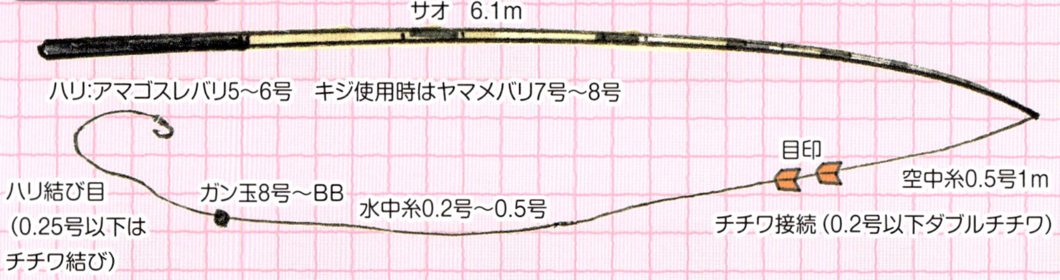

ミャクづりに必要《ひつよう》な正確《せいかく》な振《ふ》りこみ

渓流魚《けいりゅうぎょ》は、流れのなかにおいて、もっとも効率《こうりつ》よくエサの集まる場所に身を置いている場合が多い。その魚の捕食《ほしょく》ポイントから外れると食わないばかりか、余計《よけい》な警戒心《けいかいしん》を与えてしまう。

仕かけ投入ポイントは、魚の捕食《ほしょく》ポイントへつながる流れの筋《すじ》（フィーディングレーン）の上流側にある。
正確な振りこみができれば、後はタナの調整《ちょうせい》のみに集中して自然に流すことができる。
外れてしまった後にフィーディングレーンに無理《むり》に戻しても、仕かけ（エサ）の動きはぎこちないものになる。
流《なが》れの方向《ほうこう》
捕食《ほしょく》ポイント
フィーディングレーン

ポイントへのアプローチ

魚は意外にも流心《りゅうしん》よりも岸際《きしぎわ》にいる。つまり警戒《けいかい》させないためには、岸から離れたⓐやⓓからアプローチに入り、後はアルファベット順に移動しながらX（ポイント）をねらう。

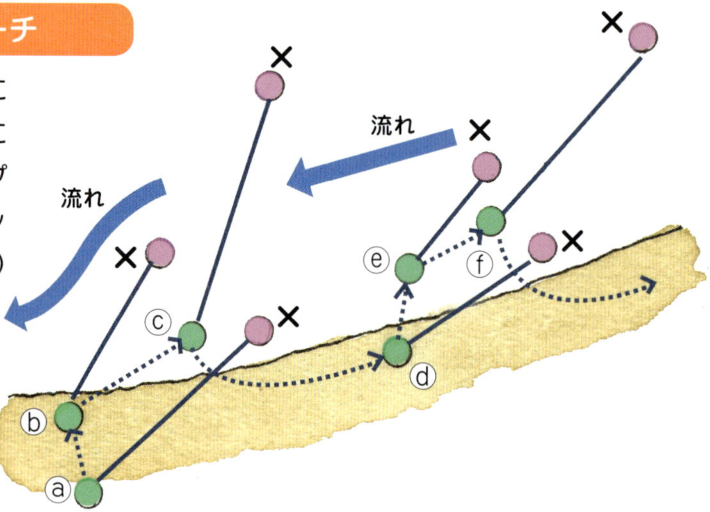
流れ
流れ
ⓐ
ⓑ
ⓒ
ⓓ
ⓔ
ⓕ

エサの流《なが》し方《かた》

下の図は、オモリで底をなめるように流したときの理想的な穂先《ほさき》と目印《めじるし》の軌道《きどう》を表したもの。例えば、沈ませ過ぎると根がかりの原因やオモリで底を“コツコツ”と叩《たた》いてしまう。逆にそれを恐れてサオ先を上げてしまうと、ブレーキがかかってエサは浮いてしまう。

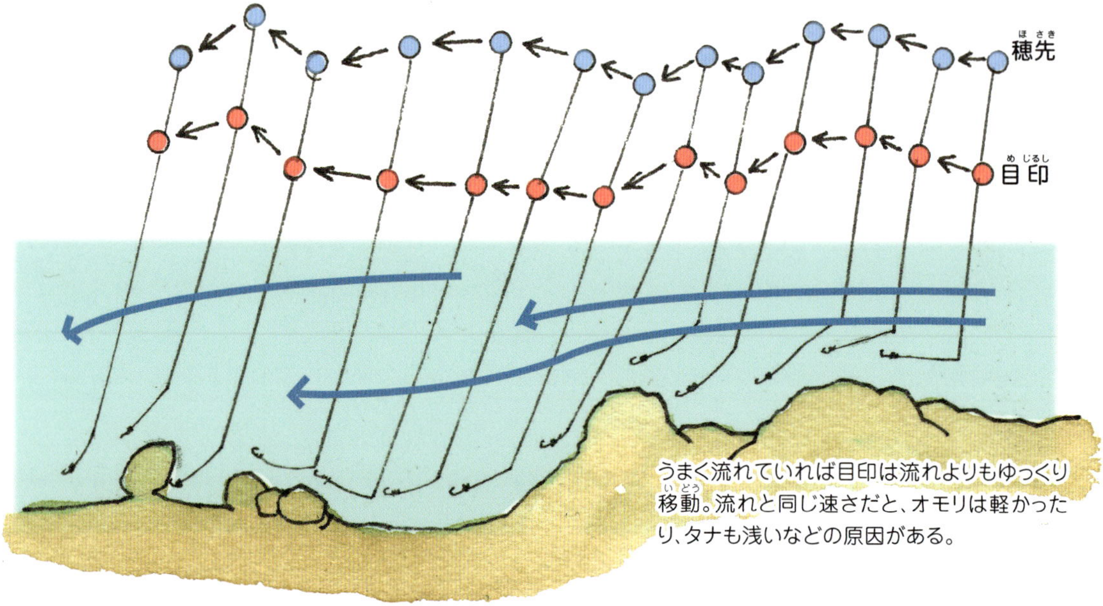
穂先《ほさき》
目印《めじるし》
うまく流れていれば目印は流れよりもゆっくり移動《いどう》。流れと同じ速さだと、オモリは軽かったり、タナも浅いなどの原因がある。

落《お》ちこみからの瀬《せ》

このエリアは渓流《けいりゅう》の定石《じょうせき》であり、落ちこみという一区切りのなかにいくつものポイントが点在している。しかしつりやすいエリアでもあるため、魚はつり人からのプレッシャーによるスレ傾向《けいこう》が強い。そこで、繊細《せんさい》かつ効率《こうりつ》のよいアプローチの一例をつくってみた。

A　B　Cは立ち位置で、Aはaを Bはb、Cはcをねらう
a1　a2　a3　a4　b1　b2　b3　b4　b5　c1
c2　c3　c4　c5はそれぞれからの仕かけ投入ポイントの順番

➡は魚のフィーディングレーン

毛《け》バリ　テンカラづり&フライフィッシング

毛バリ（フライ）は水生昆虫《すいせいこんちゅう》などに似せたもの。つり方には日本式のテンカラづりと欧米式のフライフィッシングがある。ポイントは流れの緩《ゆる》い瀬《せ》やトロ場《ば》、底石《そこいし》のまわりなど。毛バリづりは打ち込みが重要。毛バリだけをフワッと着水させるのがコツ。

仕《し》かけ

テンカラの標準《ひょうじゅん》仕《し》かけ

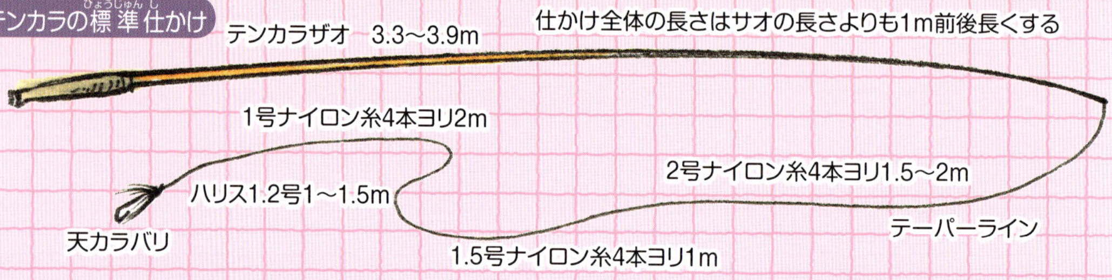

ドライフライの基本《きほん》仕《し》かけ

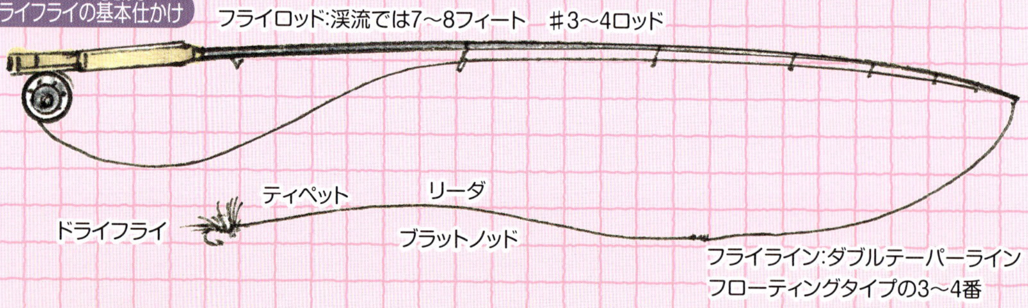

テンカラの毛《け》バリのタイプ

毛《け》バリ（フライ）のつり方《かた》

初心者が流れのなかにフィーディングレーンを見つけることは難しいかもしれない。最初は、魚の潜《ひそ》んでいそうな大岩《おおいわ》などの際《きわ》をレーンに見立ててトレースするように流してみる。その方が流れの感覚《かんかく》はつかみやすく、何よりも魚のアタる確率《かくりつ》もアップするはずだ。

最初から岩肌《いわはだ》Ⓑのぎりぎりに毛バリは落とさず、少し離れたレーンⒶから流していく。

①ドラッグがかかりそうなら早めにメンディングをして対処しておく。
②必ず最後まで毛バリを流しきること。魚がどこで食ってくるかわからない。

渓流《けいりゅう》のルアーフィッシング

渓流《けいりゅう》ではスピナーが使いやすく小型ほどよくヒットする。最低でも4～5mの範《はん》囲《い》をリーリングできる流れが好ましい。ルアーは何種類か持参《じさん》し、ポイントや状況《じょうきょう》に合わせて適宜変《てきぎか》えてみる。ポイントにはトロ場のほかに淵《ふち》や滝《たき》ツボ、落ち込みなどをねらってみる。アプローチは、ルアーと流れをマッチさせる。夏は瀬《せ》も見逃《みのが》せない。

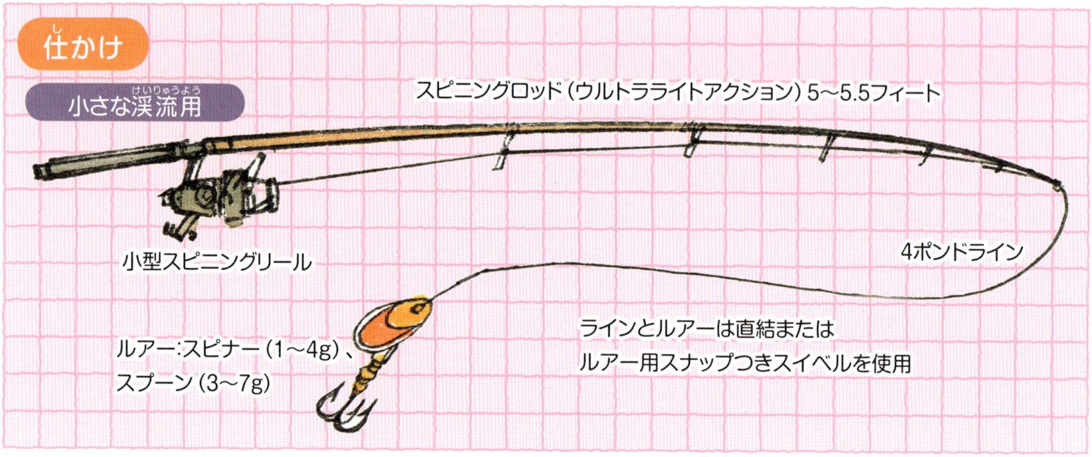

渓流《けいりゅう》のルアーローテーション

魚の活性《かっせい》（行動力《こうどうりょく》）に合《あ》わせる

ルアーを追ってきても途中で止めたり、最後のひと追いで口を使わずに反転《はんてん》して深場《ふかば》に戻《もど》ってしまうときのローテーション。

ポイントの状況《じょうきょう》に合《あ》わせる

天候や水質など、フィールド全体の状況《じょうきょう》から判断《はんだん》してローテーションしていく。

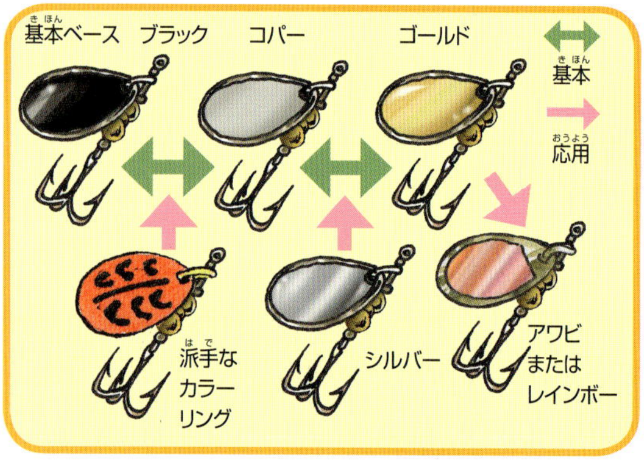

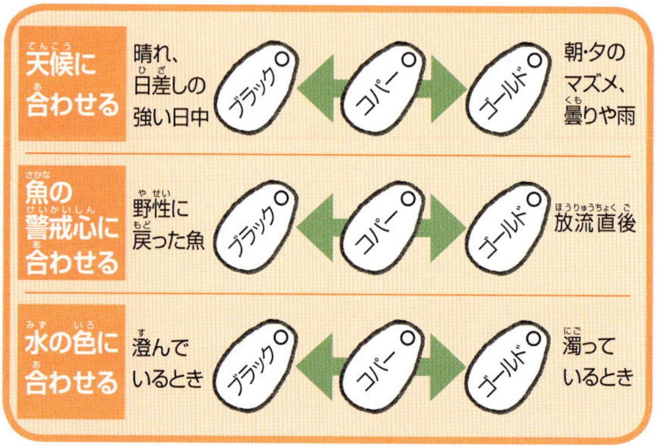

アプローチの基本《きほん》パターン

リーリング　キーワード“速《はや》さ”

スプーン

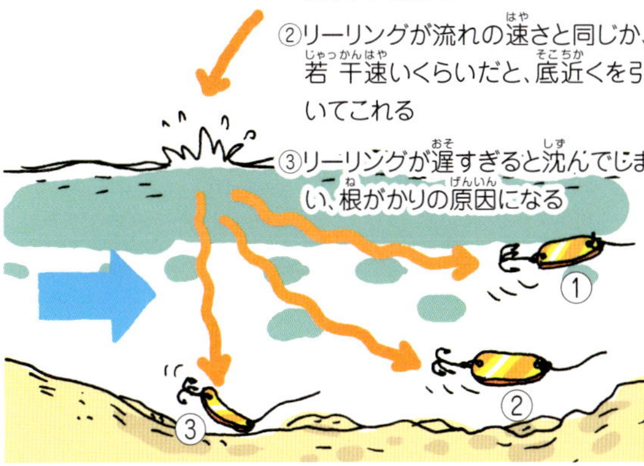

①リーリングが流れよりも速《はや》いと水《すい》面直下《めんちょっか》を泳ぐ

②リーリングが流れの速《はや》さと同じか、若干速《じゃっかんはや》いくらいだと、底近《そこちか》くを引いてこれる

③リーリングが遅《おそ》すぎると沈《しず》んでしまい、根《ね》がかりの原因《げんいん》になる

フローティングミノー

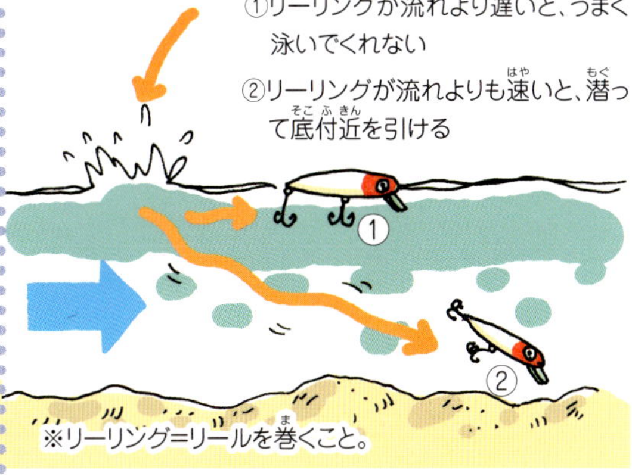

①リーリングが流れより遅《おそ》いと、うまく泳いでくれない

②リーリングが流れよりも速《はや》いと、潜《もぐ》って底付近《そこふきん》を引ける

※リーリング=リールを巻《ま》くこと。

渓流《けいりゅう》のルアーアクション

基本はタダ巻きになるが、トロ場などではストップ&ゴーを連続して誘ってみるのもひとつの方法。

ストップ&ゴーは基本的なアクションのひとつ。リールを巻いては止め、また巻いては止めと繰り返す。

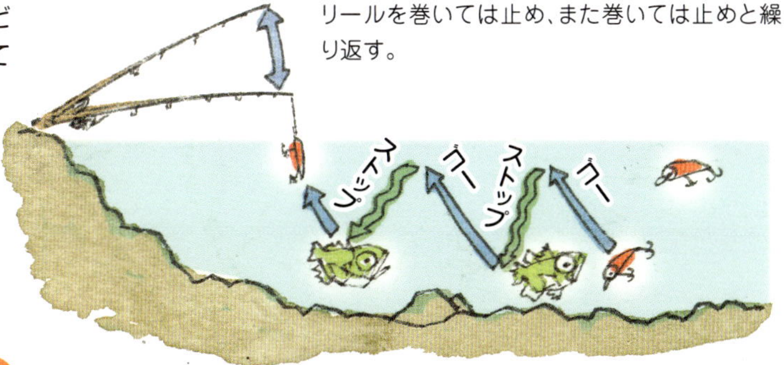

渓流《けいりゅう》でのルアーの流《なが》し方《かた》

渓流ではアップクロス（斜め上流）側へキャストする方が断然つりやすい。キャストしたらなるべく底近くをトレースする。

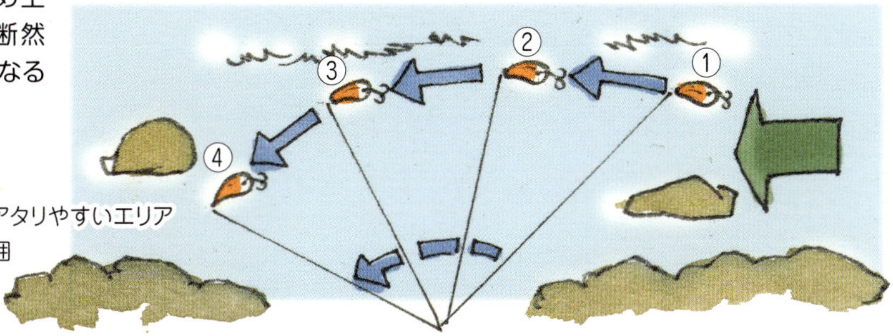

①投入位置
②〜③がもっとも魚のアタリやすいエリア
④フォローのための範囲

友づりはオトリを使った日本固有《にほんこゆう》のつり

アユ

★ニシン目アユ科

●よび名《な》（地方名《ちほうめい》）

全国的にアユで通用する。
地方名はアイ、アイノヨ、アヨ、エノヨ（秋田）、アエ（静岡）、アイオ（広島）など。
琵琶湖《びわこ》では稚魚《ちぎょ》をヒヨ、ヒオ（氷魚）という。

●生息場所《せいそくばしょ》

水流が豊富な河川の中・上流でエサとなる珪藻類《けいそうるい》がたくさん発生する石の多い場所を好んで生息する。

●生態《せいたい》・習性《しゅうせい》

ほぼ全国的に分布《ぶんぷ》。晩夏に川を下って海に近い河口で産卵した親魚は短い1年の生涯を終える。ふ化《か》した稚魚《ちぎょ》は海岸で冬を越し、早春に川をのぼり夏ごろ成熟するのが天然《てんねん》アユ。まれに川で越年する成魚もいる。稚魚の間はプランクトンや小昆虫を捕食するが、成長すると川底の石に付着した水ゴケを食べる。テリトリーをもつ習性で、侵入者《しんにゅうしゃ》には闘いを挑む。

■つり期《き》

6月～10月。解禁日《かいきんび》は河川の漁業組合がアユの育ちを見て決める。

■つり方《かた》

毛バリでつるのをドブづりという。ユニークなつり方が闘争本能《とうそうほんのう》を利用した友づりである。ほかに、スガケというひっかけづり。地域によってエサづりも行う。

■ポイント

「アユは石をつれ」という、古い格言のとおり、アユは石に付着した藻類《そうるい》を主食としているので、アユが口でこすりとった「食《は》みあと」が見つかることがしばしばある。そんなところはよいポイントだ。

つるためのコツ！

★黒っぽい石にアユの好む藻類《そうるい》が生える。
★オトリアユをより自然に泳がすには、水面と道糸との角度がカギになる。
★オトリを早く泳がしてしまうと、アユの追いを喪失してしまうことに。

友《とも》づり

世界に類を見ない日本独特《にほんどくとく》のつり方である。野《の》アユ（川にいるアユ）のナワバリにオトリアユを入れ、野《の》アユにオトリアユを攻撃《こうげき》させ（追わせ）てハリにかけるのが友づりである。仕かけはつり人の趣向《しゅこう》によるが、オトリアユの生きのよさが重要になる。

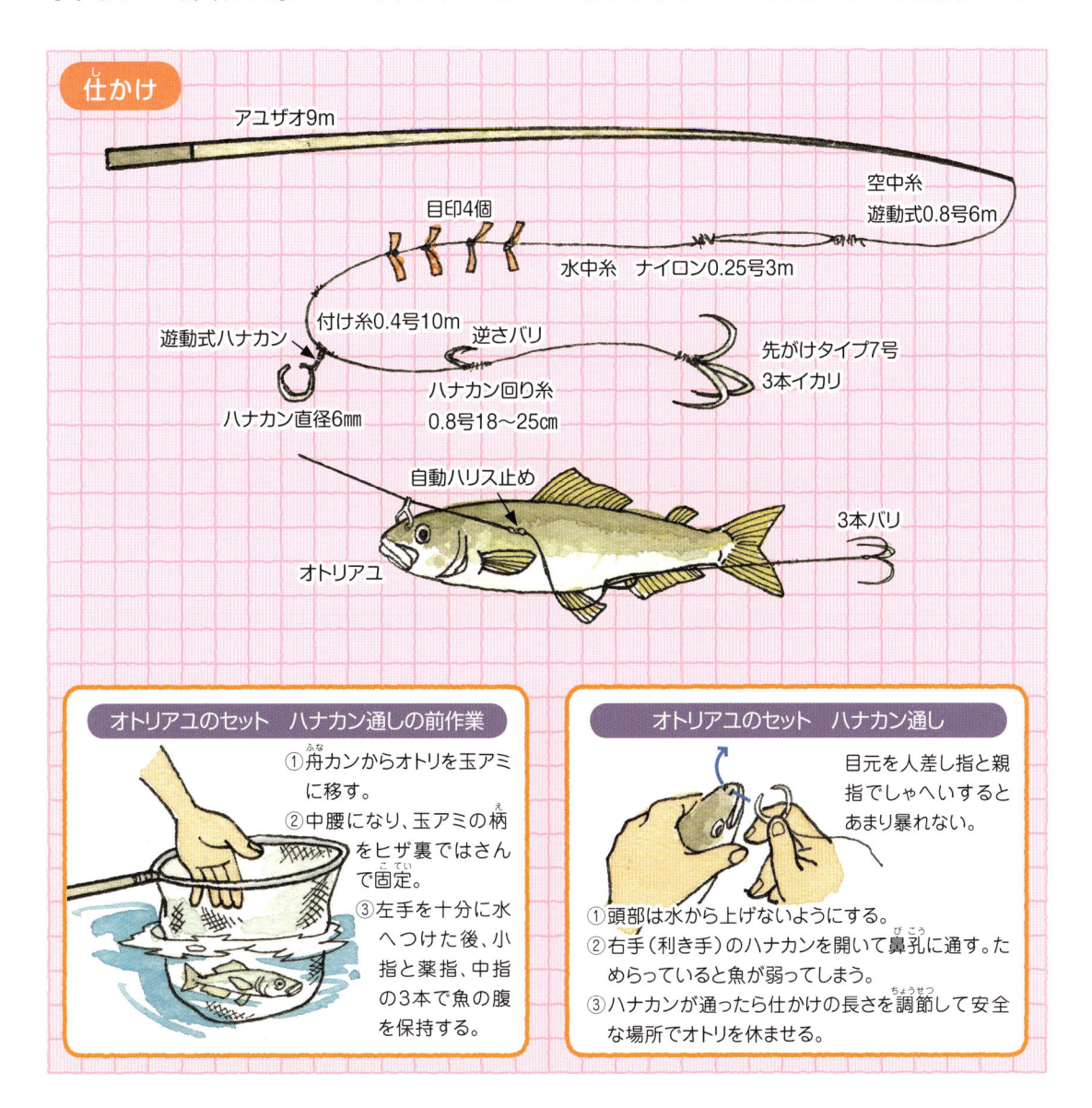

仕《し》かけ

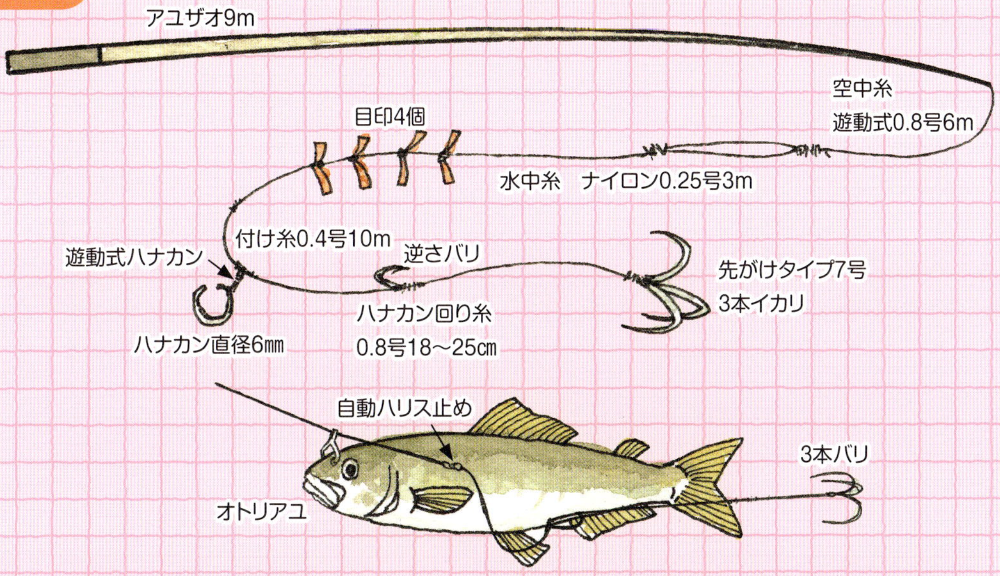

オトリアユのセット　ハナカン通しの前作業

①舟《ふな》カンからオトリを玉アミに移す。
②中腰になり、玉アミの柄《え》をヒザ裏ではさんで固定《こてい》。
③左手を十分に水へつけた後、小指と薬指、中指の3本で魚の腹を保持する。

オトリアユのセット　ハナカン通し

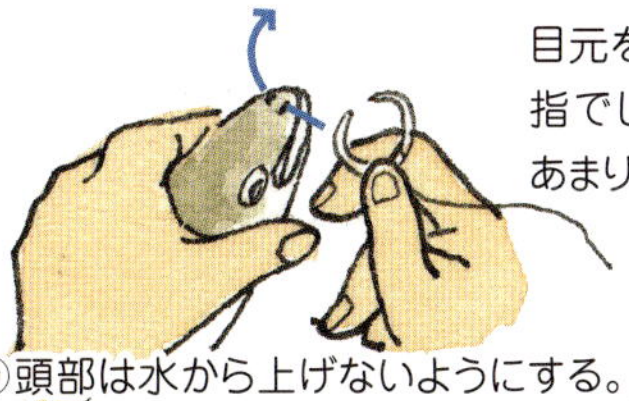

目元を人差し指と親指でしゃへいするとあまり暴れない。

①頭部は水から上げないようにする。
②右手（利き手）のハナカンを開いて鼻孔《びこう》に通す。ためらっていると魚が弱ってしまう。
③ハナカンが通ったら仕かけの長さを調節《ちょうせつ》して安全な場所でオトリを休ませる。

ポイントとつり方

「アユは石をつれ」という格言《かくげん》がある。これは石に生える藻類《そうるい》をアユは主食にし、その石の周りをナワバリとするからである。ポイントは当然石。ただし、漠然《ばくぜん》とオトリを送りこむのではなく、荒瀬《あらせ》では石の後ろ、魚影《ぎょえい》が濃《こ》いときは周りをくまなく泳がすなど工夫がいる。また、シーズンの初めと盛期ではポイントがかわる。

瀬《せ》に見るポイントの一例

- 盛夏での一級ポイントは荒瀬に点在する石Ⓐ（特に石の後ろを攻める）
- 魚影が濃いときのポイントⒷ（ナワバリ争いが激しいため、石全体を攻める）
- シーズン初期のポイントⒸ（泳ぎに慣れていない若アユのため、流れの緩い瀬や瀬の脇を攻める）

アユのナワバリと食み跡（ハミアト）

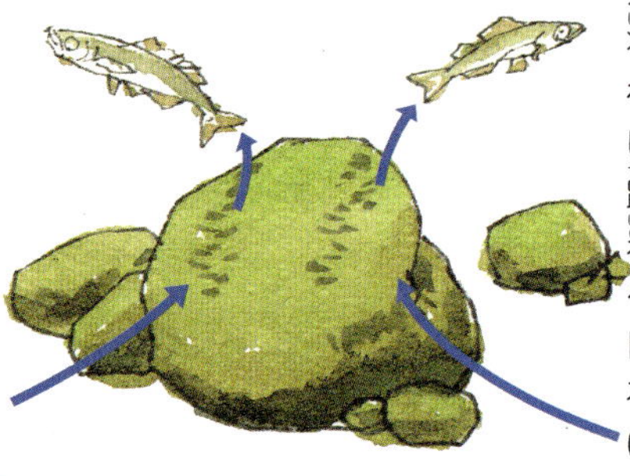

アユの口（歯）は、細かい櫛《くし》状《じょう》になっていて、岩の藻類《そうるい》をこすり取って食うのに適している。アユの食べた痕《こん》跡《せき》は“ハミアト”と呼ばれ、岩肌《いわはだ》には独特な模様《もよう》が残る。この模様を頼りにポイントを探してもいい。より黒い石の方が藻類はよく生えている。

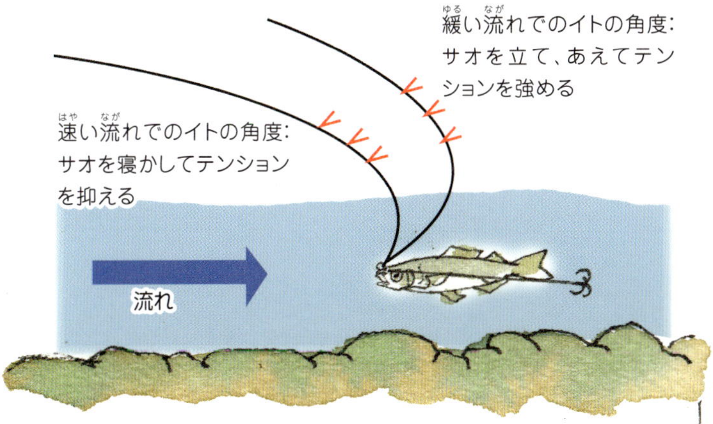
緩《ゆる》い流《なが》れでのイトの角度:
サオを立て、あえてテン
ションを強める
速《はや》い流《なが》れでのイトの角度:
サオを寝かしてテンション
を抑える
流れ

オトリアユの泳《およ》がせ方《かた》

オトリは仕かけにある程度のテンションがないと泳がない。いいかえるなら、サオ先からオトリのハナカンまでのテンションを操作《そうさ》することが正しいのであって、決してオトリそのものを操《あやつ》つるのはまちがえということだ。

オトリアユの送《おく》りこみ方《かた》

①先イトをつまんでオトリの元気《げんき》
具合《ぐあい》を確認。そのままの状態
でどの石を攻めるか決める。
②ポイントが決まったら
上流側に移動する。ま
ずはサオを立てて仕
かけを張り、魚を浮か
せつつ下流側へと泳
がしていく。
③ポイントの石にオトリが近づ
いたらテンションを調節《ちょうせつ》。サ
オを寝かすか立てるかは流
れを見なければならない。

友《とも》づりの取《と》りこみ方《かた》・引《ひ》きぬき“上級者《じょうきゅうしゃ》”

①アユがかかったら、サオを立てながら徐々《じょじょ》に魚を浮かせる。

②さらにサオを後方に倒していく。タイミングを見て魚をぬき上げる。玉アミ側にぬくのがベスト。

③ぬき上げの方向を見定めてアミをかまえる。

④アミでキャッチする。

友《とも》づりの取《と》りこみ方《かた》　寄《よ》せこみ“初級者《しょきゅうしゃ》”

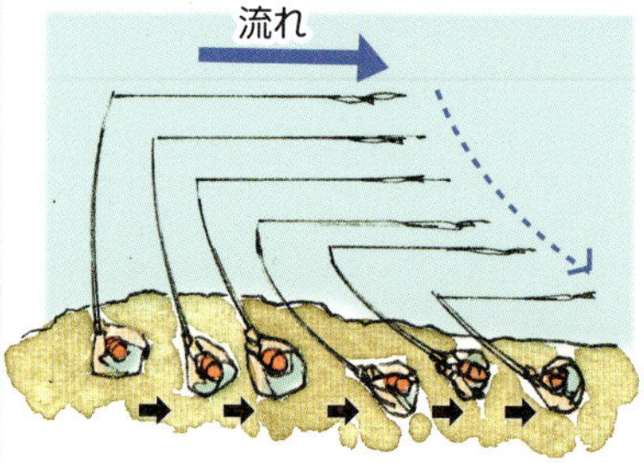

初心者に引きぬきは難しいため、より確実《かくじつ》な寄せこみを行う。

コツは、下流に下がると同時にサオは上流に向けていく。決してサオを進む方向（下流）には向けないこと。道糸《みちいと》がたるみ、バラシの原因になる。

ドブづり

アユは、初期のころや大きな淵《ふち》やトロ場《ば》（ドブ）では、盛期でもナワバリをつくらず群れをなして水生昆虫《すいせいこんちゅう》を補食《ほしょく》する。

この習性《しゅうせい》を利用して毛《け》バリを用いてつるのがドブづりというつり方である。活発にエサを追う朝と夕方は釣果《ちょうか》に期待できる。

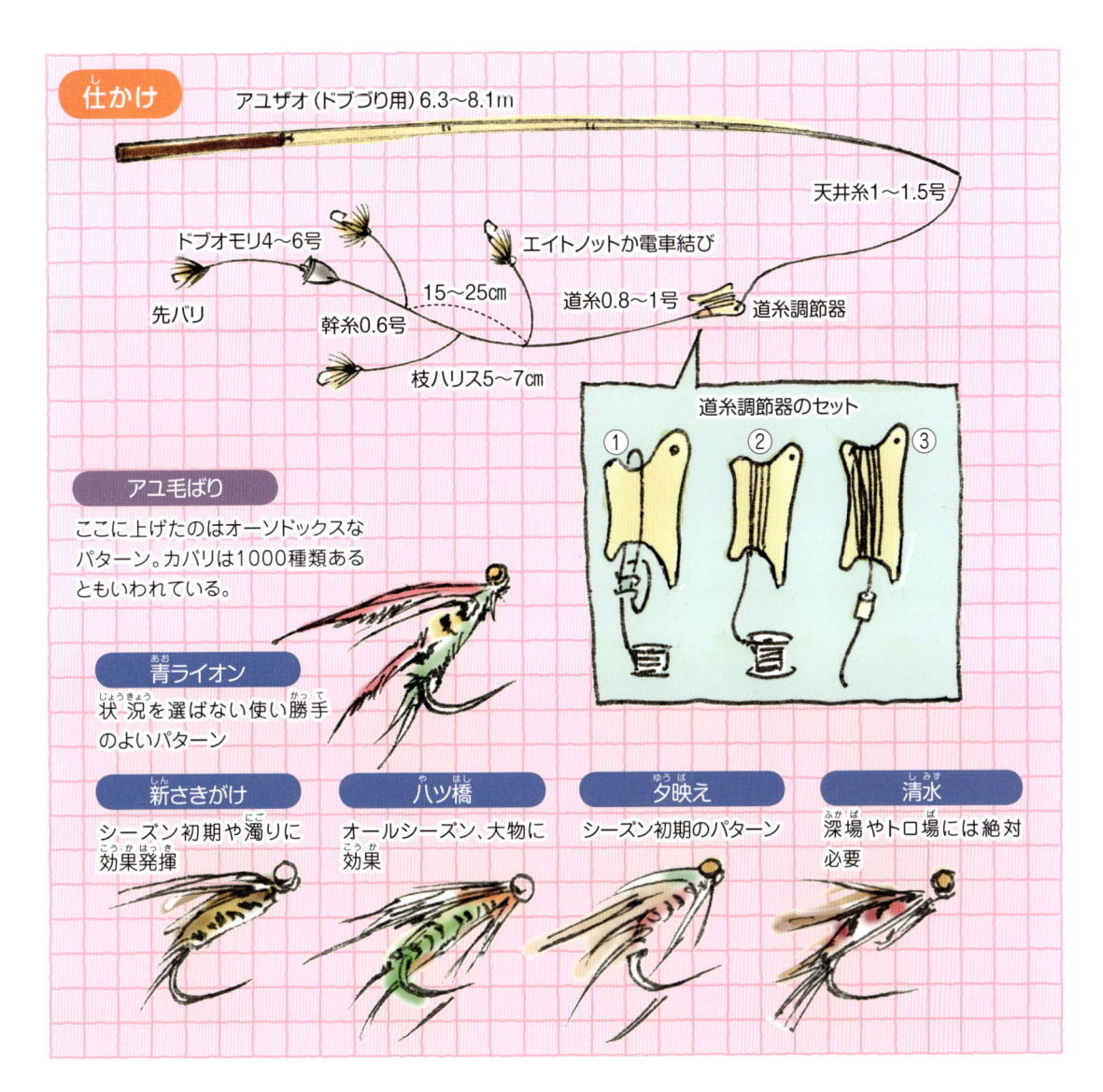

仕《し》かけ

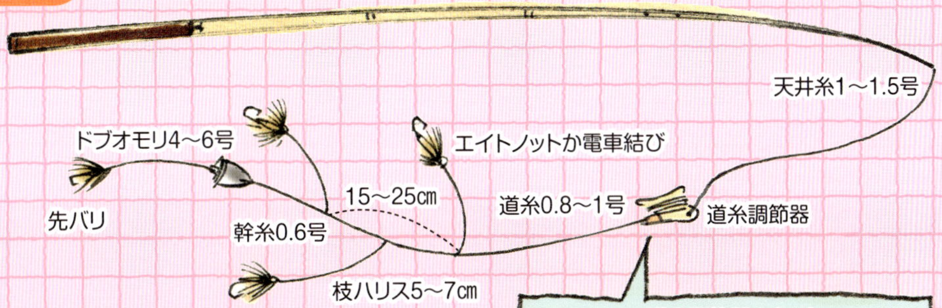

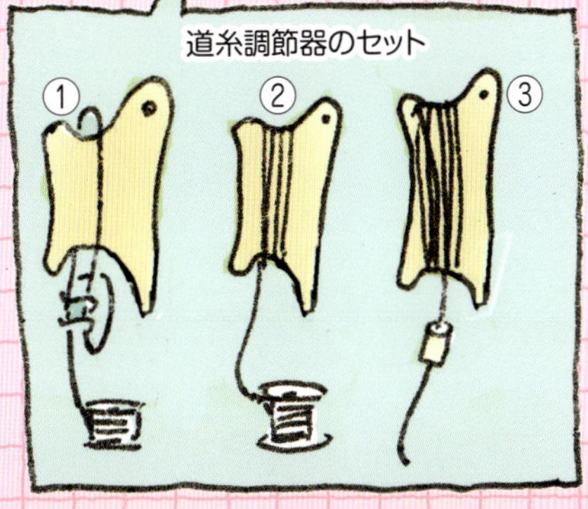

アユ毛ばり

ここに上げたのはオーソドックスなパターン。カバリは1000種類あるともいわれている。

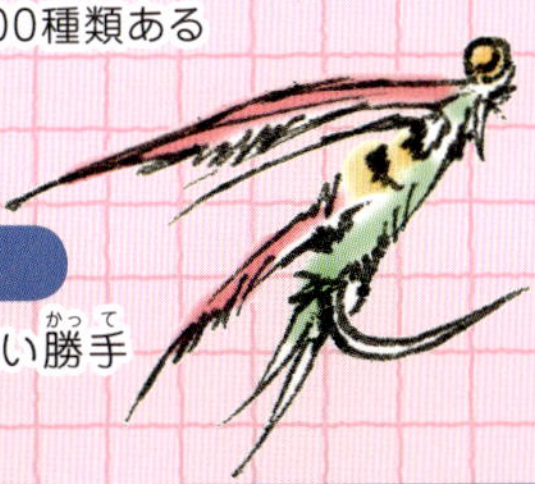

青《あお》ライオン

状況《じょうきょう》を選ばない使い勝手《かって》のよいパターン

新《しん》さきがけ

シーズン初期や濁《にご》りに効果発揮《こうかはっき》

八《や》ツ橋《はし》

オールシーズン、大物に効果《こうか》

夕映《ゆうば》え

シーズン初期のパターン

清水《しみず》

深場《ふかば》やトロ場《ば》には絶対必要

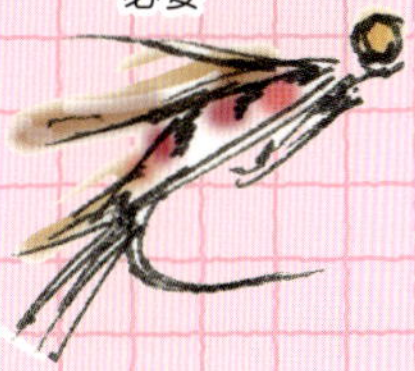

ポイントとつり方

水深は１ｍ以上で流れはとてもスロー、そんなところがポイント。特に向こう岸《きし》が崖《がけ》や大岩《おおいわ》で構成されている場合は必ず攻めてみる。つり方はただ流れにのせて流すのではなく、仕かけを上下に動かし、水中でカバリを踊《おど》らせてさそいながら流す。

つり方の手順

①サオ先と道糸《みちいと》との角度は90度以内。若干広くなってもかまわないが、基本は水面直下に仕かけを下ろす。
②オモリが底に着いた状態で、サオ先は水面より30㎝前後に上になるように仕かけ巻きで道糸《みちいと》の長さを調節《ちょうせつ》。
③オモリが底に着いたら、一度サオの操作《そうさ》を止める。そこから30～40cm仕かけを上げる。
④カバリの沈みと浮き上げのタイミングで魚の食い気をさそうようにする。

エサづり

関西では、四国方面太平洋岸《しこくほうめんたいへいようがん》河川《かせん》の落《お》ちアユ期《き》（秋）に河口近くで行われる。関東では伊豆方面《いずほうめん》が有名。河川によっては禁止や、制限を受けるところがある。エサは一般的にシラスだが、かつての文豪たちがしのぎあうほど工夫の余地はある。

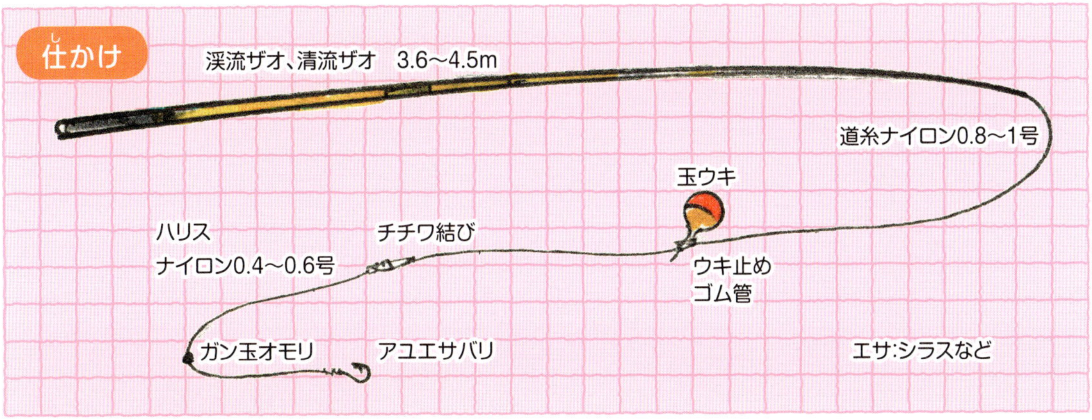

スガケ（素掛）

底《そこ》にかけバリを流してアユを引っかける方法。このつり方を禁止している川や、区域、期間、オトリが何匹だけ、などと制限つきで許している川があるので注意しよう。

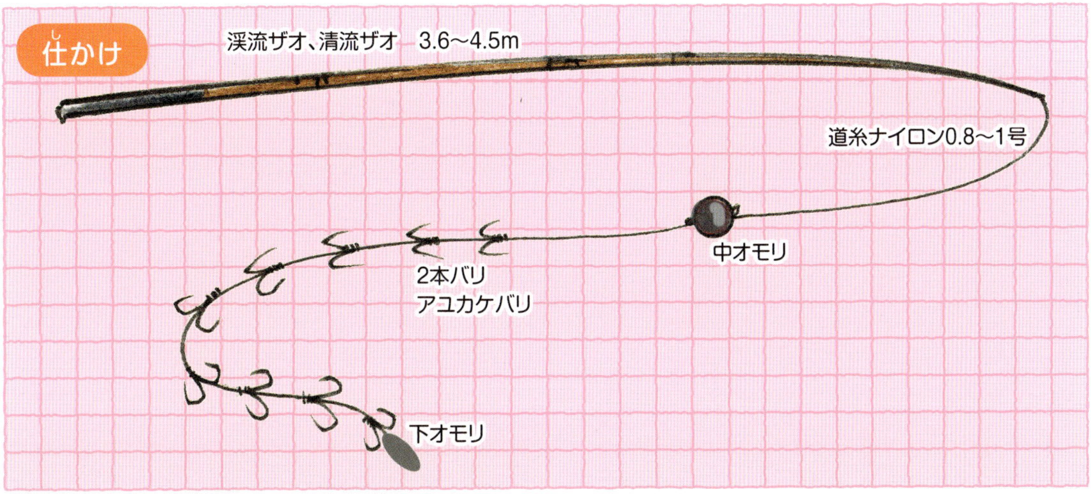

かんたんで気軽につれるかわづり入門の魚

オイカワ

★コイ目コイ科

●よび名《な》（地方名《ちほうめい》）

ハエ、ハス（関西）、ヤマベ（関東）、
シラハエ（中京、滋賀県）、アサジ（中国、四国）、
ハイ（兵庫）、ショーハチ（愛媛）などがある。

●生息場所《せいそくばしょ》

主として河川の中流域《ちゅうりゅういき》に生息しているが、川につながる湖や池にもすんでいる。エサの集まる流れの少しゆるくなったところなどに群れをなすが、かなり流速のある瀬にもすむ。

●生態《せいたい》・習性《しゅうせい》

ほぼ全国の河川に分布《ぶんぷ》し、晩春から夏にかけて川の浅《あさ》瀬《せ》の砂礫《されき》や小石があるところで産卵《さんらん》する。産卵期のオスは尻ビレが長くなり体色も赤く追星《おいぼし》（白色の小突起《しょうとっき》物《ぶつ》）が口のまわりにできる。大きさは最大で19㎝くらい。植物質《しょくぶつしつ》、動物質《どうぶつしつ》いずれも食べる雑食性。

■つり期《き》

1年中つれる。動きが活発なのは、春から秋にかけての暖かい時期。初心者には、初夏のころの小型がよくつれる。冬になれば深みで大型がつれるようになる。

■つり方《かた》

エサづりや毛バリづりが主だが、ほかに、フライフィッシングでもつれる。

■ポイント

水深のあるゆるい瀬で、水通しがよく小石底であれば理想的なポイント。それに続く深い淵《ふち》、落《お》ち込《こ》みの深場、また、ゆるい流れの深み、川と川の出合い、瀬《せ》のヨレ（反流点《はんりゅうてん》）などがねらい場。

つるためのコツ！

オイカワ・ウグイのウキづり

★根がかりが多発するのはウキ下が短い証拠。ウキ下は水深の2～3倍。

★必ず、ウキを先行させて流すこと。サオでの余計な操作《そうさ》はいらない。

★アワセはウキがしっかり沈んでから行うこと。

本流にすむ大物クラスは引きが豪快《ごうかい》で人気

ウグイ

★コイ目コイ科

●よび名《な》（地方名《ちほうめい》）

イダ、イス（京都、兵庫）、ハヤ、アカハラ（関東）など。
降海性のウグイをマルタとして別種に分類する。
ほかにエゾウグイ、ウケクチウグイなどの種類。

●生息《せいそく》場《ば》所《しょ》

河川の下流から上流までかなり広範囲《こうはんい》に分布《ぶんぷ》するが、主として中流域から上流域にかけて多く見られる。砂礫《されき》底《てい》を好み、渓流では比較的流れのゆるやかな淵《ふち》のカケアガリ、瀬のひらきなどに集まり、何匹かで群れをなしている。

●生態《せいたい》・習性《しゅうせい》

産卵期は4〜6月。30cm以上も珍しくなく、食欲旺盛《おうせい》で雑食性《ざっしょくせい》のつりやすい魚である。

■つり期《き》

産卵期を禁漁《きんりょう》期間《きかん》として保護している県もあるが、ほぼ年中つれる。とくに冬期の魚がおいしいことと、冬期の渓流《けいりゅう》のつりものが少ないことから冬場によくつられる魚である。春先の魚も“桜《さくら》ウグイ”とよばれ親しまれている。

■つり方《かた》

ポピュラーなのはエサづりでウキづりやミャクづり、リールの投げこみづり。ほかに、毛バリつり、フライフィッシング、ルアーづりなど。

■ポイント

水底が砂地で比較的水流のゆるいトロ場、おおきな淵《ふち》のカケアガリ、落《お》ち込《こ》み、えん堤下《ていか》の深場など。偏光《へんこう》めがねで注視すると、魚影が見えることが多く、ポイント選びはそんなに難しくはない。

つるためのコツ!

オイカワ・ウグイのミャクづり

★底取りはゆっくり小さく行えば、魚に警戒《けいかい》されずにすむ。

★底取りがうまくいっていれば、流れの速さよりも目印はゆっくり流れていく。

★水深が30cm以上あるところでは、底から約10cm上を流すようにする。

仕《し》かけ

オイカワは大きさがせいぜい20㎝なので、すべてに細づくり（道糸《みちいと》0.6号、ハリス0.4号）を基本とする。、ウグイについては、ウキ、ミャクづりともに道糸《みちいと》は0.8～1.5号くらい。ハリスは0.6～1号。投げこみはリールに3～5号の道糸《みちいと》を巻き、ハリスは2～3号。

ウキ・ミャクづり

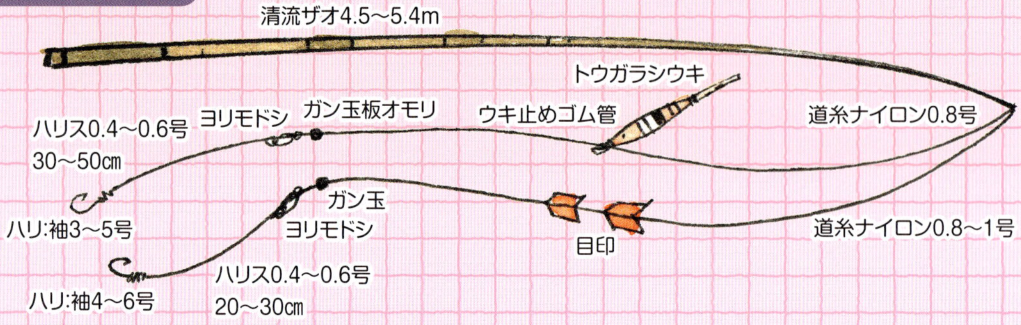

ルアー

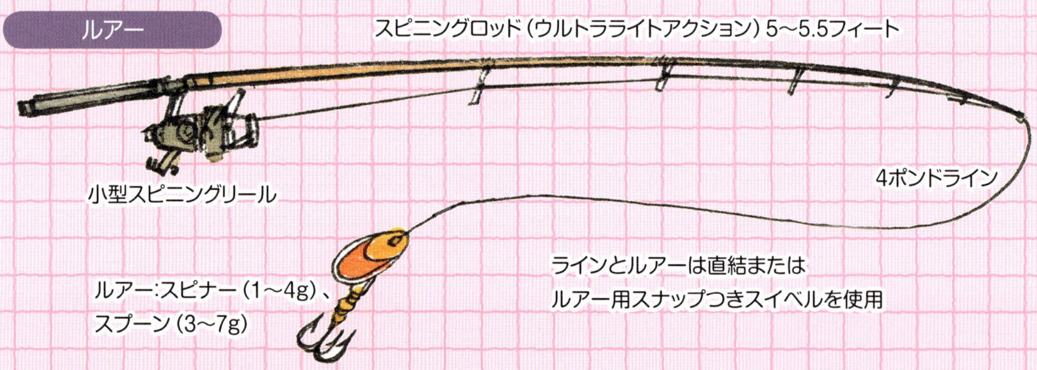

フライ

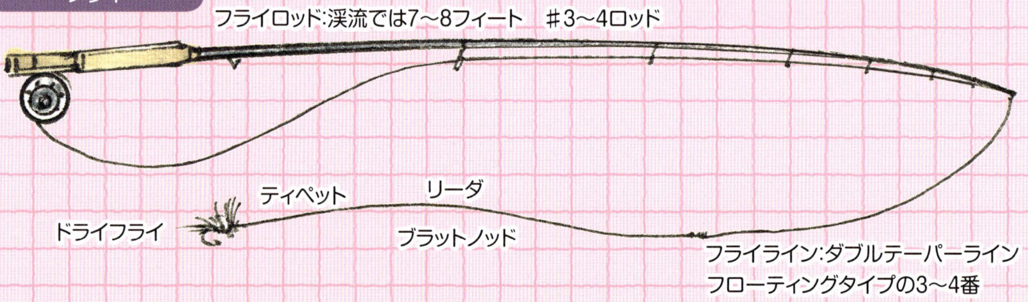

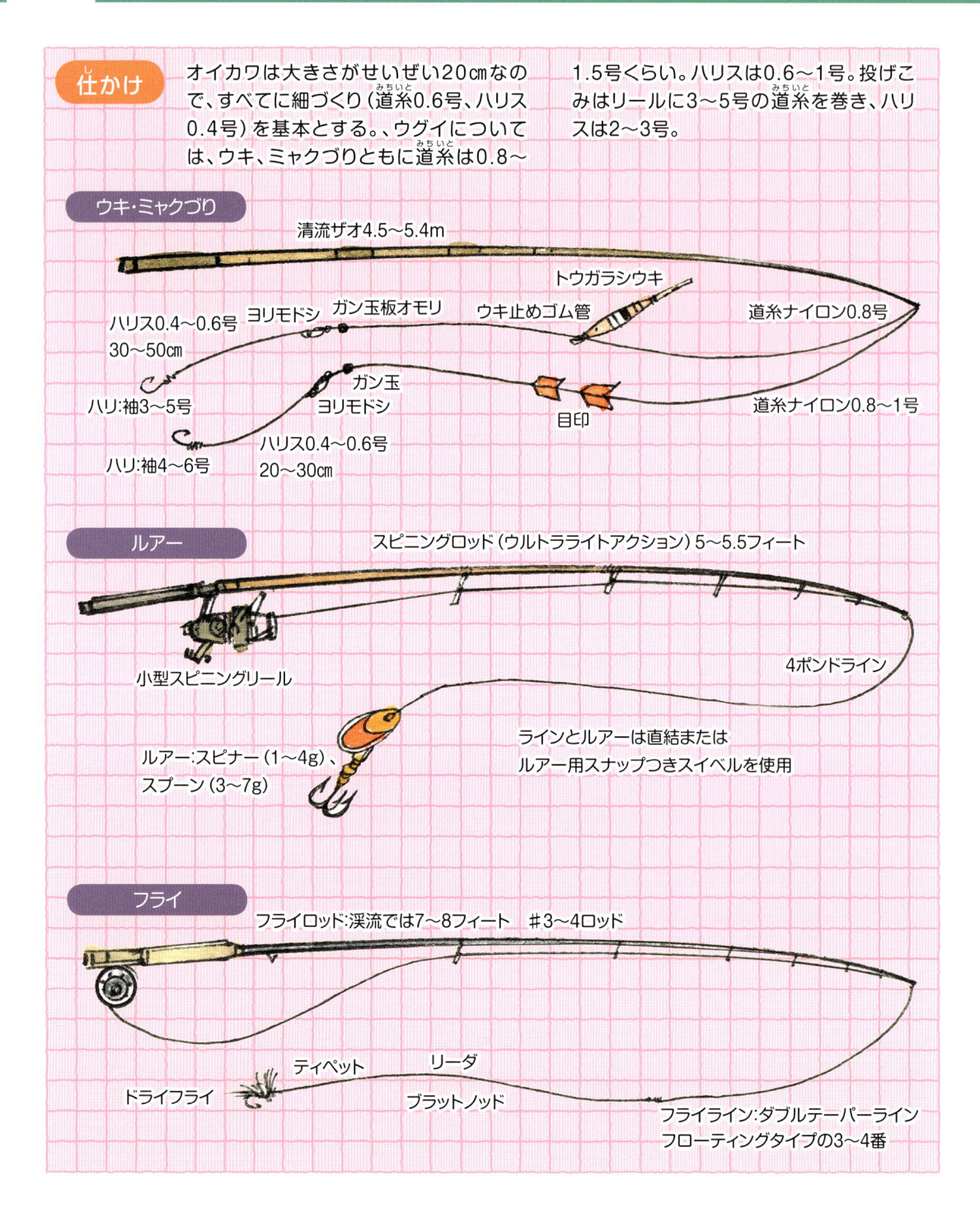

投《な》げこみ

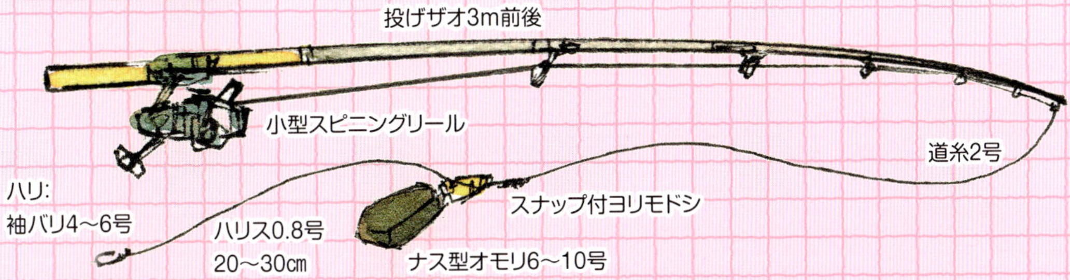

投《な》げこみ（ハヤカゴ）

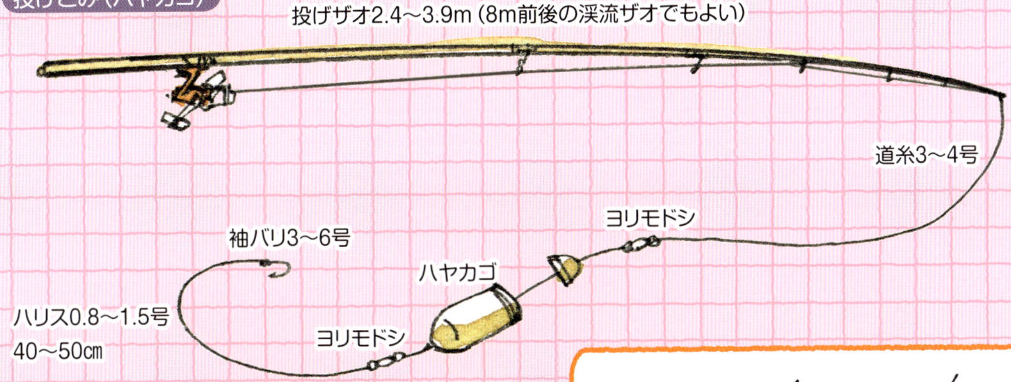

トントンづり

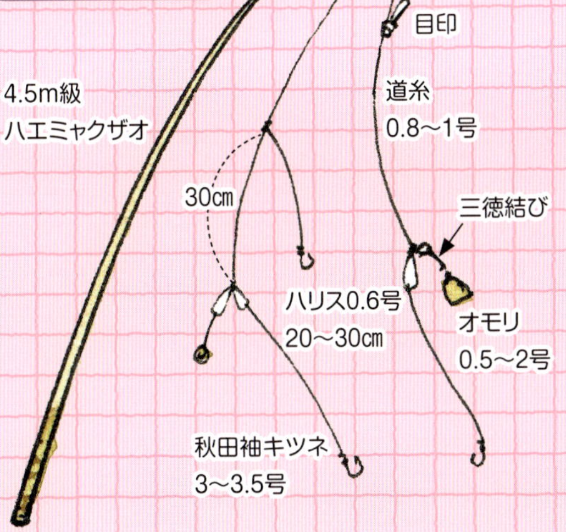

エサのつけ方《かた》

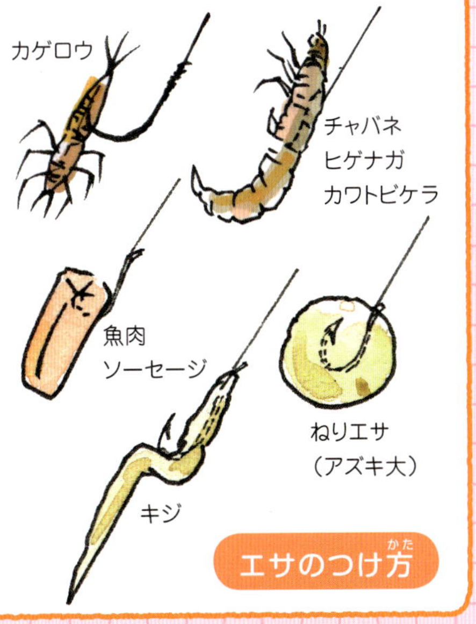

ポイントによって釣法《ちょうほう》を選ぶ

ウキづりを「静《せい》のつり」とするなら、さしずめミャクづりは「動《どう》のつり」といえる。どちらにもそれぞれ長所・短所がある。ウキでつりにくいところは、ミャクづりというように分けるとよいだろう。ここでは、それぞれの独断場《どくだんじょう》となる2つのポイントを紹介する。

強《つよ》い流《なが》れにある大岩《おおいわ》

水面がうねり波立《なみだ》っているような強い流れのなかにある大岩は、盛夏《せいか》では絶好《ぜっこう》ポイント。しかし、激しい流れのなか、岩と岩の間をつることはウキ仕かけにはできない。ミャクづりで大岩の影に潜《ひそ》む大物をねらってみる。

①～④は仕かけを流していく順番。
実線は魚の食うポイント。
必ず下流まで流しきること。
①で魚がかかってもすぐに岸側へ寄せてしまえば、流心近くの魚に警戒心《けいかいしん》を与えずにすむ。
点線部分は仕かけが流れになじむまでの距離。
立ち位置は①②③より後ろになる
①
②
③
④

流《なが》れのカーブ

カーブしていることで流れは緩《ゆる》くなり、底もえぐられて深くなっている。こんなところは他に比べると水温は高いので、早春や晩秋《ばんしゅう》には必ずねらいたい。緩《ゆる》い流れにウキ仕かけを投入すれば、あとはウキまかせ。流れに乗ったウキは、勝手にポイントへとエサを運んでくれる。

Ⓐの点線部分は仕かけが流れになじむまでの距離。
Ⓒはこの流れのなかで一番のポイント。つまりⒷ～Ⓒは魚に気づかせる（さそう）ための距離。

Ⓒ～Ⓓは魚が実際に食うための距離。余計な操作はせず、必ずウキを先行させて流すこと。
Ⓓ～Ⓔはフォローの距離。必ず下流まで流しきること。

カバリづり（オイカワ・ウグイ）

初夏から秋口にかけて、オイカワは川面に飛びかう小昆虫《しょうこんちゅう》をさかんに補食《ほしょく》する。銀色に体を光らせてジャンプする魚をしばしば見かけるのはこれが理由で、これを利用したのがカバリづりだ。ウグイはコイ科の魚だが、雑食性《ざっしょくせい》なためにカバリづりでも楽しんでつれる。

仕《し》かけ

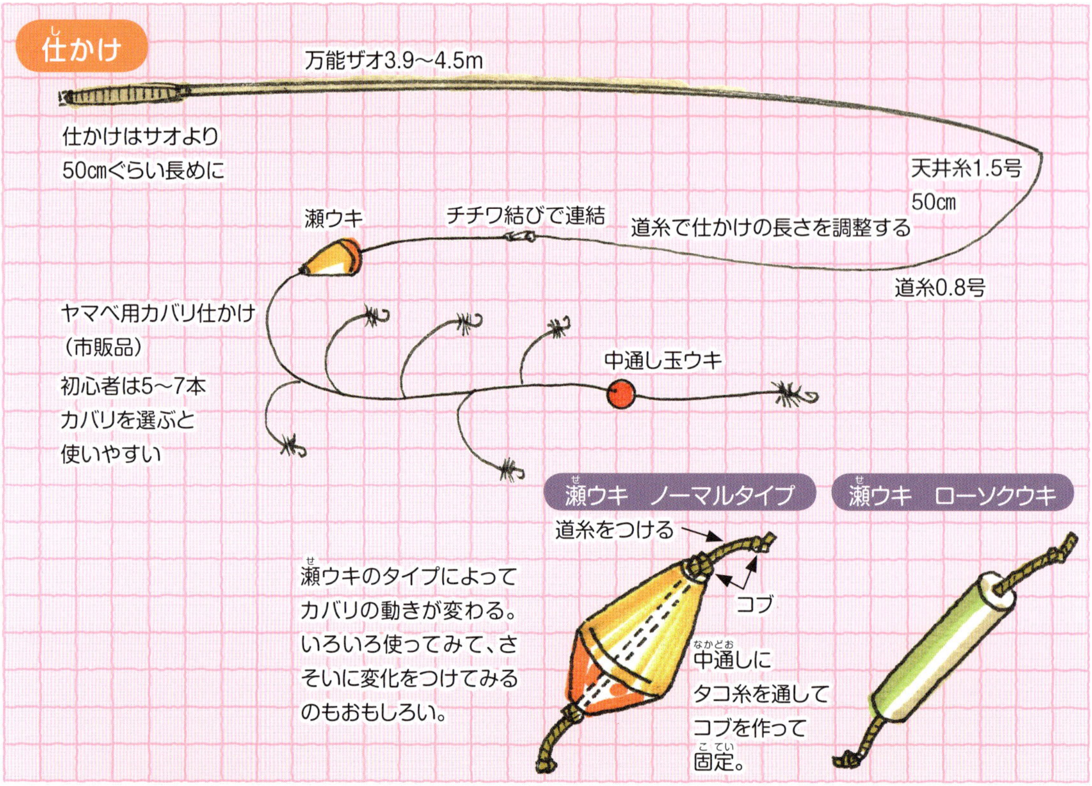
万能ザオ3.9〜4.5m
仕かけはサオより
50㎝ぐらい長めに
天井糸1.5号
50㎝
瀬ウキ
チチワ結びで連結
道糸で仕かけの長さを調整する
道糸0.8号
ヤマベ用カバリ仕かけ
（市販品）
初心者は5〜7本
カバリを選ぶと
使いやすい
中通し玉ウキ
瀬《せ》ウキ　ノーマルタイプ
瀬《せ》ウキ　ローソクウキ
道糸をつける
コブ
瀬《せ》ウキのタイプによって
カバリの動きが変わる。
いろいろ使ってみて、さ
そいに変化をつけてみる
のもおもしろい。
中通《なかどお》しに
タコ糸を通して
コブを作って
固定《こてい》。

瀬《せ》ウキのさそい効果

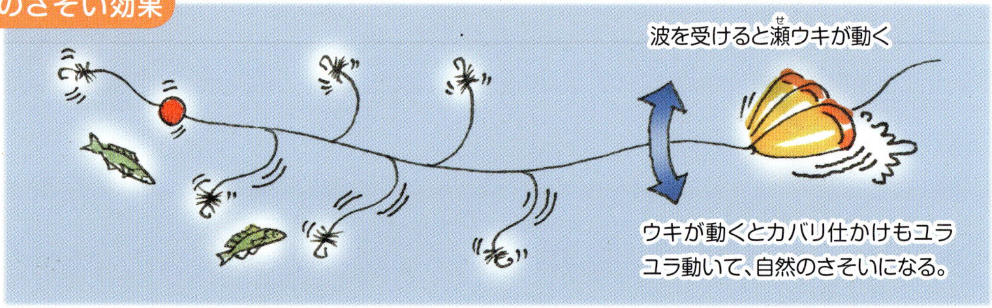
波を受けると瀬《せ》ウキが動く
ウキが動くとカバリ仕かけもユラ
ユラ動いて、自然のさそいになる。

カバリの流《なが》し方《かた》

盛期《せいき》となる初夏のポイントは、水深 30cm くらいのチャラ瀬《せ》だ。魚のライズ（水面での捕食行動）ポイントは流心《りゅうしん》に近いため、その正面に立ち、やや上流側へ投入する。サオは流れに合わせて扇状《おうぎじょう》を描いていく。瀬ウキまでのイトは張らず緩《ゆる》めずに流しきることが大切。

岸《きし》からの毛《け》バリつりの一例

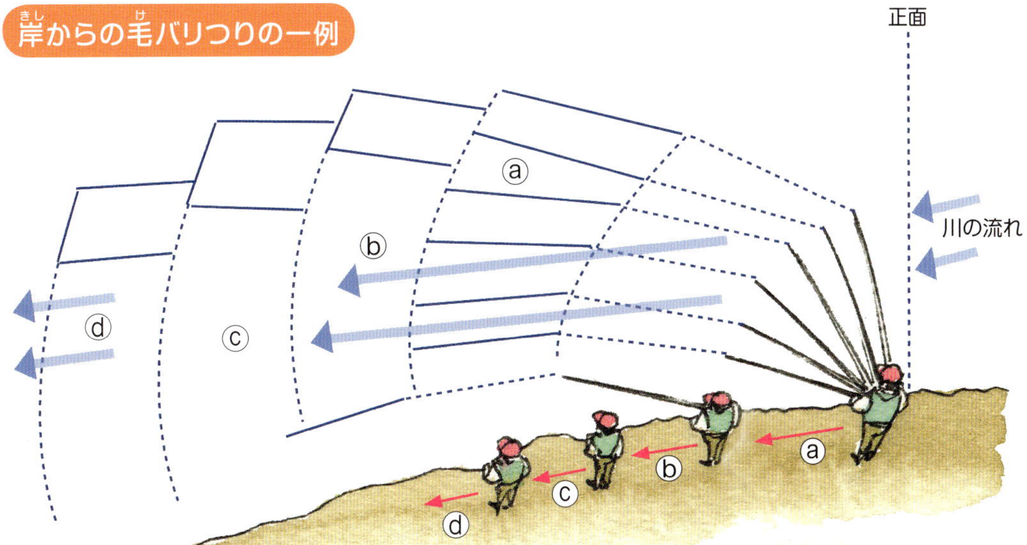

つり人がⓐの位置で毛《け》バリを流す。範囲はⓐの面である。つぎに下流に下がって、ⓑから同じように流すとⓑ面をさぐることができる。

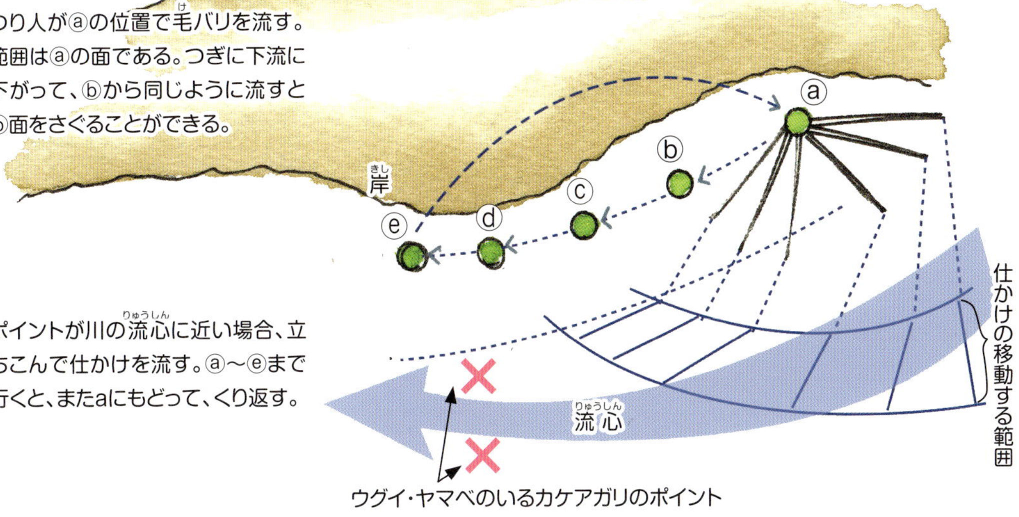

ポイントが川の流心《りゅうしん》に近い場合、立ちこんで仕かけを流す。ⓐ～ⓔまで行くと、またaにもどって、くり返す。

引《ひ》き送《おく》りづり

このつりは、夏、ヒザ下くらいの浅瀬《あさせ》で中《ちゅう》腰《ごし》になってする釣法《ちょうほう》だ。かがんでいるため腰は疲れるかもしれないが、サオを水中に沈めてただ前後に動かすつりはかんたんで、しかも数つりができる。初心者だけでなく、子どもでも十分楽しむことができる。

仕《し》かけ

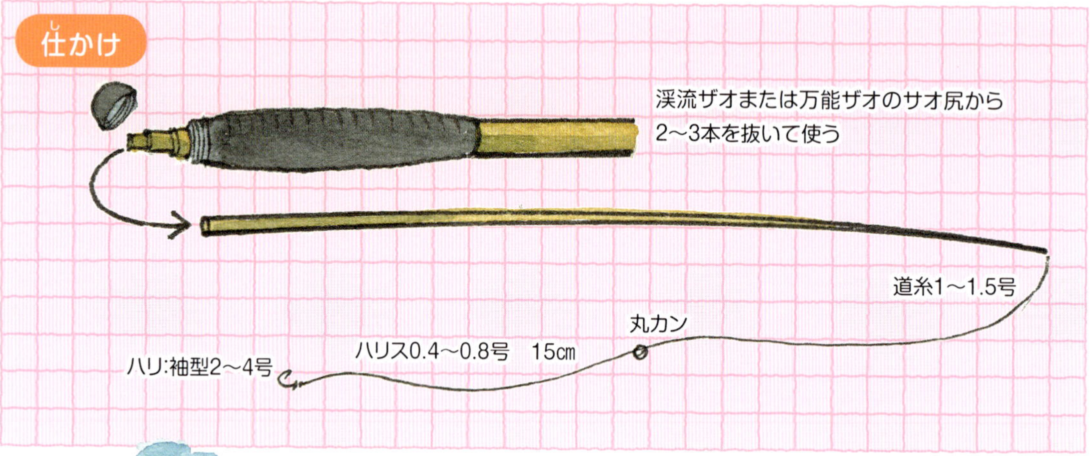

つり方

ポイントの上流に立ちこみ、サオごと手首まで水につけて、送りと引きの動作をくり返す。

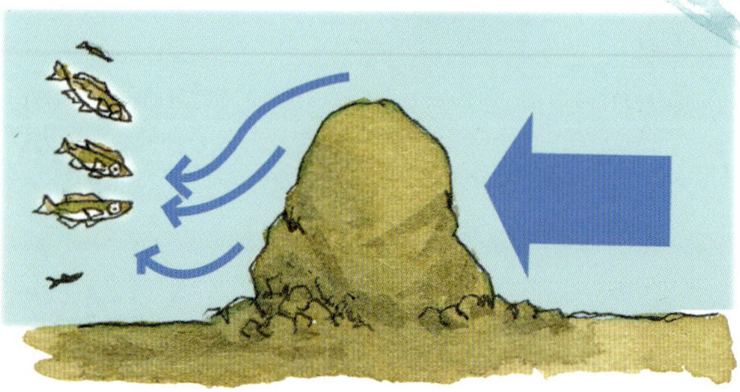

ポイント

沈《しず》み岩《いわ》の裏側《うらがわ》をねらう。流れが変化しているので魚が集まりやすい。

寒《かん》バヤづり

ハヤ（ウグイ）は季節《きせつ》を問わずつれる魚だが、なかには30cmを越す大物もかかる冬の“寒《かん》バヤ”はとても人気がある。ただし、ポイントは流れがあって水深も深い、おまけに底ねらいとくれば、ウキやミャクづりは不可能《ふかのう》。投げこみづり仕かけがもっとも効果的《こうかてき》だろう。

仕《し》かけ

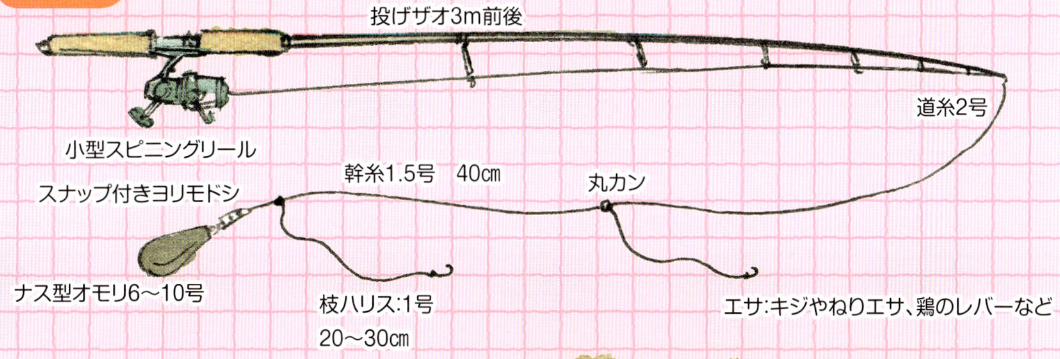

仕《し》かけの投入《とうにゅう》位置《いち》

投入のコツは、流れに対して道《みち》糸《いと》が平行になるようにする。

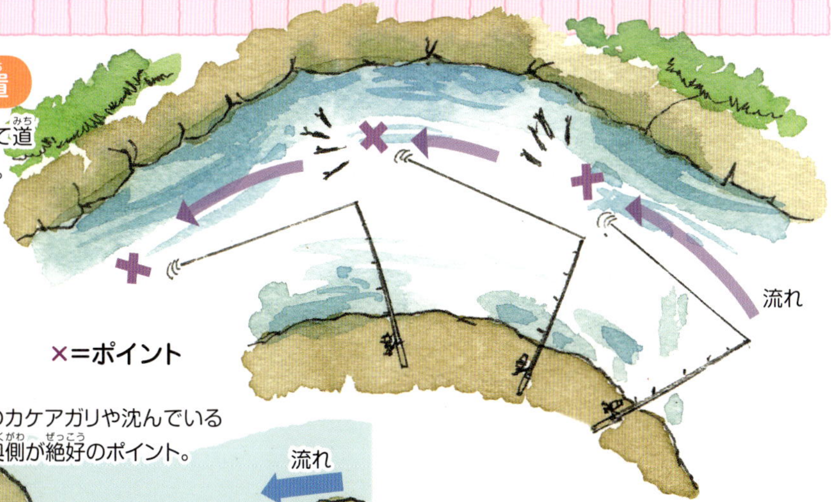

×=ポイント

ポイント

底《そこ》からのカケアガリや沈んでいる大石の奥側《おくがわ》が絶好《ぜっこう》のポイント。

沈んでいる大石の手前側は、数《かず》はでないが大物《おおもの》がひそんでいるポイント。

大物は警戒心《けいかいしん》が強い。いかに食わすかがカギ

コイ

★コイ目コイ科

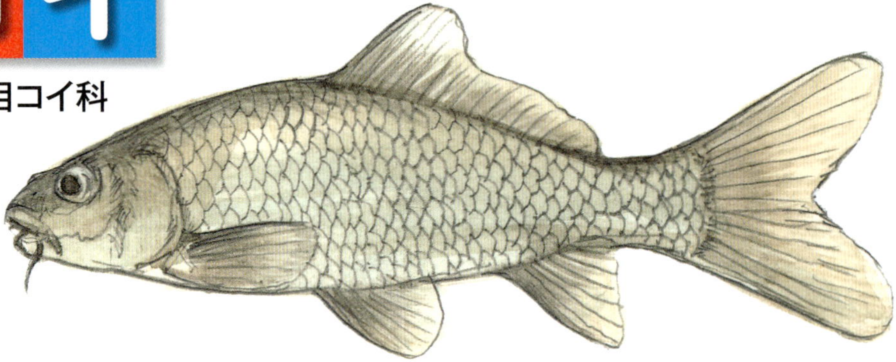

●よび名《な》（地方名《ちほうめい》）

地方名のきわめて少ない魚で、全国的にコイで通用。赤い色のコイをとくにイロゴイとよびわけるほか、すんでいる場所によって川ゴイ、池ゴイなどとよぶ。

●生息場所《せいそくばしょ》

河川の下流、中流、上流域にかけて広範囲に生息する。淵《ふち》、よどみ、えん堤下《ていした》の深みなど水通しがよく、流れのゆるい水深のあるところを好む。池、湖、沼では流れこみ、障害物《しょうがいぶつ》の際《きわ》など、体をかくせてしかも捕食しやすい場所をすみかとする。

●生態《せいたい》・習性《しゅうせい》

産卵期は5月〜7月ごろ。この時期は瀬《せ》づきといってあまりエサを食わない。産卵期の前後は活発《かっぱつ》に動く。慎《しん》重《ちょう》な魚で、自分のすみかから行動するコースを決めている。雑食性で生きたエビなど動物性のエサも食べる。体長1m以上、重さ10kgもめずらしくない。

■つり期《き》

産卵期の前後、すなわち4〜5月、7〜8月がよくつれる。また、9月〜12月にかけての秋期も越冬にそなえて体力づくりのためよく食う。

■つり方《かた》

投げこみづり、吸いこみづり、ウキづり、ミャクづりなどいろいろあるが、つり座を決めてじっくりつる。

■ポイント

流れこみ、出っ張りなどで、底が深みから、カケアガリになっている斜面がねらい場。川では藻《も》場《ば》や杭根《くいね》まわりをねらう。

つるためのコツ！

★巨ゴイつりのポイント探しは、気泡《きほう》が水面にでる“泡《あわ》ヅケ”に注目する。

★巨ゴイにサナギ粉やニンニク粉末など集魚効果《しゅうぎょこうか》の高いエサは、あまり必要としない。

★1本、ないし2本バリで勝負する。

ウキづり

投げこみづりを「待《ま》ちのつり」とするなら、ウキづりは「攻《せ》めのつり」といえる。池や川などの岸近くにコイを見つけたら積極的《せっきょくてき》にエサを投入してみよう。仕かけには長短の2本バリで、基本はベタ底《そこ》または共《とも》ズラシ（134 ページ参照）で底に仕かけをはわせるようにする。

仕《し》かけ

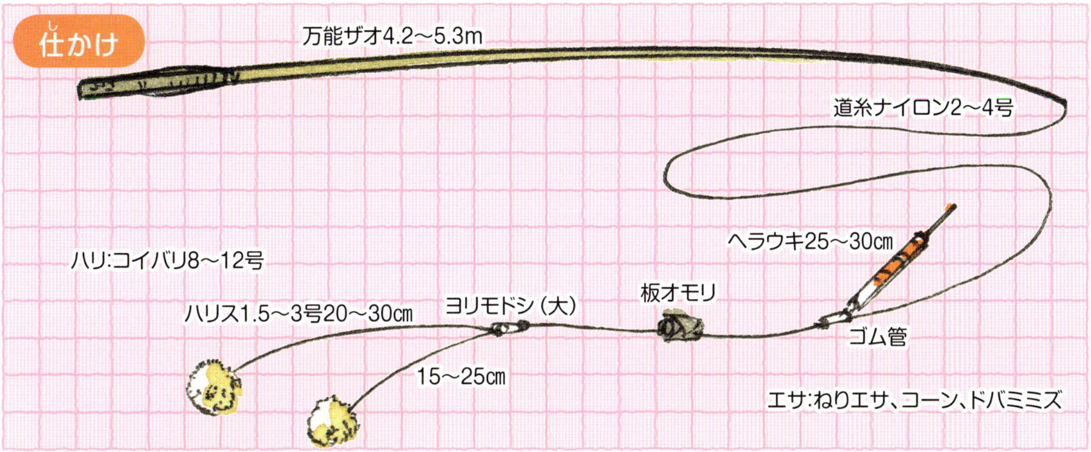

つり方

ねりエサを使う場合、正確な仕かけ投入《とうにゅう》が重要《じゅうよう》になる。ねりエサは水中でバラけて魚をさそう。つまり何度も正確に同じポイントにエサを投入すれば、効果《こうか》は倍増《ばいぞう》する。

ウキ下は、ベタ底《そこ》や共《とも》ズラシなど、どの状態《じょうたい》でもウキがしっかり立つように調節《ちょうせつ》しなければならない。

吸《す》いこみづり（中物《ちゅうもの》クラスねらい）

初心者には中通《なかどお》しタイプのオモリを用いた市販《しはん》の吸《す》いこみ仕《し》かけがつりやすい。コイはカケアガリにそってエサを探しながら移動する。仕かけを投げこんでゆっくり手前に引いてくるとグッと重くなるところがカケアガリだ。リールのドラグナットは緩《ゆる》めておくこと。

仕《し》かけ

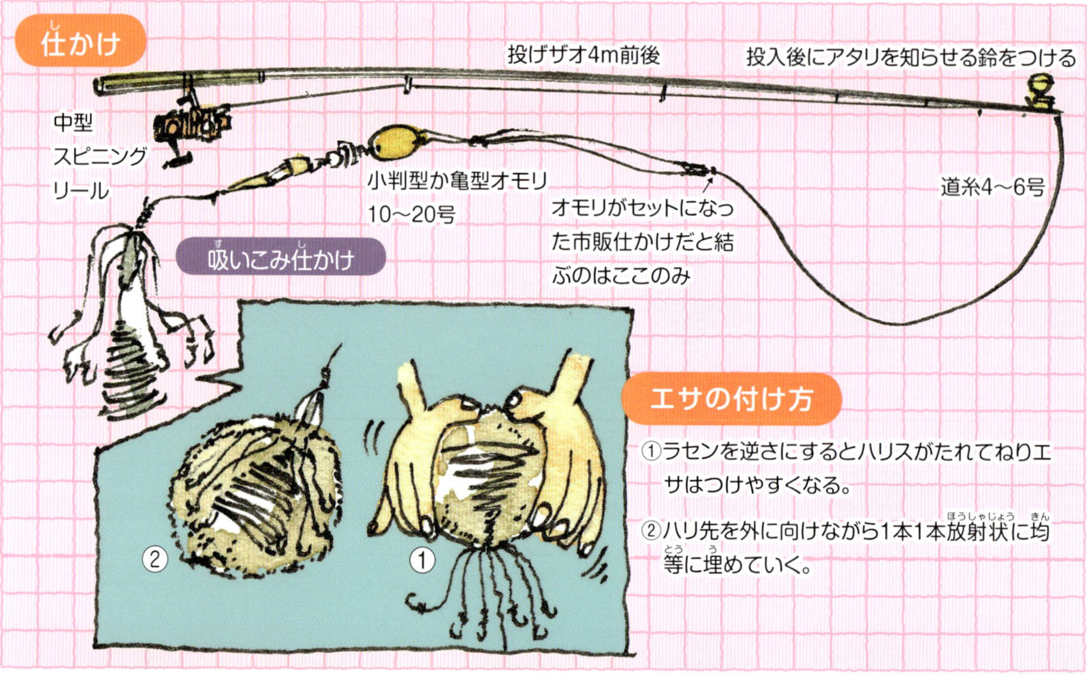
投げザオ4m前後
投入後にアタリを知らせる鈴をつける
中型
スピニング
リール
小判型か亀型オモリ
10〜20号
オモリがセットになった市販仕かけだと結ぶのはここのみ
道糸4〜6号
吸《す》いこみ仕《し》かけ
②
①
エサの付け方
①ラセンを逆さにするとハリスがたれてねりエサはつけやすくなる。
②ハリ先を外に向けながら1本1本放射状《ほうしゃじょう》に均《きん》等《とう》に埋《う》めていく。

コイのエサの食《た》べ方《かた》

①
②
②ハリを吸《す》いこんだコイはビックリしてあわてるので、重いオモリによってハリがかかる。
①エサを吸《す》い付《つ》くように食べるので、ハリをいっしょに吸《す》いこんでしまう。

寄《よ》せダンゴづくり（大物《おおもの》クラスねらい）

コイもメータークラスの大物になると、警戒《けいかい》心《しん》も強くなって一筋縄《ひとすじなわ》ではなかなかつれない。市販の仕かけとの大きな違いはハリの数にある。水中に漂《ただよ》うハリを大ゴイはすぐさま見ぬく。またアワセがうまくいっても、他のハリが根がかりしたり、取りこみ時に危険《きけん》も伴う。

仕《し》かけ

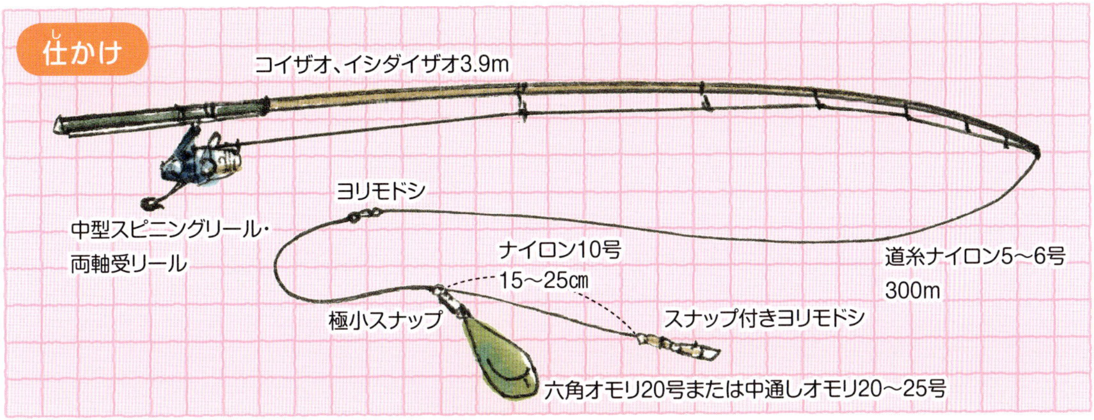

ダンゴ留めのつくり方

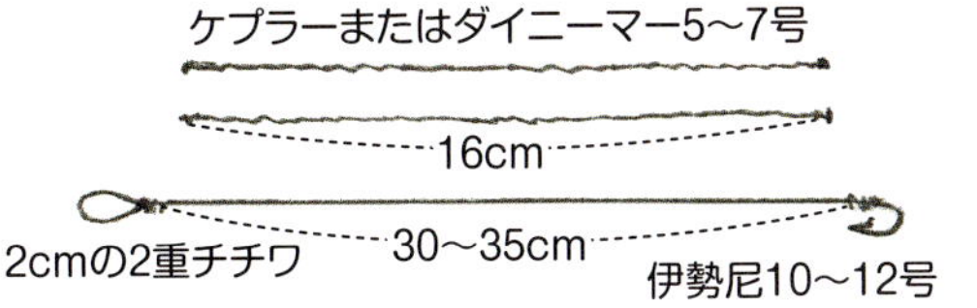

①上側を2重チチワ結びにし、下側を外がけ結びなどでハリを結束《けっそく》する。

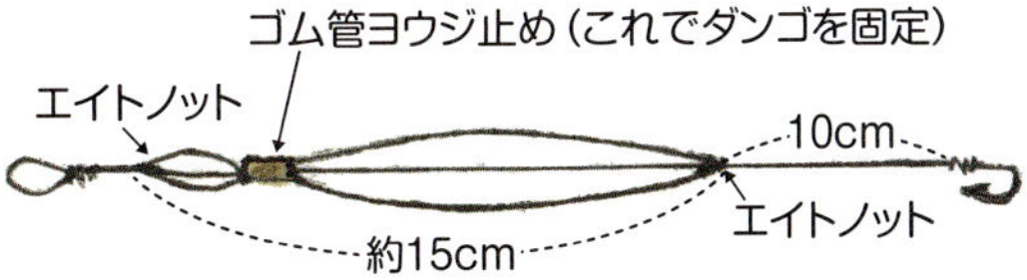

②チモトか10cmのところで3本合わせてエイトノットで結ぶ。3本まとめてゴム管《かん》を通したら、チチワ側もエイトノットで結ぶ。

ダンゴの付け方

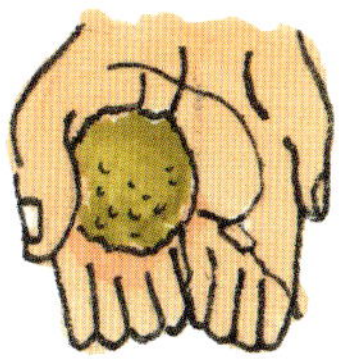

①適当な大きさにダンゴを丸める。

②3本イトが均等《きんとう》にかかるように中へ入れる。

③イトが若干《じゃっかん》くいこむくらい、ゴム管（ヨウジ止め）を下げて固定《こてい》する。

④ハリに食わせエサ（トウモロコシ）を付ける。

ポイント選《えら》びの基準《きじゅん》

コイには“魚道”と呼ばれる回遊コースがある。水中に潜って探すわけにはいかないので、それぞれのフィールドにおいて魚道になりそうなポイントを覚えておこう。

河川《かせん》の下流域《かりゅういき》

カーブや蛇行《だこう》しているところがベスト。そこにテトラポッドや乱杭《らんぐい》などの障害物《しょうがいぶつ》を探す。

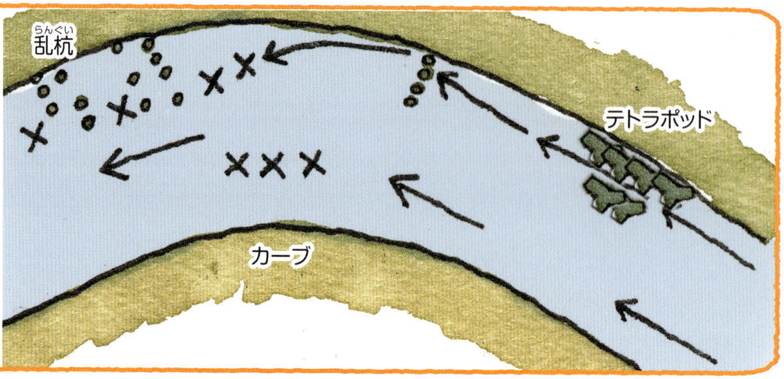

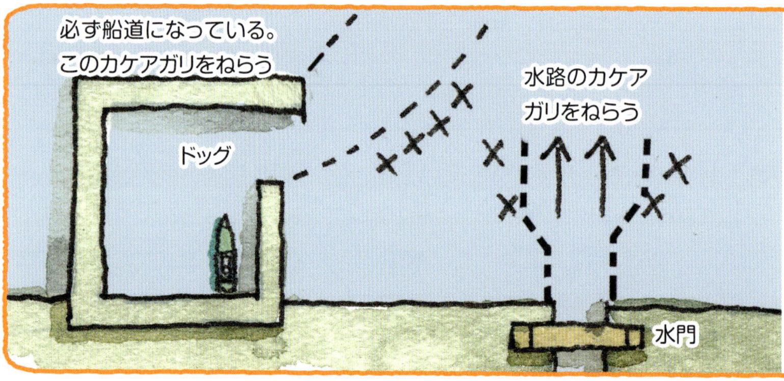

人工湖《じんこうこ》

全体が護岸《ごがん》されているために障害物《しょうがいぶつ》は乏しい。また目で確《かく》認《にん》できるポイントはスレているため、水中のポイントを推察《すいさつ》する。乱杭《らんくい》などはできれば避けたい。

山上湖《さんじょうこ》

風などによって起こる湖《みずうみ》特《とく》有《ゆう》の流れを探す。流れが岬などにぶつかると溶存酸素濃《ようぞんさんそのう》度《ど》は高くなるために魚は集まりやすい。ワンドもエサが集まりやすい。

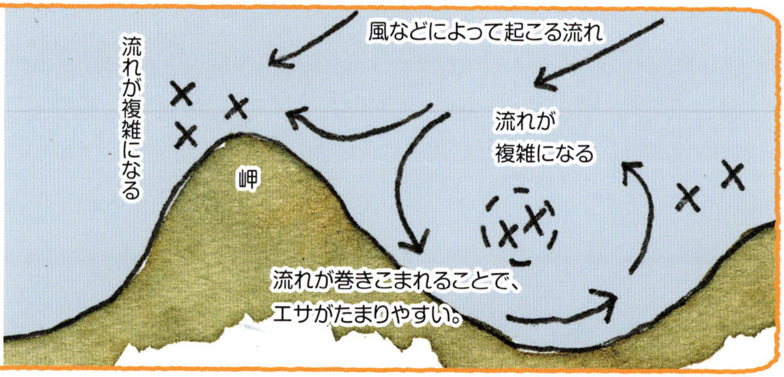

中《ちゅう》物《もの》クラスの取《と》りこみ方《かた》

コイの引きは、たとえ中物《ちゅうもの》クラスといえども油断できないほど強い。取りこみは最後の最後まで気をぬかないこと。

①魚が元気なうちは浮かさないこと。水中でヤリトリさせる。

②酸素を吸わせて弱らせるため、魚が暴れなくなったら魚の顔を水面より出す。タイミングが大切。

③足下へ寄せてくる。このときにもうひと暴れするものもいる。逃げる方向とは逆側にサオを向けていなす。

足下まできたらサオの弾力を利用して、そのままぬき上げる。

大物《おおもの》クラスの取《と》りこみ方《かた》

①引きが落ちいたら、サオを立てて水面より顔をださせたまま、岸へと寄せてくる。

②玉アミの届く距離まできたら、なるべく頭からすくう。

底《そこ》をねらって、小さなアタリも見逃さない

マブナ

★コイ目コイ科

●よび名《な》（地方名《ちほうめい》）

ヘラブナ以外のフナをマブナとよぶ。
キンブナ、ギンブナ、ニゴロブナ、ナガブナなどの種類をよび分けることは少ない。マブナとよばずに、たんにフナとよぶところも多い。

●生息場所《せいそくばしょ》

川、クリーク、池に生息。季節によって移動することがあるが、ヘラブナのように中層《ちゅうそう》や上層《じょうそう》を泳ぐことは少なく、たいていは底近くを泳いでいる。潮入《しおい》りの池や湖、河口にも生息する。

●生態《せいたい》・習性《しゅうせい》

冬期は池、川の深いところにひそんでいるが、水温が上昇しだす春から初夏にかけてゆっくり動きだして池だと浅場、川だと支流や細流（ホソ）に移動する。これは産卵のためであり、いわゆる“乗《の》っ込《こ》み”である。そして秋から冬は再び深場へ向かう。これを“落《お》ちる”という。食性は主として動物性の雑食で、泥にもぐることもできる。成長が遅く30㎝級になるには数年かかる。

■つり期《き》

1年中つれる。冬の“寒《かん》ブナ”、春の“乗《の》っ込《こ》みブナ”、秋の“落ちブナ”、などが人気の集まる時期である。

■つり方《かた》

シモリウキづりが一般的。

■ポイント

寒い間は深場の泥底《どろぞこ》などにひそんでいるが、春は浅場にやってくる。まず藻《も》の切れ目、湧《わ》き水《みず》の周辺、杭根《くいね》まわり、岸辺のえぐれ、橋脚《きょうきゃく》のまわりなどをねらう。あくまでも底をねらう。

つるためのコツ！

★シモリウキはひとつずつゆっくり沈むように板《いた》オモリの重さを調節。
★沈んでいくウキに集中する。このときにもマブナはアタってくる。
★落《お》ちブナには、食い上げ、消しこみ、横走《よこばし》りなどのウキの動きは少ない。

仕《し》かけ

中通《なかどお》し玉《たま》ウキを用いたシモリづりがこの魚をつるための代表的な仕かけ。他に寒ブナに有効《ゆうこう》な引きづりなどがある。いずれにしても、仕かけをごく自然にユラユラと落としてオモリを底につける。つまりマブナづりは、オモリの重さの調節《ちょうせつ》が重要なので、板《いた》オモリを使う。マブナの食い気をどのように刺激《しげき》するかがカギ。

乗《の》っこみ

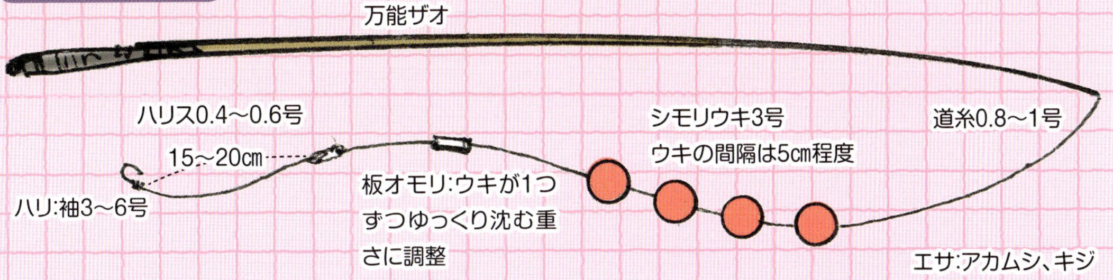

落《お》ち

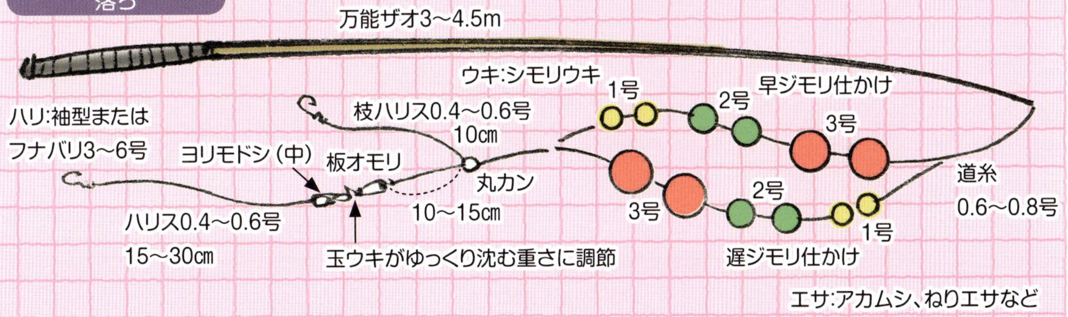

引《ひ》きづり

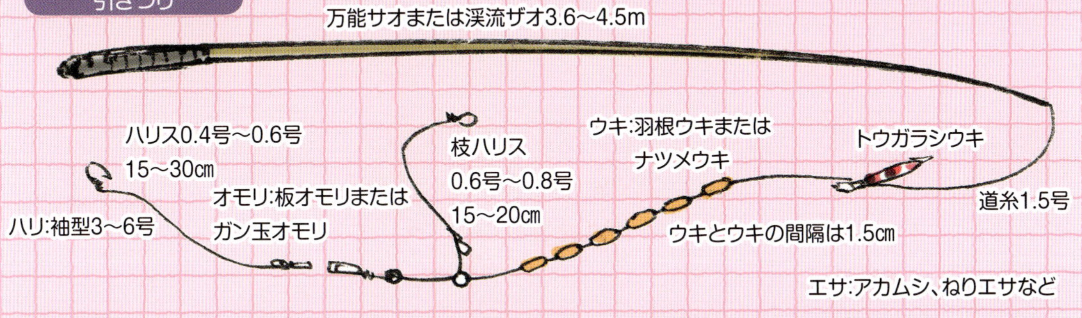

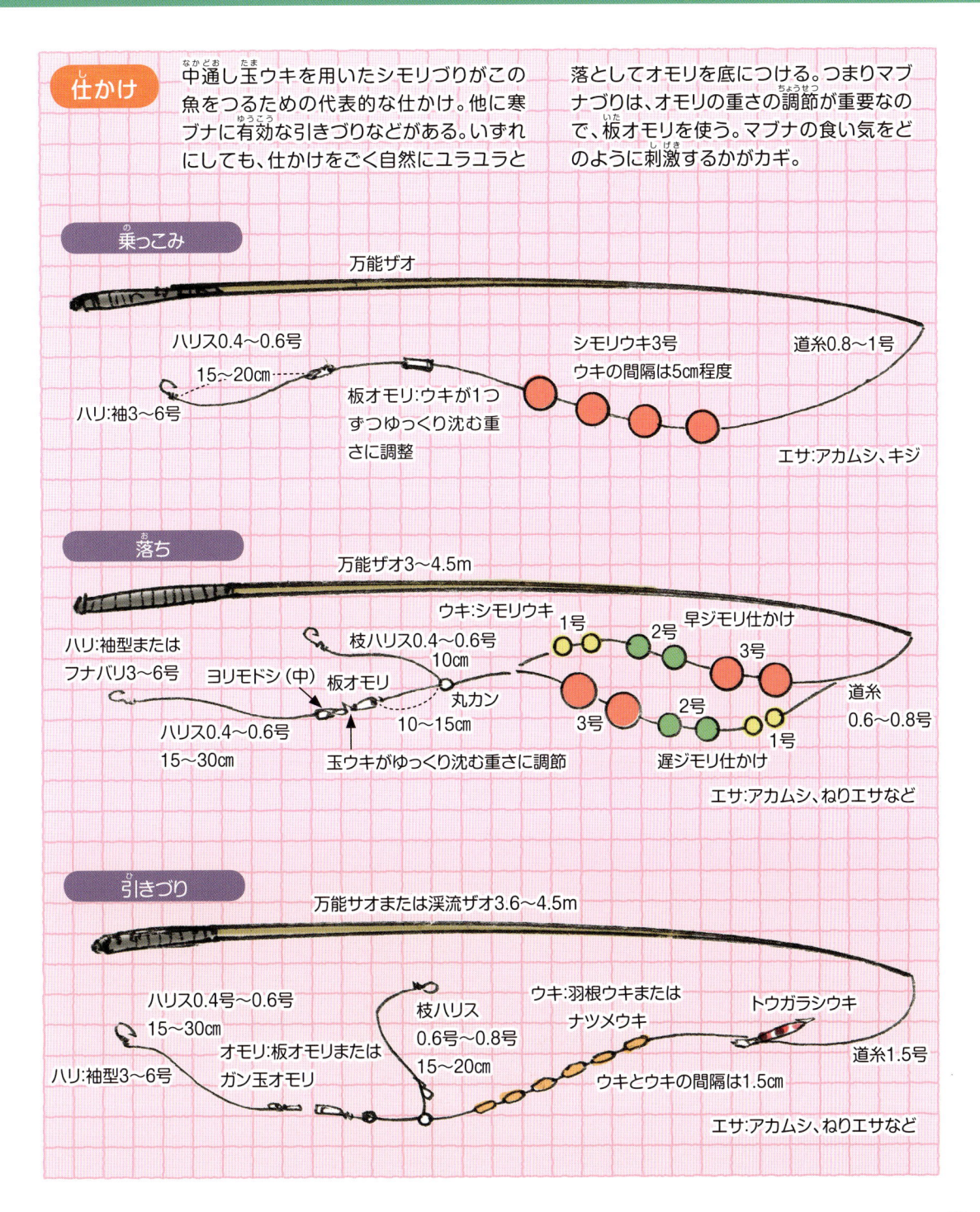

シモリウキづり

ポイントについては他の魚よりわかりやすいかもしれない。シモリウキ仕かけの場合はポイントをあちらこちらとさぐり歩く。決して一ヶ所に固執《こしつ》しないこと。引きづりは長いサオを用いて深場《ふかば》にひそむ魚をねらうため、じっくりエサを沈めてさそいたい。

川・クリークのポイント

池のポイント

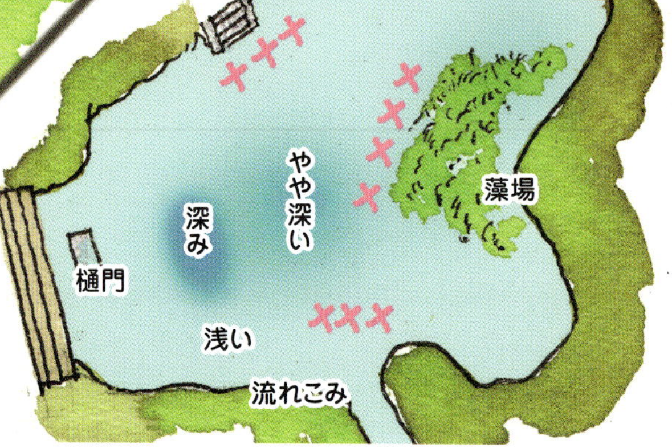

●マブナのポイント
「1尺ずれたらアタリなし」といわれるほど、マブナのポイント決めは重要。わかりやすいだけにポイントの特徴をしっかり把握しておこう。

アタリのパターン

マブナはエサをじっくりと味わうように食うため、常にウキの動きを注視しておくこと。

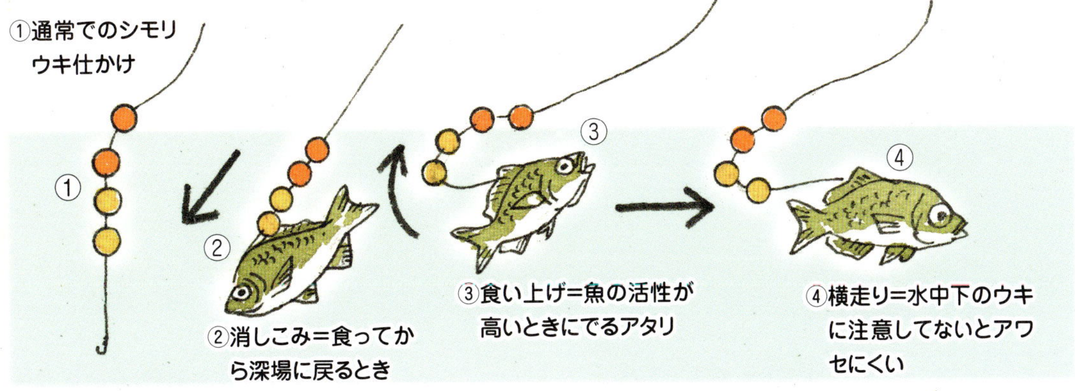

①通常でのシモリウキ仕かけ
①
②
③
④
②消しこみ＝食ってから深場に戻るとき
③食い上げ＝魚の活性が高いときにでるアタリ
④横走り＝水中下のウキに注意してないとアワセにくい

早ジモリのさそい

遅ジモリのさそい

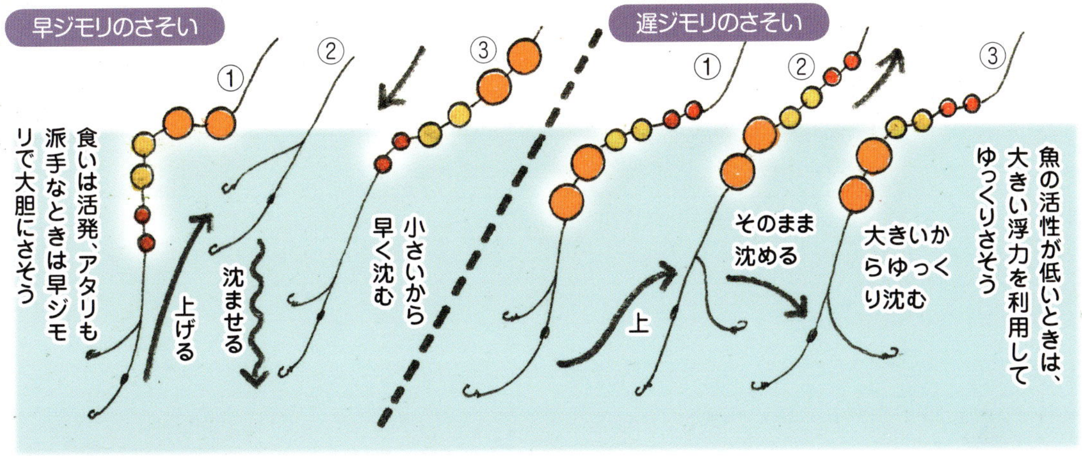

①
②
③
食いは活発、アタリも派手なときは早ジモリで大胆にさそう
上げる
沈ませる
小さいから早く沈む
①
②
③
そのまま沈める
上
大きいからゆっくり沈む
魚の活性が低いときは、大きい浮力を利用してゆっくりさそう

引きづりのさそい

寒ブナのポイントは探く繊細なため、静かにサオを操作する。

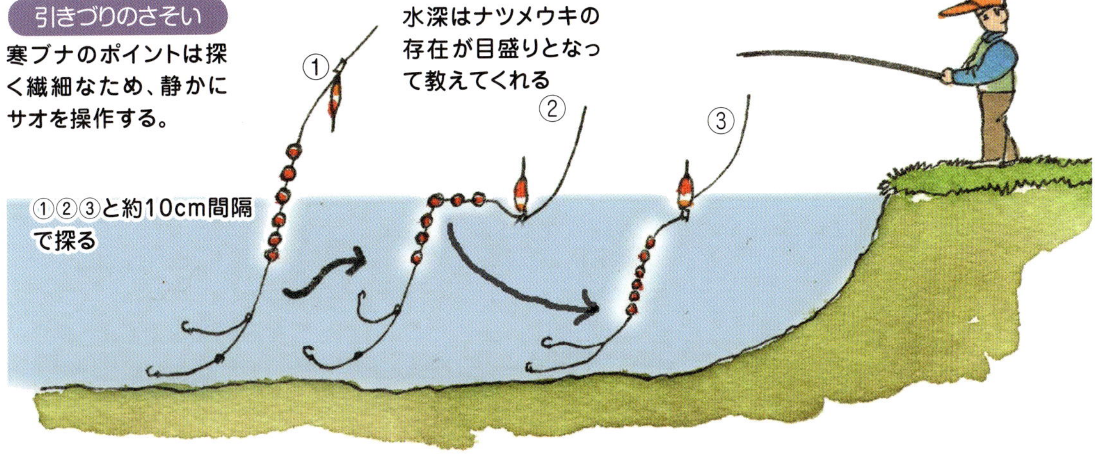

①
②
③
水深はナツメウキの存在が目盛りとなって教えてくれる
①②③と約10cm間隔で探る

仕かけを静かにそっと引き寄せるのがコツ

テナガエビ

★エビ目テナガエビ科

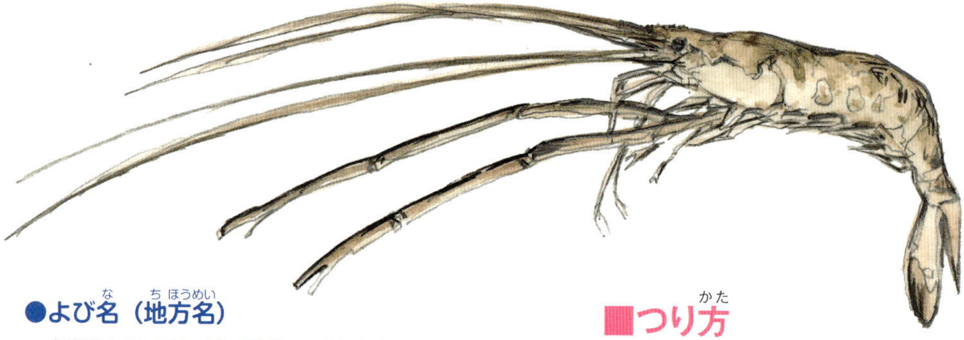

●よび名《な》（地方名《ちほうめい》）

全国的にテナガエビで通用。エビを省略してテナガとよぶところもある。

●生息場所《せいそくばしょ》

平地の川や湖にすむが、とりわけ海に近い湖沼、河川に多く見られる。山地の湖沼にはいない。水の暖かい泥底、砂泥底《さでいそこ》を好み、藻《も》のきわなどをすみかとしている。

●生態《せいたい》・習性《しゅうせい》

名まえのとおり手に見える部分が長く、しばしば体長を上回る。産卵期は6～7月で4月～5月の暖かいときに脱《だっ》皮《ぴ》する。昼間は藻《も》や水草の間にひそみ、夕方から行動しエサをさがす。ふつうは死んだ魚やエビの腐敗《ふはい》したものを捕食している。

■つり期《き》

暖かい時期につる。とくに、梅雨期を中心にした初夏から夏にかけて荒食《あらぐ》いするのでよくつれる。8月が終わり、秋風がたつころになるとしだいにつれなくなる。

■つり方《かた》

川では多少流れがあるので、ミャクづり、池ではウキづり。ハリを用いずにエサに寄せ、そろりと引き上げて玉《たま》アミにすくいとる方法もある。

■ポイント

岸際の杭《くい》や捨《す》て石《いし》などの障害物周辺、アシ際《ぎわ》、護岸《ごがん》されたヘチなど。テナガエビは明るい所では警戒してエサに食いついてこないので、好天時《こうてんじ》は特に太陽光が底まで届かない場所を選んだほうがよい。また、砂底《すなぞこ》や砂利《じゃり》底《ぞこ》よりも泥底《どろぞこ》を好むことも覚えておこう。

つるためのコツ！

★潮の干満で移動を繰り返す。人気ポイントにも次へ次へと群れは入ってくる。

★都心の河川の一級ポイント“テトラの穴《あな》”は干潮《かんちょう》時《じ》にチェックしておく。

★水面下5～10cmウキ下を調節。

エサづり

ポイントは岸近《きしちか》くなので、サオは2mくらいの小物づり用が最適で、できれば軟調子《なんちょうし》を使いたい。これはテナガエビはちょっとした抵抗《ていこう》を感じるとエサを離してしまうのと、取りこみの際、テナガエビの引きこみのショックを和らげる工夫が必要だからである。

仕《し》かけ

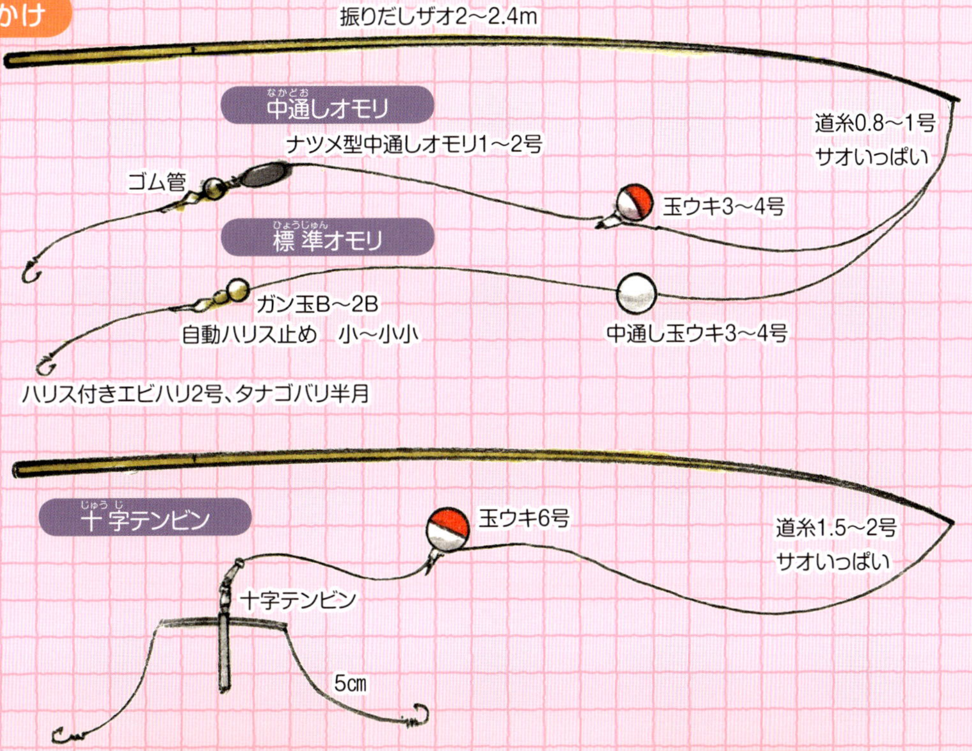

ハリ

エビバリか
テナガエビ
専用バリ1～4号

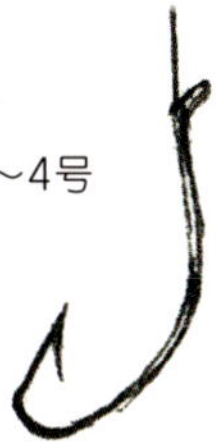

秋田《あきた》キツネ
2～2.5号も
代用できる。

エサのつけ方《かた》

○

ハリ先を
出す。

×

垂らさない。

ポイントとつり方

テナガエビの生息域《せいそくいき》はとても広いため、ポイントはその流域《りゅういき》によって大きく変化する。例えば、平野部の河川への流れこみや流れだしなどでは、乱杭《らんぐい》やアシの生《は》え際《ぎわ》がポケットになっているところ。都心の下流域《かりゅういき》では、護《ご》岸《がん》された岸のテトラポッドの穴などになる。

平《へい》野《や》部《ぶ》のポイント（置《お》きザオ）

田園地帯《でんえんちたい》の水路。つり座を決めたらサオを3～4本置《お》きザオにしてねらってみるのもおもしろい。

都《と》心《しん》部《ぶ》のポイント（1本ザオでさそう）

都心部では三面護岸《さんめんごがん》（両岸《りょうぎし》と底《そこ》）されていることが多い。そのためポイントは図のようなテトラの重なりからできるポケットが好ポイントとなる。

①引《ひ》き潮時《しおどき》にテトラの重なりを確認《かくにん》しておく。ポケットが川底《かわぞこ》まで続いている場所を探す。

②覚えておいたポイントには満《み》ち潮《しお》とともにテナガエビが集まりだす。

つり座

テナガエビは夜行性《やこうせい》なため、朝・夕のマズメ時《どき》がチャンスとされるが日中でもつれる。警戒心《けいかいしん》は増しているが、難しい分、この時間帯も十分に楽しめる。

都心では、このような橋《はし》ゲタの下の日陰《ひかげ》がベスト。ただし好ポイントなので、場所取りはし烈《れつ》。早めにフィールドへ入ろう。

アタリのパターン

②暗がりに移動《いどう》しエサを食べはじめると、さらにウキは上下左右に動く。このときまで待ってからアワセをする。

①エサを見つけるとハサミでエサをつかむ。このときウキはピクピクと反応《はんのう》。

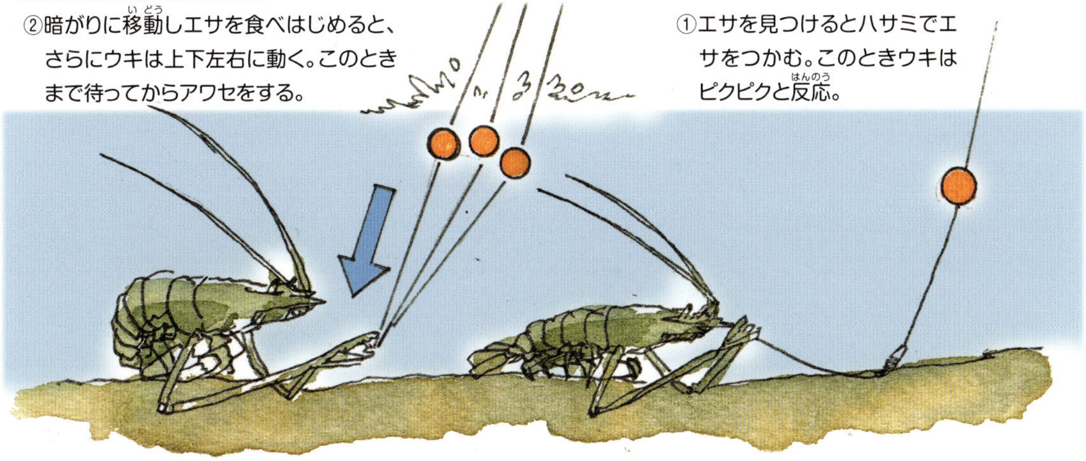

エサ取り名人とつり人との攻防《こうぼう》は尽《つ》きない

クチボソ

★コイ目コイ科

●よび名《な》（地方名《ちほうめい》）

標準和名は高知県の呼び名でモツゴです。
クチボソ（関東、琵琶湖）、ヨシッツキ、イシモロコ（京都）、ドロゴイ（岡山）、ミゾコイ（兵庫）など。

●生息場所《せいそくばしょ》

ほとんど全国の川の中流、下流域、湖、池にすむ。河川の工事で川底までコンクリートで固めた直線の人工川になっても現れる。

●生態《せいたい》・習性《しゅうせい》

晩春のころ川岸のヨシの間や砂礫底《されきてい》に産卵する。産卵期になるとオスの口のまわりにブツブツができる。食性は雑食で生命力が旺盛《おうせい》。汚水《おすい》や環境《かんきょう》破壊《はかい》でほかの魚がほとんど衰退《すいたい》しても適応力《てきおうりょく》があり最後まで生き残る。最大で13㎝くらいの小魚で、黒ずんでうすよごれたかんじに見える魚である。

つり期《き》

ほとんど年中つれる。動きが活発《かっぱつ》になるのはやはり暖かい時期で、春から秋遅くまでがよくつれる。

つり方《かた》

市販でクチボソ専用のつりバリもあり、つりの初心者には手ごろなつりである。エサはアカムシ、練りエサを主に用いる。

ポイント

川では杭《くい》根《ね》や浮《う》き草《ぐさ》などのまわり。池では、主として小石、あるいはガレキ底。また、小川の流れこみやゴミの堆積《たいせき》したまわり。

つるためのコツ！

★アカムシなどのエサつけはとても重要。丁寧《ていねい》に付けること。
★エサは必ず底をきるようにウキ下を調節。
★微細《びさい》なアタリでアワセない。あとにくる確かなアタリでアワセをする。

エサづり

つり人の間では「エサ取《と》り名人《めいじん》」として知られる。この魚を相手に暇《ひま》をつぶそうと細い水路《すいろ》にイトを垂《た》らせば、遊ばれているのはつり人の方だったりするくらい見事にエサを取られてしまう。しかし、小さいながらウキの消しこみや引きは、魚体《ぎょたい》に似合《にあ》わず強い。

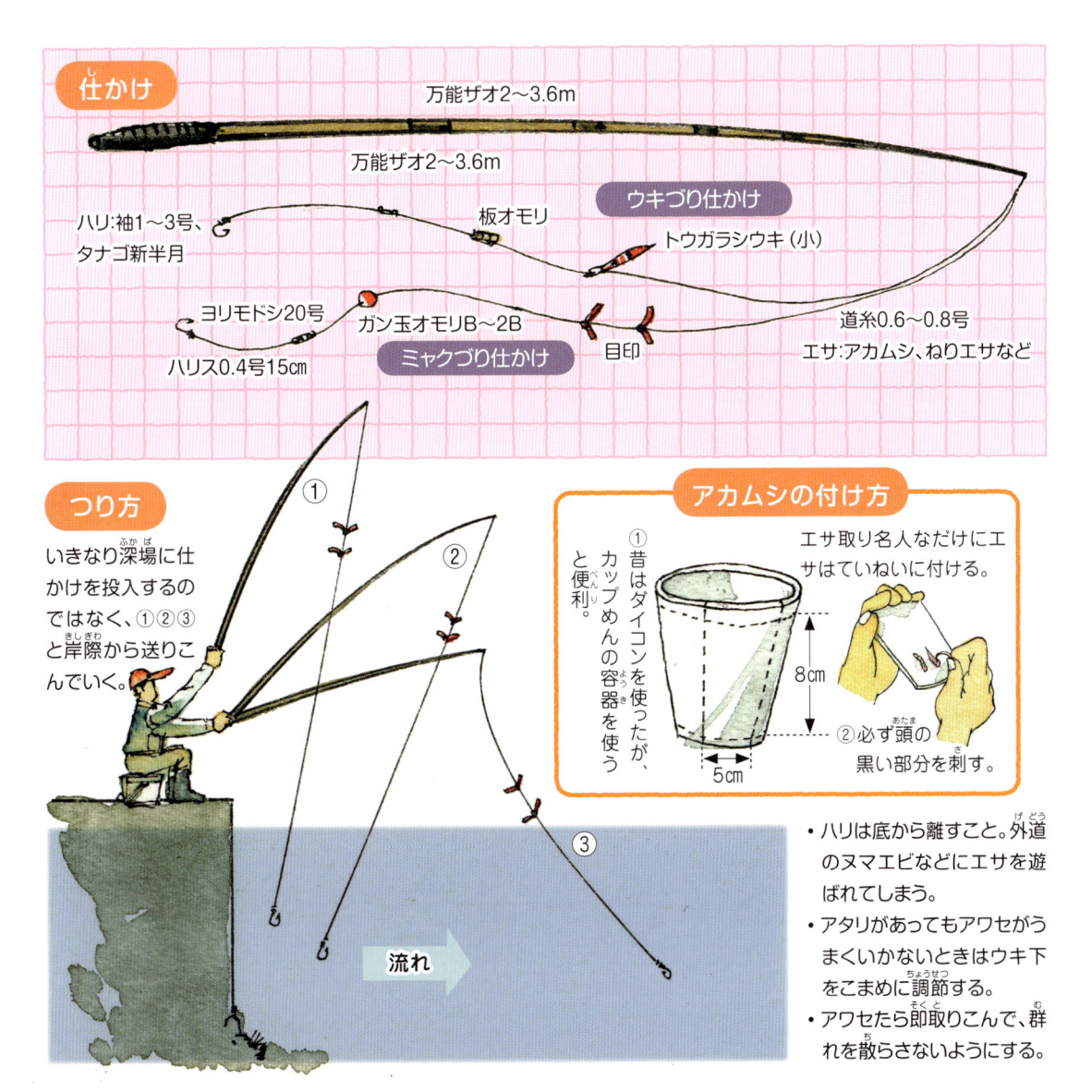

仕《し》かけ

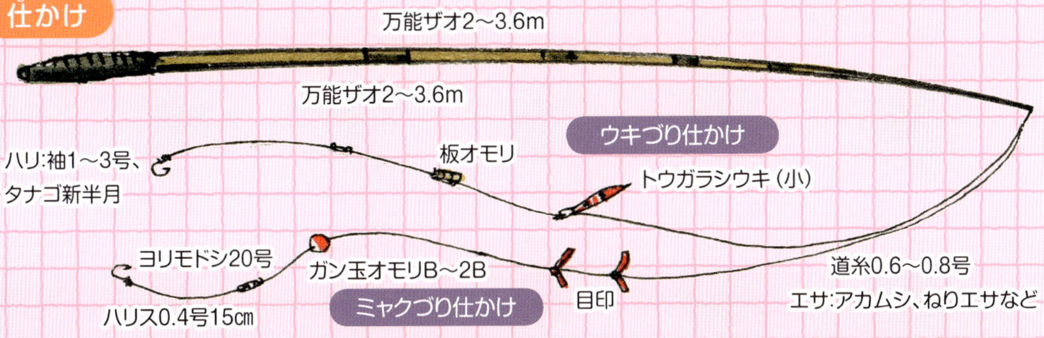

つり方

いきなり深場《ふかば》に仕かけを投入するのではなく、①②③と岸際《きしぎわ》から送りこんでいく。

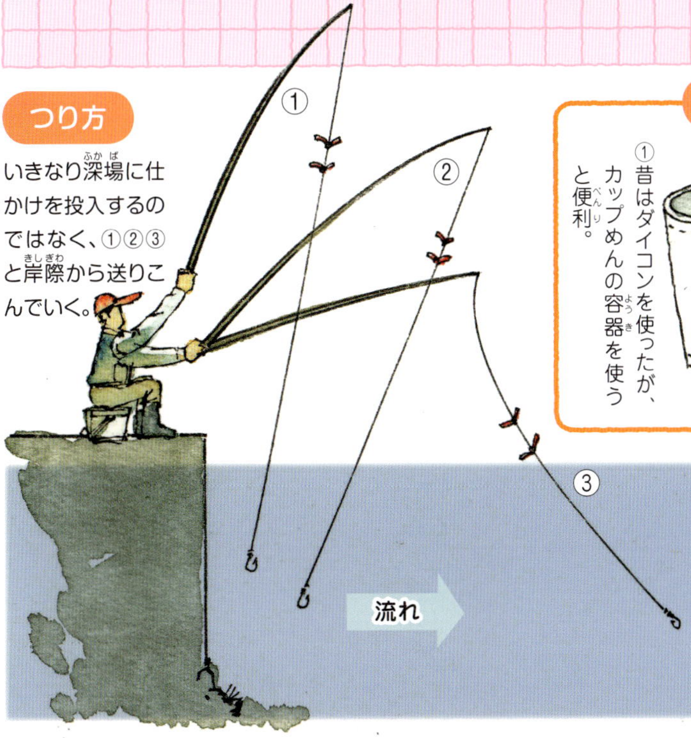

アカムシの付け方

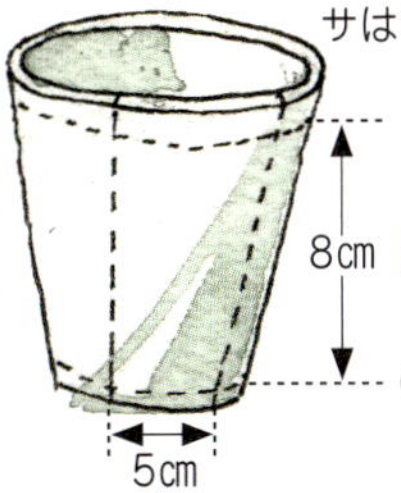

①昔はダイコンを使ったが、カップめんの容器《ようき》を使うと便利《べんり》。

エサ取り名人なだけにエサはていねいに付ける。

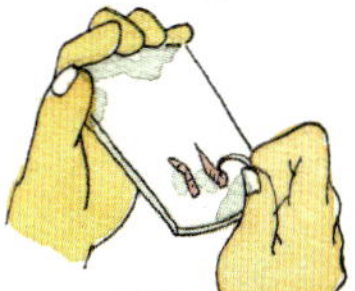

②必ず頭《あたま》の黒い部分を刺《さ》す。

- ハリは底から離すこと。外道《げどう》のヌマエビなどにエサを遊ばれてしまう。
- アタリがあってもアワセがうまくいかないときはウキ下をこまめに調節《ちょうせつ》する。
- アワセたら即取《そくと》りこんで、群《む》れを散《ち》らさないようにする。

江戸時代から親しまれていた粋《いき》な大人のつり

タナゴ

★コイ目コイ科

●よび名《な》（地方名《ちほうめい》）

タナゴには約15もの種類がいる。ヤリタナゴ、イチモンジタナゴ、オカメ、カネヒラなどが知られる。
地方名はボテ、ボテジャコ（滋賀・京都）、タナゴ、ニガフナ（関東）、センペラ（岐阜）など。

●生息場所《せいそくばしょ》

湖やクリーク、中小河川の水草《みずくさ》や藻《も》のきわ、杭根《くいね》や捨《す》て石《いし》の間など流れのゆるい障害物《しょうがいぶつ》の陰に集まる。冬場は風うらで、日当たりのよいところに群れをなしている。

●生態《せいたい》・習性《しゅうせい》

タナゴは淡水の二枚貝、とくにカラス貝に産卵管《さんらんかん》を差しこんで卵を生みつけるという特異な習性がある。かわりにカラス貝の子をヒレにつけてしばらく養育《よういく》する。産卵期は5〜7月。食性は雑食で藻やコケ、ミジンコ、アカムシなど、なんでも食べる。

■つり期《き》

年中つれるが、つりものの少ない冬期のつりとしてとくに関東方面にファンが多い。冬のつりとして親しまれている。

■つり方《かた》

ミャクづり、ウキづり。

■ポイント

杭根《くいね》のまわりや、捨《す》て石《いし》のくずれ、藻《も》ぎわ、底《そこ》根《ね》にかかったゴミの間などによく集まる。流れのあるところでは流心をはなれたゆるい流れで、杭《くい》などの障害物《しょうがいぶつ》の多い付近がねらい場。

つるためのコツ！

★ウキづりでは水深約半分のウキ下からスタート。アタリの有無によって深くしていく。
★ミャクづりでは、ポイントより奥側へ仕かけを投入する。
★アカムシをエサにする場合、ハリはカエシのないものを使うのも手。

仕《し》かけ

仕《し》舞《まい》い寸法《すんぽう》が八寸（約24㎝）で十本《じゅっぽん》継《つ》ぎというのが、伝統《でんとう》のタナゴザオである。ミャクづりでは目印にトンボを用いて、ウキづりでは小型の立ちウキなどを使う。

エサは、玉虫《たまむし》（イラガの幼虫）の皮や繊《せん》維質《いしつ》の内蔵物《ないぞうぶつ》、アカムシ、ネリエ（黄味《きみ》ねり）などを用いる。

ミャクづり

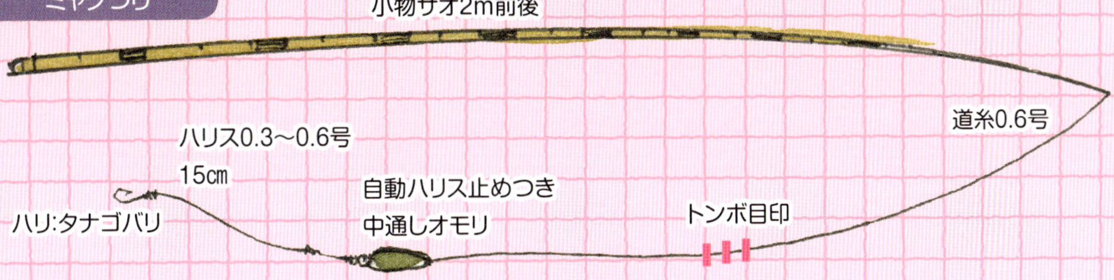

ウキづり

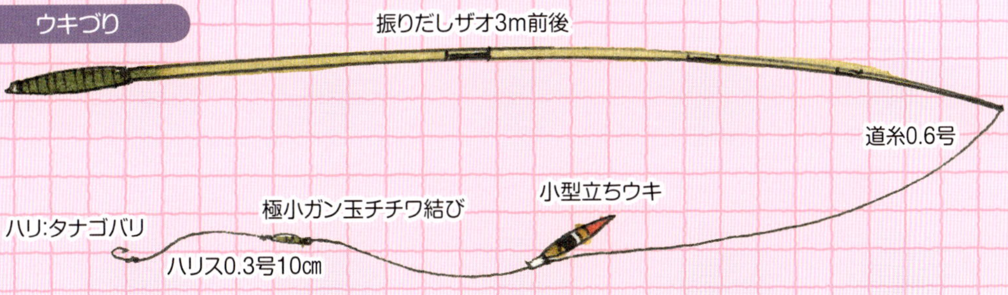

玉虫《たまむし》のつけ方《かた》

その他のエサのつけ方《かた》

ハリの種類《しゅるい》

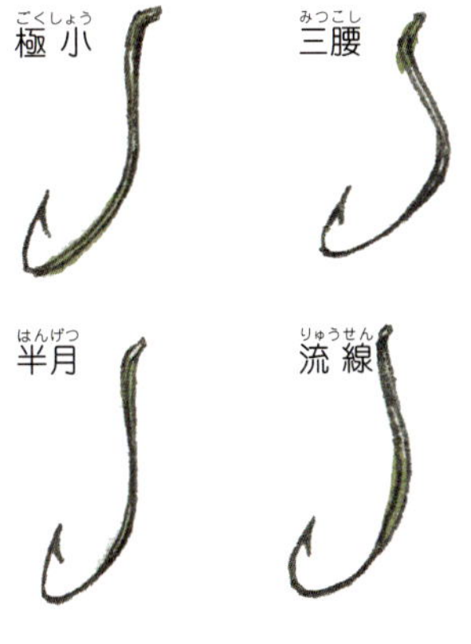

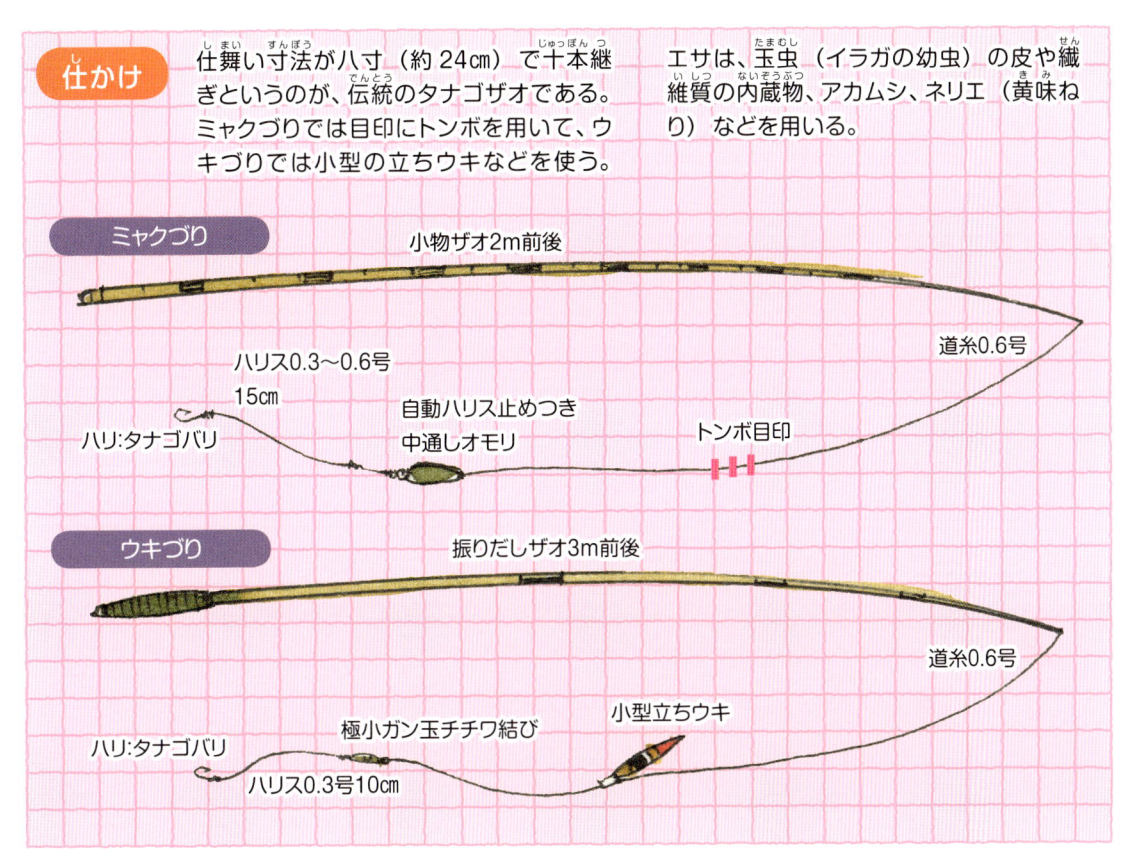

ポイント

数をつる競技《きょうぎ》のときは江戸の昔から伝わるミャクづり仕かけが選ばれるように、積極的《せっきょくてき》なポイント攻めを行いたいならミャクづりがよい。これは手返《てかえ》しの早さが理由であり、ポイントが岸際《きしぎわ》の場合もこの釣法《ちょうほう》にする。ミャクづりとは逆にのんびり小物づりを楽しみたいならウキづりだ。また、ミャクづりでとどく範《はん》囲《い》より離れたところに寄《よ》り場《ば》がある場合でもウキづりがよい。一応ウキの用意をしておけば、ミャクづりでさぐれないポイントでもウキを流して仕かけを送りこめる。エサやハリなどは両者同じだからである。

タナゴの3ポイント

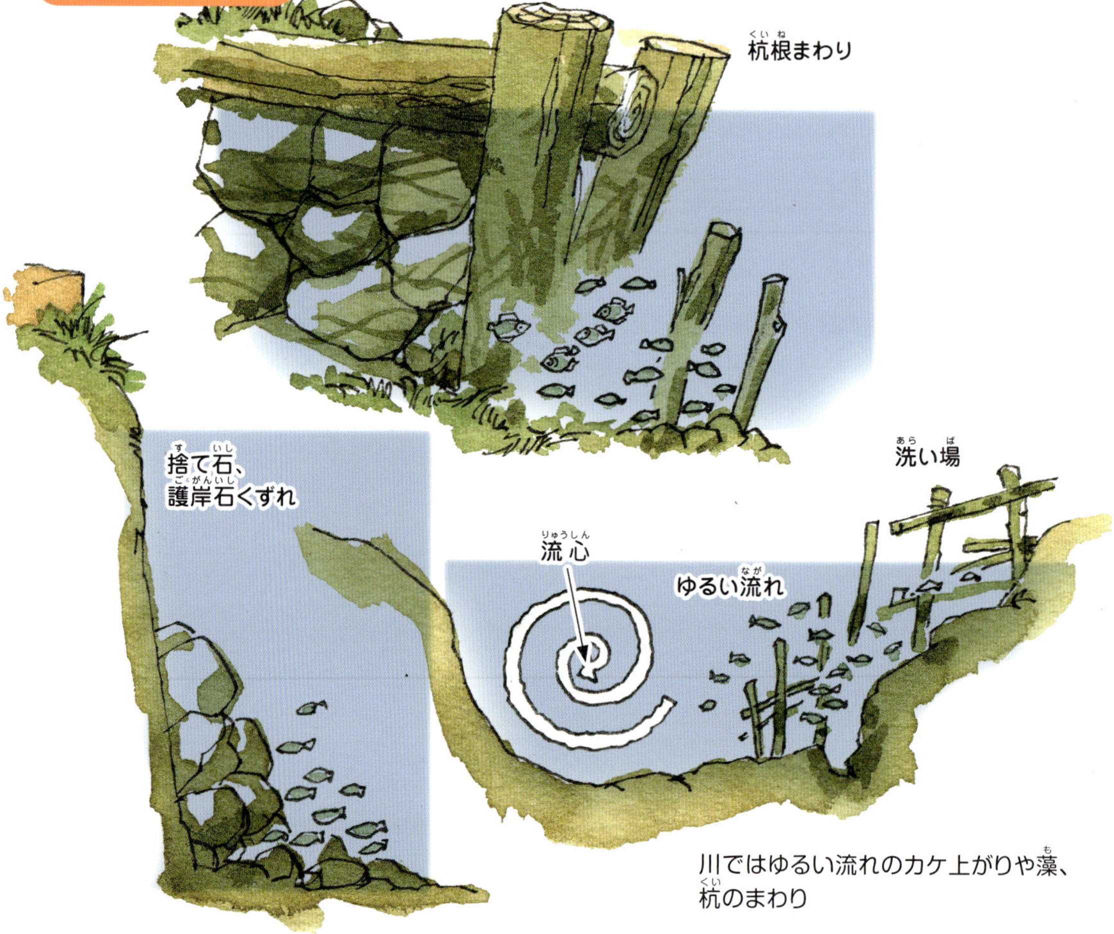

川ではゆるい流れのカケ上がりや藻《も》、杭《くい》のまわり

ミャクづり・ウキづり

タナゴの寄り場を見つけたら、その中心ではなく、なるだけ遠くへ投入すること。仕かけはゆっくり沈みながらポイントに落ち着き、最後《さいご》はサオ先の下にエサ、つまり仕かけは垂《すい》直《ちょく》になる。目印《めじるし》のトンボは3つつける。エサが底から少し上にあるように水深をあわせ、水中、水面、水上にトンボをセット。アタリはトンボがピリピリ動いたり、トンボが回ったりする。このとき、アワセるとオモリが躍《おど》って魚を逃がしてしまうので注意《ちゅうい》。20㎝ほどゆっくり仕かけを上げてさそい、追ってきたタナゴの上アゴにハリにかけてしまう。

ポイントよりはなれた所に打ちこむ。仕かけはサオ下に落ち着くまでゆっくり沈み、さそう。

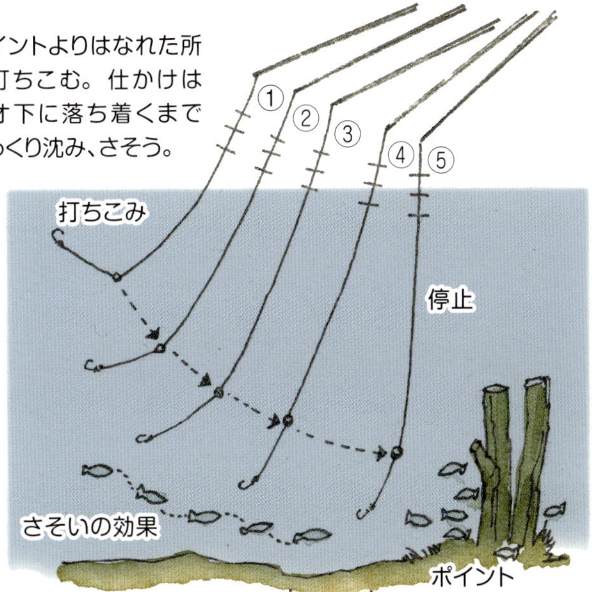

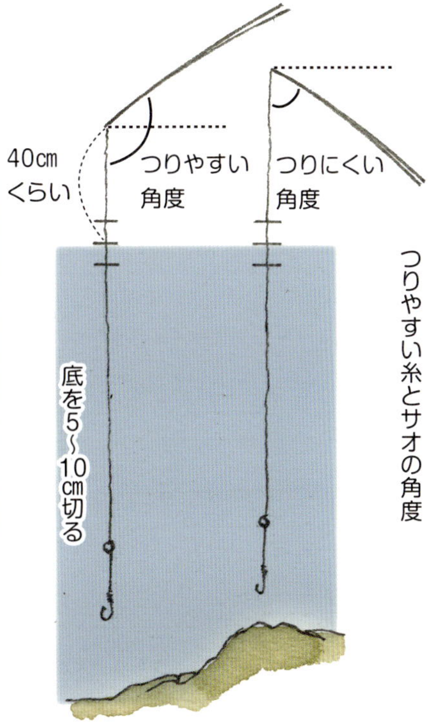

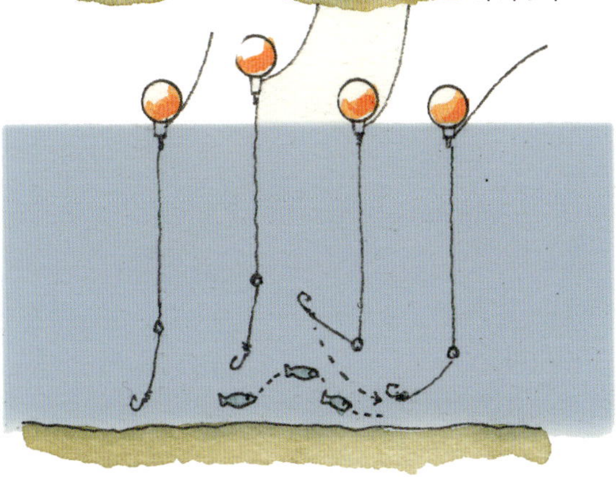

ウキづりでも、ただじっとウキを見ているだけでなく、サオ先でウキを持ち上げてからもとに戻《もど》したりして、エサを動かして魚の食《く》いをさそう。

管理《かんり》つり場《ば》の代表選手。食べてもおいしい

ニジマス

★サケ目サケ科

●よび名《な》（地方名《ちほうめい》）

明治初期に北米から移入されたので全国的にニジマスで、地方名はない。英語名はレインボートラウト。

●生息場所《せいそくばしょ》

水温の低い暖流や山間の湖沼に生息する。ヤマメやイワナはある程度の急流でもすむが、ニジマスは比較的ゆるい流れを好む。養殖《ようしょく》魚《ぎょ》が天然《てんねん》の環境《かんきょう》になじんで野生化したものは、従来《じゅうらい》のヤマメやイワナなどと同じところにすむようだ。

●生態《せいたい》・習性《しゅうせい》

比較的容易に人工繁殖《じんこうはんしょく》できることから、わが国の水質良好な山間地形を利用して養殖《ようしょく》が盛んである。習性は敏《びん》しょうだが、貪食《どんしょく》でつりやすい魚といえる。

■つり期《き》

年中つれる。ニジマスのつり場として河川に放流してつらせるところでは、アユのシーズンが終わってから翌年《よくとし》のアユが始まるまでオープン、というケースもある。

■つり方《かた》

エサづりでは、ミャクづり、ウキづり。疑似餌《ぎじえ》づりでは、毛ばりづり、ルアーづり。つり場によって、ルアーづりなどを禁止しているところもある。湖ではルアー、フライフィッシングが盛《さか》ん。

■ポイント

放流《ほうりゅう》つり場や渓流では、瀬尻《せじり》の石のくぼみなど。湖では、川の流れ込み、滝があるときは落ち口などの小魚が集まりやすいところ。

つるためのコツ！

★魚のいるポイントは、放流時間からある程度特定はできる。

★良型の残りマス、または食《く》い渋《しぶ》りにはエサのバリエーションで対抗。

★スレてきたら、ルアーローテーションで魚にやる気を起こさせる。

エサづり

野生化《やせいか》したニジマスはごく限られた場所で生息《せいそく》しているため、ここでは主に管理《かんり》つり場《ば》のつりについて解説する。管理《かんり》つり場《ば》でもっとも一般的なのがエサづりである。ミャクづりは、仕かけはポイントの底近くを流すこと。目印《めじるし》の動きがフッと止まったり、あるいは走ったりしたらすかさずアワセる。ウキづりでも底すれすれにエサがあるようにウキ下を決める。

仕《し》かけ

エサのつけ方《かた》

養殖魚《ようしょくぎょ》なので、食べるエサの種類はとてもバラエティだ。

ポイントへのアプローチ

時間

ニジマスといえども、養殖魚《ようしょくぎょ》が自然の流れに慣《な》れるまでには時間がかかる。放流タイムからポイントを思案するのも管理《かんり》つり場《ば》のテクニックのひとつ。

エサの流し方

これも養殖魚《ようしょくぎょ》を考慮《こうりょ》してのテクニック。あえてサオ先で仕かけの動きを少し止めたり引いたりしながら、食うための“間《ま》”をつくってあげる方法。

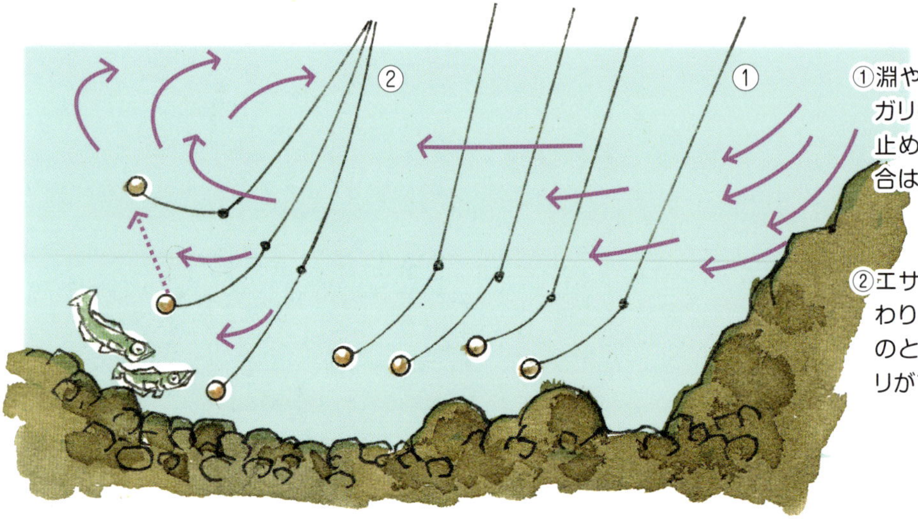

①淵や落ちこみのカケアガリの直前でサオ先を止める。ウキづりの場合はウキを止める。
②エサは水流を受けてふわりと舞い上がる。このときニジマスのアタリがでることが多い。

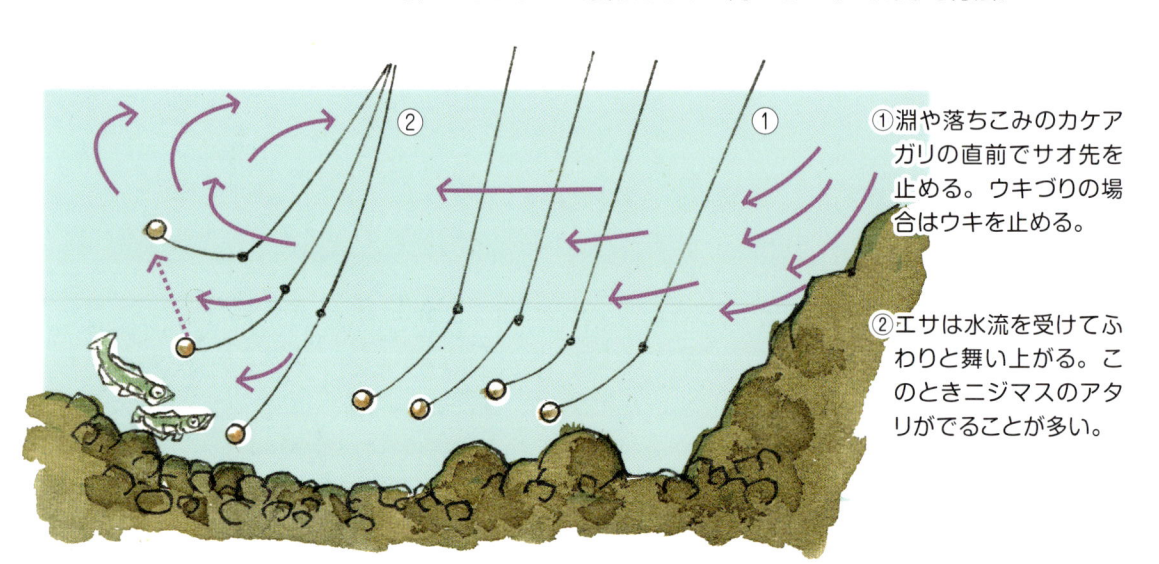

ルアーフィッシング

管理《かんり》つり場《ば》でルアーフィッシングをするときは、必ず専用エリアを確認《かくにん》してトラブルがないようにする。渓流《けいりゅう》エリアを選んだ場合、淵《ふち》やトロ場《ば》では、ポイントのやや上流へルアーをキャスト（投げる）する。上層《じょうそう》、中《ちゅう》層《そう》、底層《ていそう》とルアーの引く層をかえて魚のタナを探す。渓流《けいりゅう》では下流から上流へつりのぼるのが原則である。湖沼《こしょう》の場合も、岸近くのカケアガリをつる場合は、まず底を引くことからはじめる。枯《か》れ立木《たちき》などの障害物《しょうがいぶつ》のまわりも根《ね》がかりを恐れずルアーを引く層を深くしたり浅くしたり変化をつけてさそう。

仕《し》かけ

小さな渓流用《けいりゅうよう》

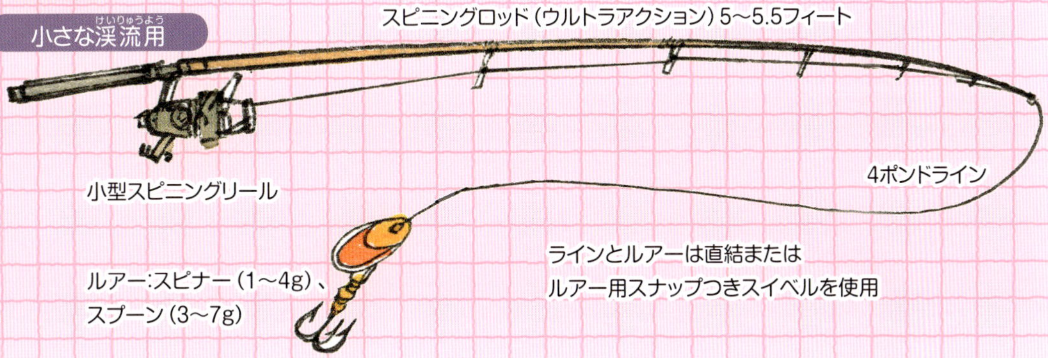

止水《しすい》エリアのポイント

一級ポイントはカケアガリの底層《ていそう》付近《ふきん》。ボトムラインをトレースするように引く。

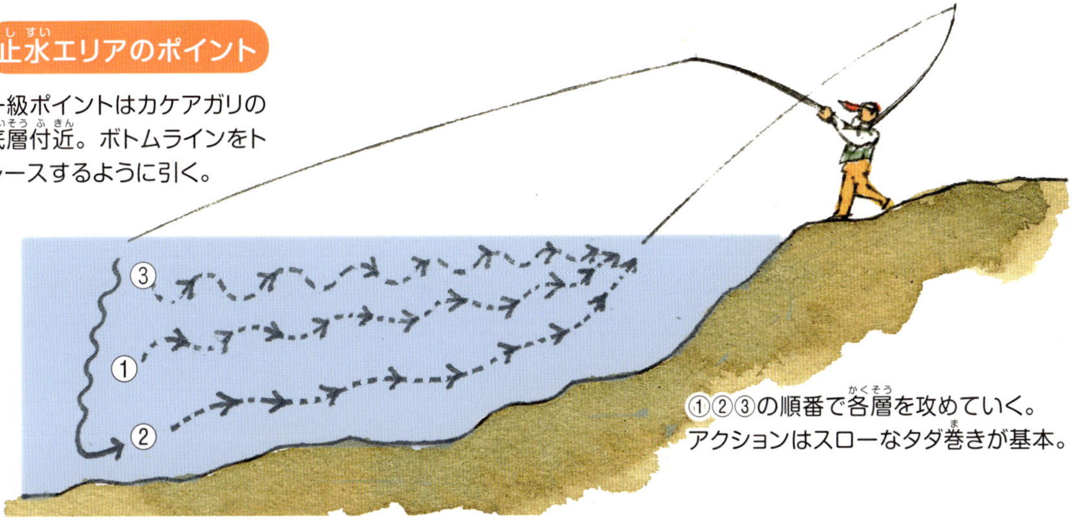

フライフィッシング

ルアーやフライフィッシング専門の管理《かんり》つり場《ば》では、キャッチアンドリリースを前提《ぜんてい》としているところが多い。つまりそこにいる魚は何度かつられていると考えるべきで、どうしてもスレている傾向にある。当然、警戒心《けいかいしん》は強いため、管理《かんり》つり場特有《ばとくゆう》のテクニックが必要になってくる。例えば、ポンドでドライフライを使ってもあまりよい結果は得られない。これは水面に顔をだすことを極端《きょくたん》に嫌《きら》っているためで、こんなときはウエットフライで水面下を、それもリトリーブを加えて、魚にアピールさせたほうが釣果はよいはずだ。

仕《し》かけ

ドライフライの基本仕《きほんし》かけ

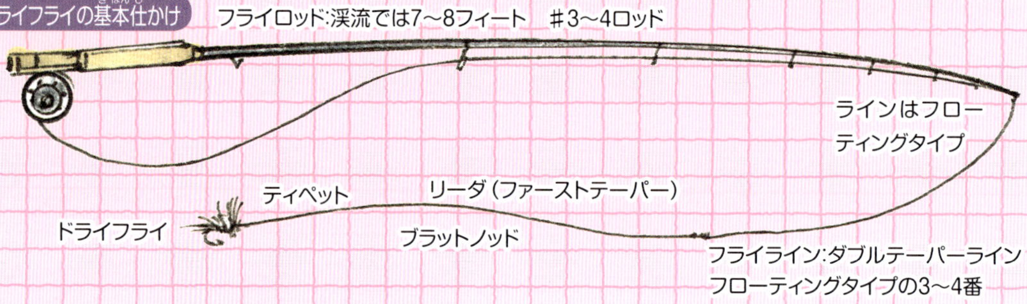

時間や状況《じょうきょう》によって仕《し》かけを変える

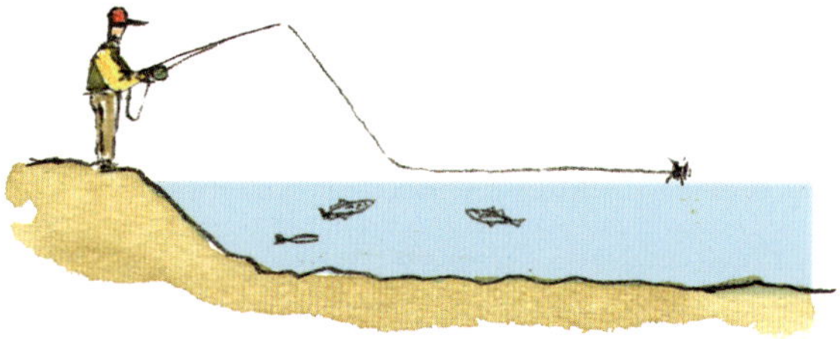

ドライフライでつる

早朝や夕方では、警戒心《けいかいしん》も弱いため、水面にライズを見つけられるだろう。ただし、流れがないため、リーダーの線がはっきり見えてしまうのでキャストには繊細《せんさい》さが要求《ようきゅう》される。

ニンフフライでつる

ニンフを使うときはルースニングがつりやすい。これはいわばフライのウキづりのようなもので、リーダーに浮力《ふりょく》のあるマーカーをつけるやり方。ライズのないときなど効果的《こうかてき》。

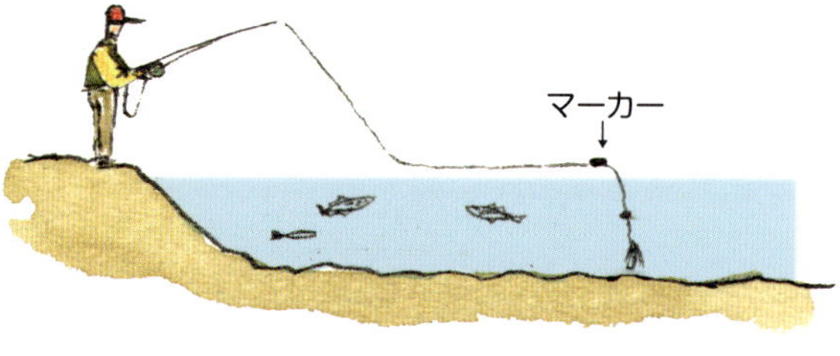

同《おな》じポイントをルアー、フライで攻《せ》める

当然、管理《かんり》つり場《ば》は魚影《ぎょえい》が濃い。それを最大限に楽しめるつり方を同じポイントを例に解説する。

ルアー

放《ほう》流《りゅう》直《ちょく》後《ご》はⒶに魚は集まる。魚を確認にしながら①②を引けば見づり（魚がハリエサを食うのを見ながら合わせる）が楽しめる。③④は落ちこみからの白《しろ》泡《あわ》を攻めながらⒶもフォローできる。⑤⑥は野生に戻りつつある魚をねらえる。Ⓑは大物のいるポイント。ローテーション（70ページ）を参考に攻めたい⑦⑧。

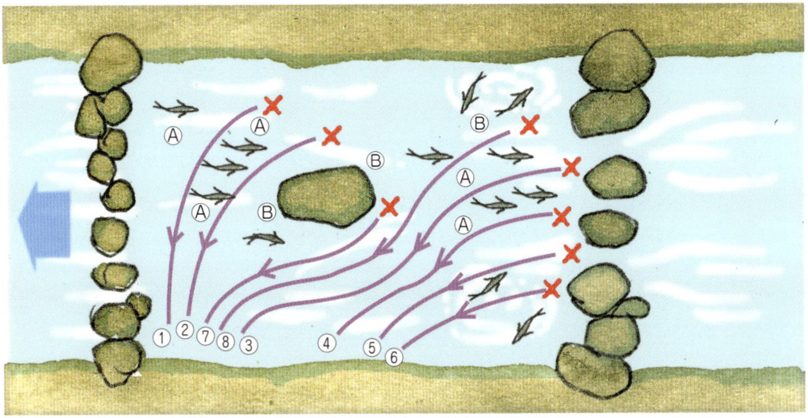

フライ

せっかく流れのあるエリアだからドライフライで積《せっ》極《きょく》的《てき》に攻めていきたい。①は初心者でもつれる短いラインで、放《ほう》流《りゅう》直《ちょく》後《ご》の魚をねらえる。②③は白泡のなかの魚をねらうラインだが、すぐにドラッグがかかってしまう。④⑤⑥はかなりのテクニックが要求されるライン。

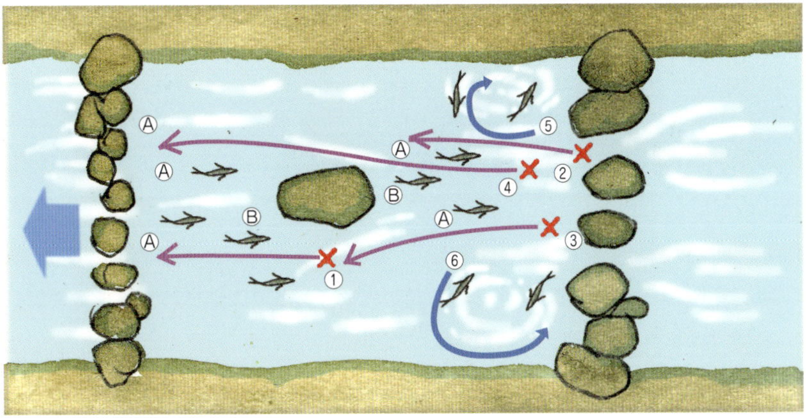

日本のサケ・マス界でNo.1。ぜひ、賞味《しょうみ》あれ

ヒメマス

★サケ目サケ科

●よび名《な》（地方名《ちほうめい》）

カパチェップ、カパチェッポ（北海道）。秋の産期に背中が高くなったオスをチップとよぶ。

●生息場所《せいそくばしょ》

北海道の阿寒湖《あかんこ》、チミケップ湖などにすんでいたものを、各地に放流《ほうりゅう》移植《いしょく》。東北の十和田湖にもすんでいる。12℃くらいの水温を好み、季節によって泳層《えいそう》がことなる。

●生態《せいたい》・習性《しゅうせい》

ベニマスの陸封型《りくふうがた》といわれ、産卵期は9月下旬から11月にかけてである。湖では回遊性《かいゆうせい》があるので、湖岸沿いに群れをなして泳ぐのを目で見ることもある。甲殻類《こうかくるい》やプランクトンをとくに好んで食べる。

■つり期《き》

養殖放流《ようしょくほうりゅう》を実施している湖が多く、禁漁区《きんりょうく》や区域を定めて保護している。各湖によってちがうので、確かめることが必要。

■つり方《かた》

船づりは胴突《どうづ》きづりやトローリング（ヒメトロ）、投げづりではウキを使う。ほかに、ルアーフィッシングも盛んである。

■ポイント

ヒメマスは回遊性《かいゆうせい》が強い。そのため、限定された生息場所では、大・小の群れができ、それぞれ固有の回遊コースをめぐっているようである。回遊コースは漁協などがブイを設置してくれているため、ヒメマスのポイントはズバリ、タナとりにあるといっていい。一般には、朝・夕のマズメ時《どき》（曇天《どんてん》）は浅く、日中（晴天）は深いというのがセオリー。

つるためのコツ！

★大小それぞれの群れは、湖のなかに固有《こゆう》の回遊《かいゆう》コースをつくる。

★タナは、自然条件（マズメ・雨天＝浅い、日中・晴天＝深い）を考慮。

★口が弱い。強いアワセはバラシの原因。

エサづり

この魚の適性水温《てきせいすいおん》の許容範囲《きょようはんい》はとても狭《せま》い。そのために生息場所《せいそくばしょ》は限定《げんてい》されるので、禁漁期間《きんりょうきかん》だけでなく、釣法《ちょうほう》も厳しく限定されているので注意しよう。少々ハードルは高く神経を使うつりだが、とても人気がある。その秘密はその食味のおいしさにつきるだろう。

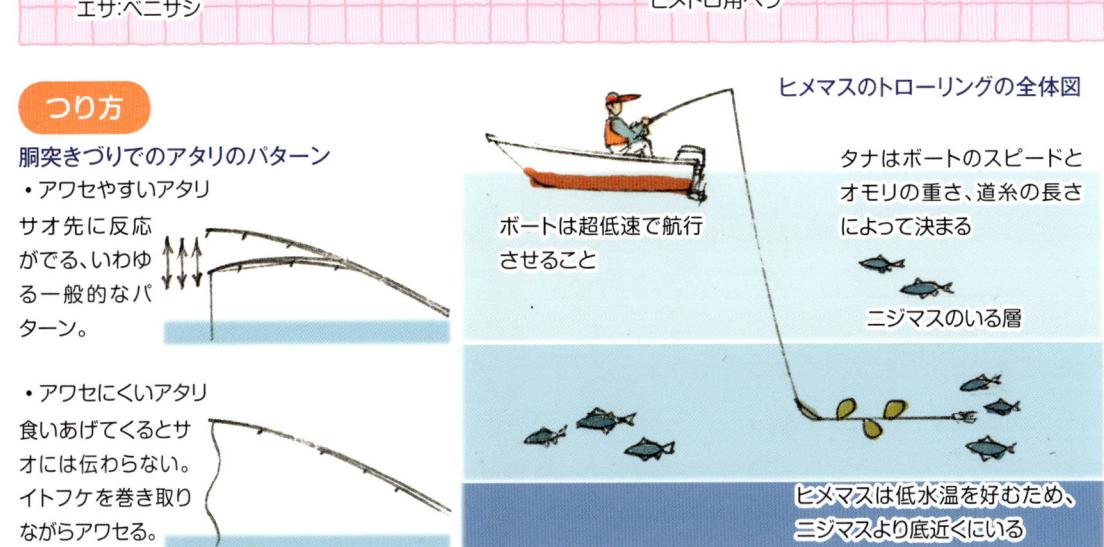

仕《し》かけ

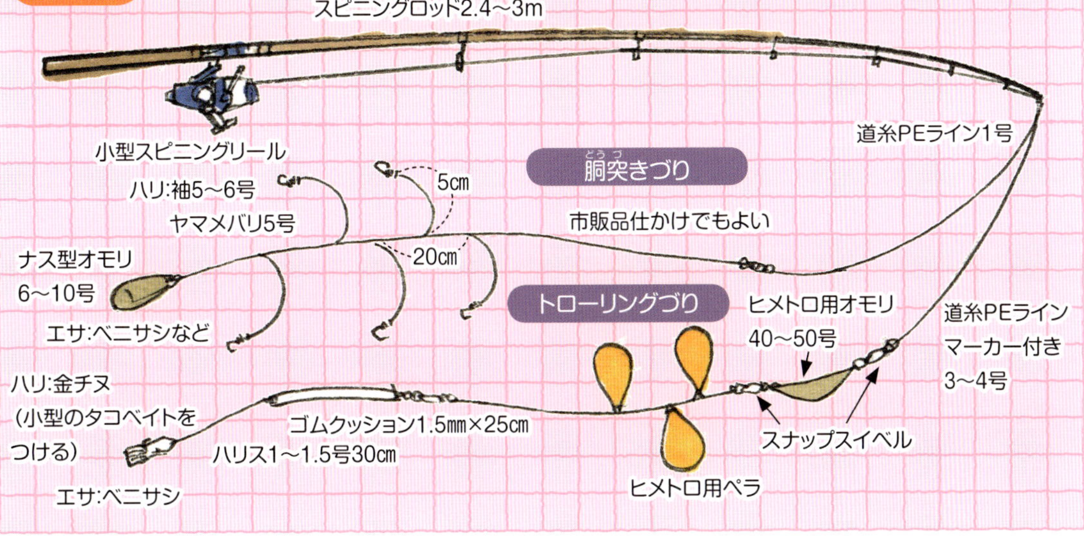

つり方

胴突きづりでのアタリのパターン

・アワセやすいアタリ

サオ先に反応がでる、いわゆる一般的なパターン。

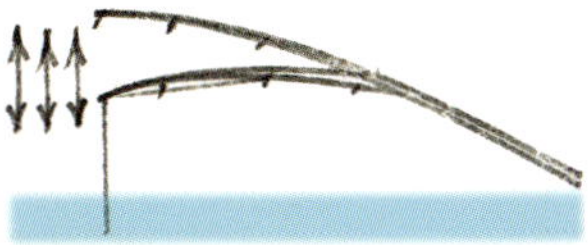

・アワセにくいアタリ

食いあげてくるとサオには伝わらない。イトフケを巻き取りながらアワセる。

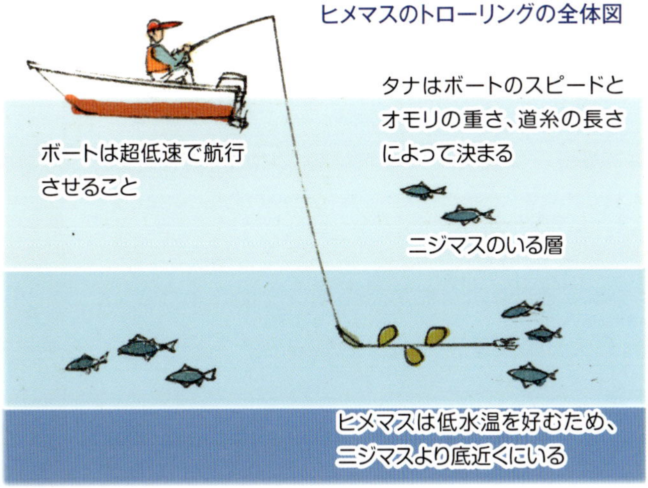

ヒメマスのトローリングの全体図

高活性《こうかっせい》ではトップウォーターがおもしろい

ブラックバス

★スズキ目サンフィッシュ科

●よび名《な》（地方名《ちほうめい》）

北米大陸が原産で日本には大正時代の末期に芦ノ湖《あしのこ》に移入された。その後自然繁殖したものが各地で見られ、バスまたはブラックバスで通用する。アメリカではラージマウスバスとよぶ。

●生息《せいそく》場所《ばしょ》

湖や池、沼、大きな川のよどみやトロ場《ば》など止水状《しすいじょう》の水域にすむ。流水性に対する適応性《てきおうせい》のある種類もいるが、ほとんどは湖や池を好む種類だ。水温は16～20℃が適温だが、4℃の低温でも、24℃の高温にも耐える。

●生態《せいたい》・習性《しゅうせい》

春から秋にかけて活動するが、とくに春と秋に大型の動きが活発だ。夏は小型が群れをなして泳ぐ。食性は動物食で甲殻類《こうかくるい》、昆虫《こんちゅう》、小魚《こざかな》などを好む。40㎝以上になる。

■つり期《き》

4月の中旬ごろから10月下旬ごろまで。もっとも食いが安定しているのは、6月、7月。冬期は水温の低下で動きが緩慢《かんまん》になるのであまりつりに適していない。

■つり方《かた》

エサづり、ルアーフィッシング。ルアーを用いてのつりの対象魚《たいしょうぎょ》としてとても人気がある。

■ポイント

水草のまわりや枯《か》れ立木《たちぎ》、倒木《とうぼく》のまわりなど障《しょう》害物《がいぶつ》の周辺で、泳層《えいそう》は季節によってちがう。

つるためのコツ！

★ワームでは、ボトムのズル引きが基本。

★トップウォーターのストップ&ゴーでは、実は止めているときに魚をさそっている。

★各ルアーの特徴をいかしたボトムコンタクトを心がけよう。

ルアーフィッシング

さまざまなルアーを集めるのがひとつの趣《しゅ》味《み》になるほどルアーの種類《しゅるい》が多いつりだ。ルアーの（アクション）、つまりリーリングとロッドの操作《そうさ》でルアーに生命を吹きこむように動かし、演出《えんしゅつ》する。ワームの場合は、アタリがあれば十分食いこませ大きくアワセをする。

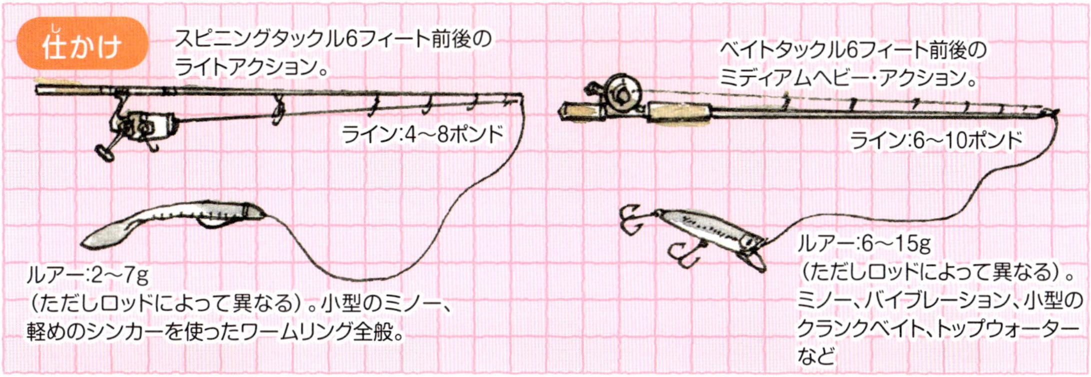

使用《しよう》するルアー

ボトムでのつり

基本的にバスづりのタナは3つの層《そう》に分けられ、初心者がもっともつりやすいのはボトム（ディープ）だろう。いろいろなルアーで攻《せ》められるが、やはりオススメなのはワームなどのソフトベイトでのつりだ。ワームのアクションにズル引きというのがあり、これはただボトムをズルズルと引いてくるだけ。いろいろなアクションがあるなか、実はこの一番シンプルな動きがかなりバスには効果《こうか》のあるアクションなのだ。またバスは環境《かんきょう》の変化《へんか》にとても敏感《びんかん》だが、ボトム付近はその影響《えいきょう》が薄い。以上が初心者向けといった理由である。

考《かんが》え方《かた》

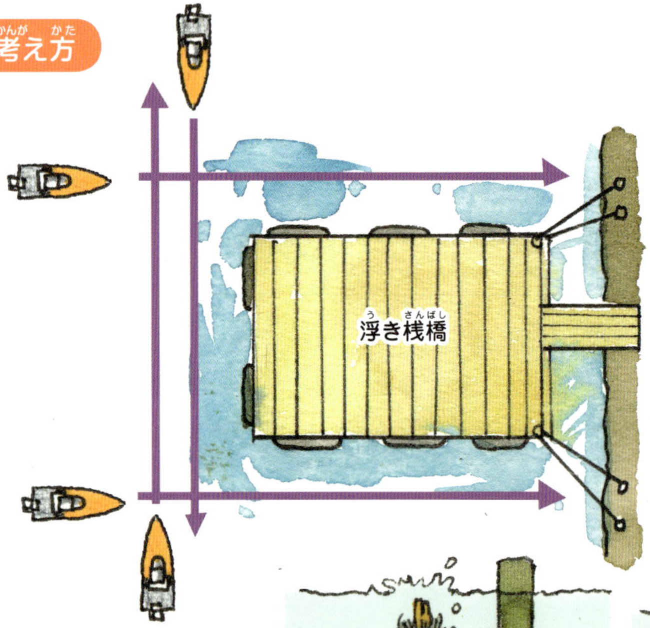

バスはストラクチャー（障害物《しょうがいぶつ》）が大好きだ。左のイラストは浮《う》き桟橋《さんばし》をボートからねらったイラスト。ポイントに対し、タイトにキャストすることの重要性がわかるはずだろう。
タイトな線は文字どおりライン（ルアーが移動する線）となる。イトがラインと呼ばれる由縁《ゆえん》なのかもしれない。

見《み》せ方《かた》

①と②はストラクチャーの杭《くい》に対するコンタクトのやり方の一例。それぞれのルアーの特徴《とくちょう》を殺すことなくいろいろ試してみよう。

①ラバージグなどはウエイトを利用して真っ直ぐ落としてみる。

②タダ引《び》きルアーのスピナーベイトは、あえてわざと杭《くい》に当ててみる。

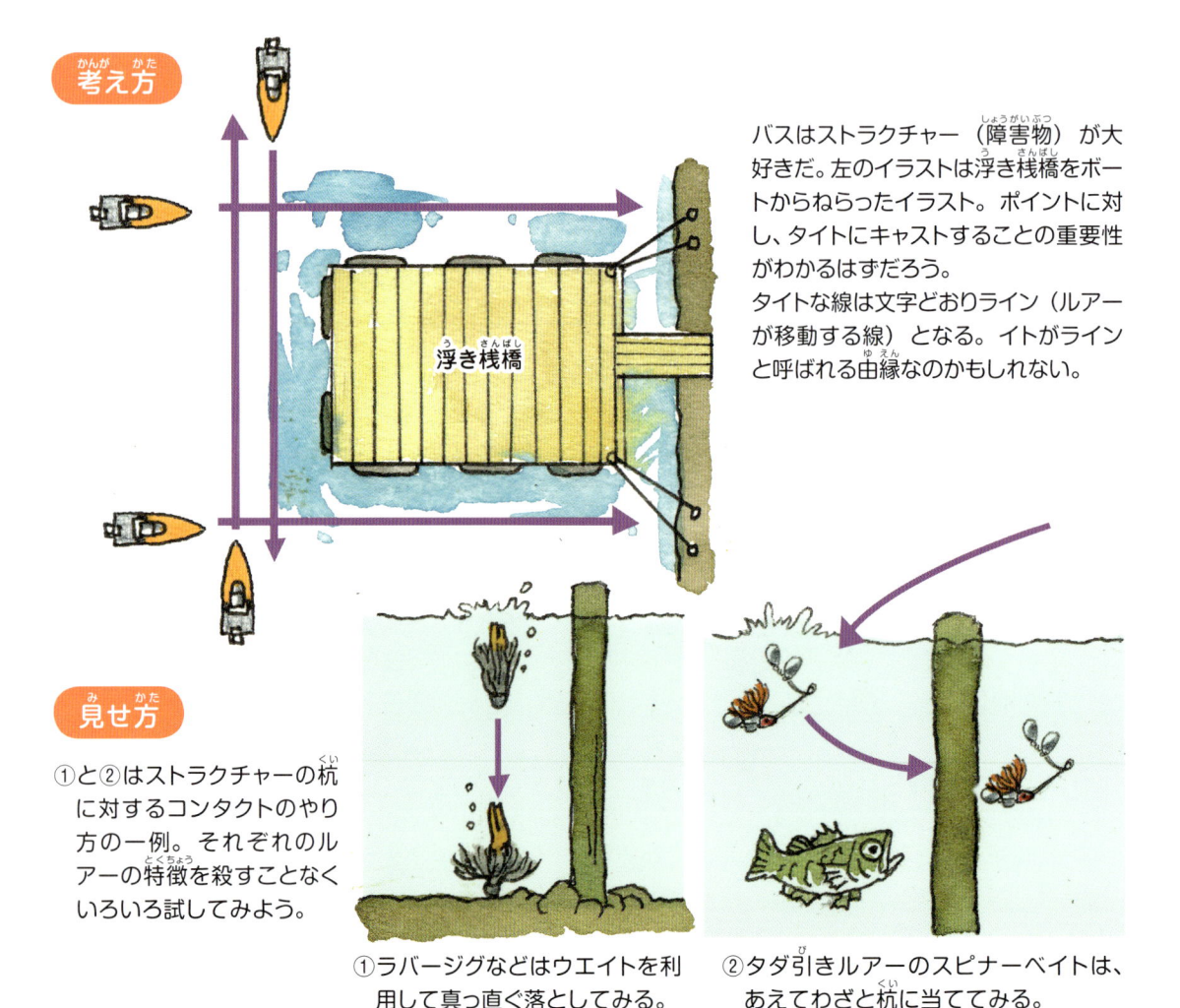

各ルアーのボトムへのコンタクトパターン

スピナーベイト

ボトムから離れないようにトレースさせる。ときどきこすらせて確認《かくにん》するくらいはオーケーだが、ずっとこすらせてしまうとブレードの振動《しんどう》は死んでしまうので注意。

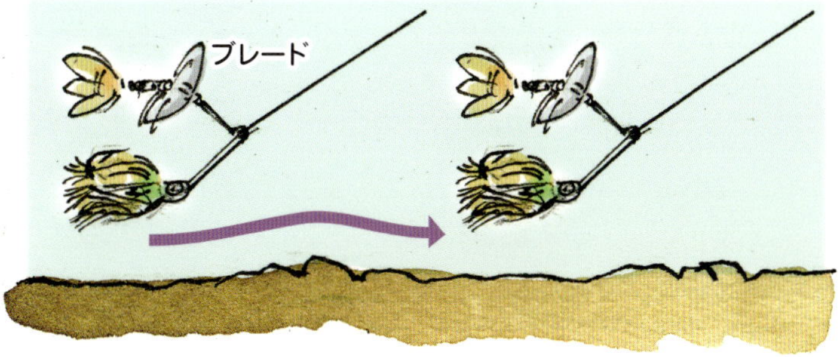

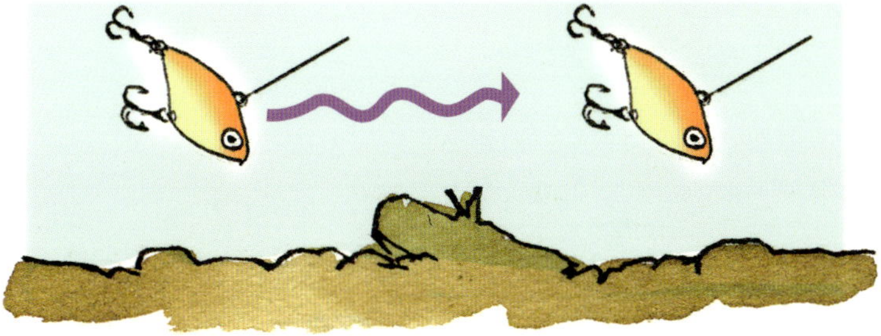

バイブレーション

かなり速いリーリングで使うルアー。自分の使うバイブレーションの深度《しんど》を十分把握《はあく》しておき、ボトムのストラクチャーにコンタクトさせてさそう。

クランクベイト

リップがボトムにコツコツとコンタクトする感触《かんしょく》がロッドに伝わるので、それを頼りにリーリングする。障害物《しょうがいぶつ》に当たったらリールを止めて浮かせてさそう。

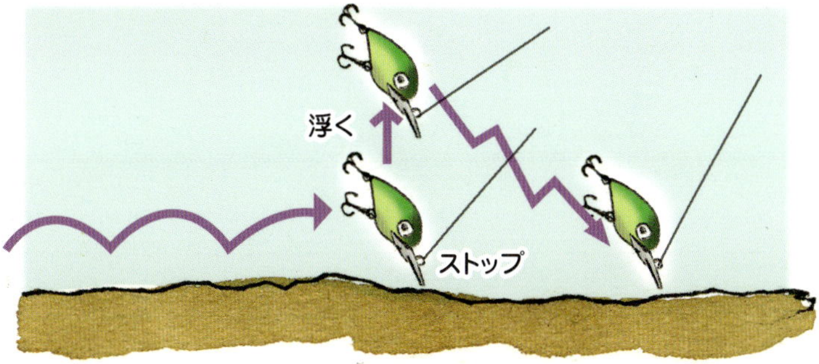

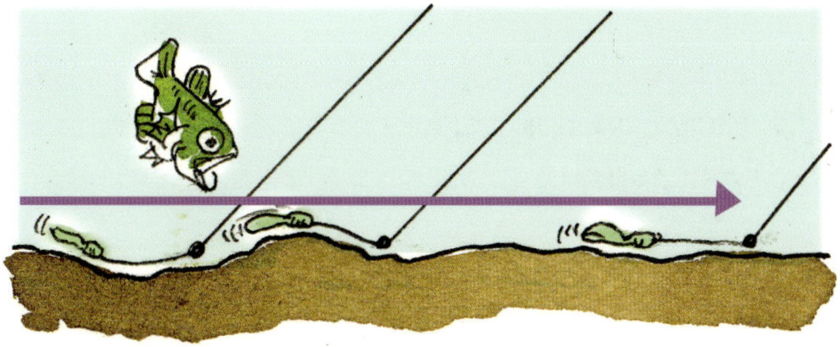

ワーム

これはスプリットショット・リグでのズル引き。それぞれのリグによって、サオに伝わるワームの動きも違ってくる。その違いがわかるとさらにアタリも取りやすくなるだろう。

トップウォーター

トップウォータールアーの魅力は、なんといってもサイトフィッシングだろう。他のつりでは、全てが水面下で展開《てんかい》されるのに対し、トップでは水面上で確認《かくにん》できる。つまり、自分が動かしているルアーに、突然《とつぜん》、水面を割って大口をあけながら食らいつく瞬間《しゅんかん》を、はっきりと見ることができるのである。まさに最《さい》高《こう》にエキサイティングなつりといえる。

各ストラクチャーへのアプローチ

ビッグバド

最初は足下の護岸壁《ごがんへき》から攻めること。ここにいるバスは活性《かっせい》が高い場合が多いため、小さいアクションの後に、長くポーズさせてさそう。

ジッターバグ

ジッターバグのようなノイジータイプを入りくんだ枝のできれば一番奥へとキャスト。長くポーズさせてから、ストップ&ゴーでリーリングする。

エサづり

このつりは、ポイント移動するときに仕かけは上げず、その状態《じょうたい》のまま岸際《きしぎわ》をテクテク歩いていく。つまり、歩いているときもバスをさそいつつ移動《いどう》しようというわけだ。ただし、ただ歩いていてはつまらない。ときどきはサオ先を操作《そうさ》してエサを踊《おど》らせることが大切。

仕《し》かけ

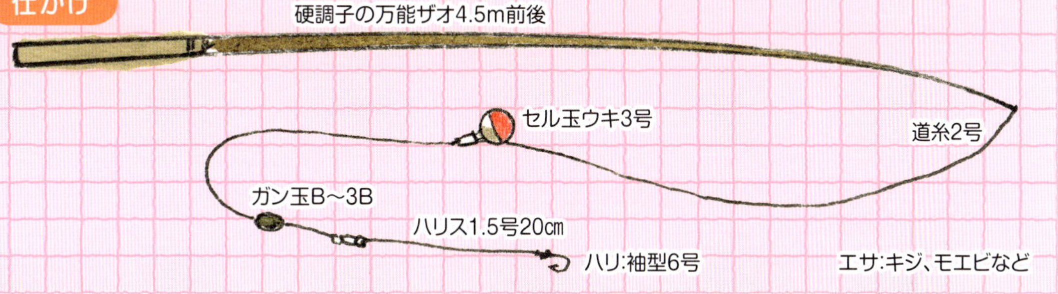

つり方

歩きのさそい

①ウキが引かれるまで歩いたら、歩を止め、ウキのさそい（サオ先でチョンチョン）を開始《かいし》。

②自分の正面までウキがきたら、今度はウキを先へと引き歩く。

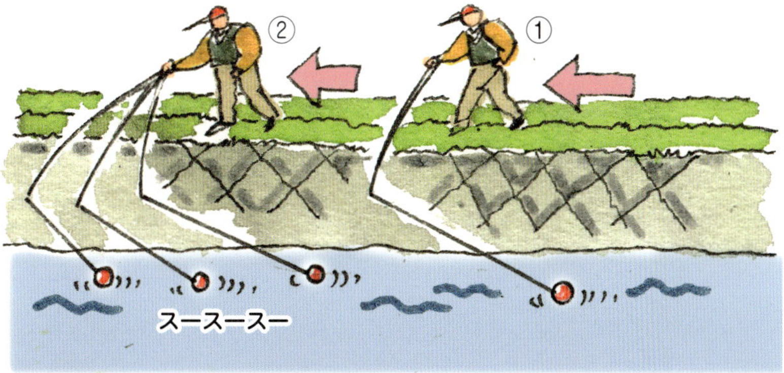

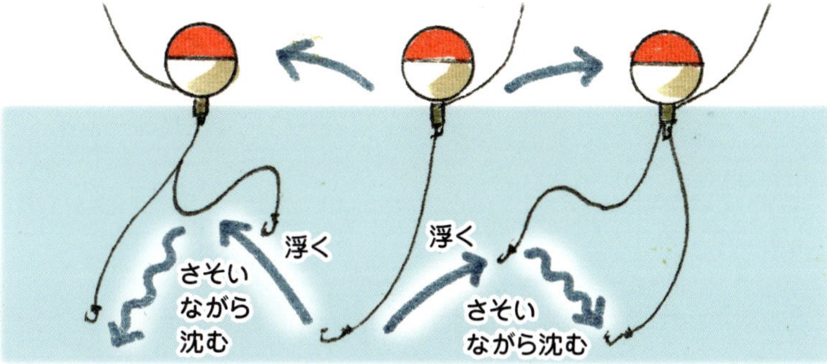

ウキのさそい

ウキを左右にゆり動かすようにして、水中のエサを踊《おど》らせる。

大物「彼岸《ひがん》ハゼ」は投げこみづりでねらう

ハゼ

★スズキ目ハゼ科

●よび名《な》（地方名《ちほうめい》）

日本全国でハゼ。種類の多い魚なので、ハゼ科の魚をおしなべてハゼと総称する。カジカ（宮城）、カワギス（北海道・北陸）などの地方名がある。

●生息場所《せいそくばしょ》

河口の海水と淡水《たんすい》の混じり合うところを主としてすみかとし、砂泥底《さでいそこ》のカケアガリを好む。潮入《しおい》りの池にもすむ。

●生態《せいたい》・習性《しゅうせい》

北海道、東北から九州にかけて広く分布し、水温が下がると深みへ落ちる習性がある。冬から春にかけて産卵し、1年で成熟《せいじゅく》する1年魚だが、2年、3年と生きながらえるのもいる。このような越年魚《えつねんぎょ》を特にフルセという。ふつうは15㎝くらい。フルセになると、20㎝以上、まれに30㎝という大物もいる。

■つり期《き》

早いところでは8月からつれ始めるが、9月～11月が河口で行うつりの最盛期。寒風吹きすさぶ12月、1月には深みに落ちたハゼをねらった船づりが人気。

■つり方《かた》

河口《かこう》での岸からエサづりが基本。ほかに、ミャクづりやウキづり、投げこみづりなど。

■ポイント

河口《かこう》で海水まじりの水域。カケアガリ、障害物《しょうがいぶつ》（杭《くい》や橋脚《きょうきゃく》、護岸《ごがん》くずれ）のまわりなど。

つるためのコツ！

★ゴカイのエサ付けはセオリーどおり丁寧に付ける。

★道糸《みちいと》は常に張っておかないとアタリは取りにくい。

★オモリはどの状態においても底から離さないようにする。

エサづり

ハゼは底《そこ》をはうように泳ぐ魚である。なので、ミャクづり、投げこみづりともにエサは常に底に着いていなければならず、水中にフワフワと浮いているようなエサには見向きもしない。しかしそこさえ気をつければ、初心者でもかんたんに数つりを楽しむことができる。

仕《し》かけ

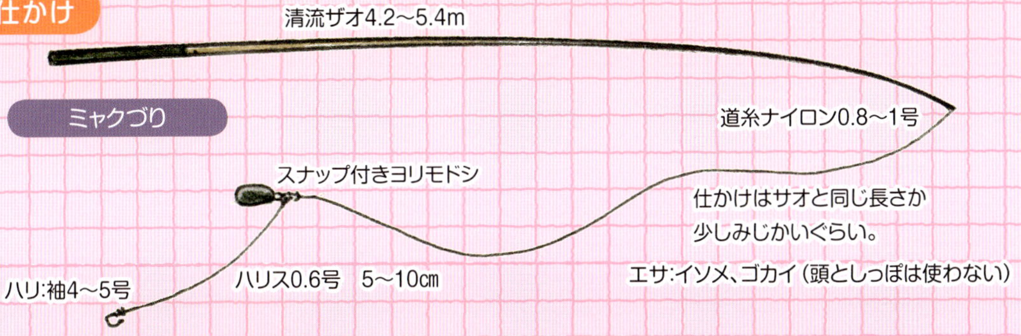

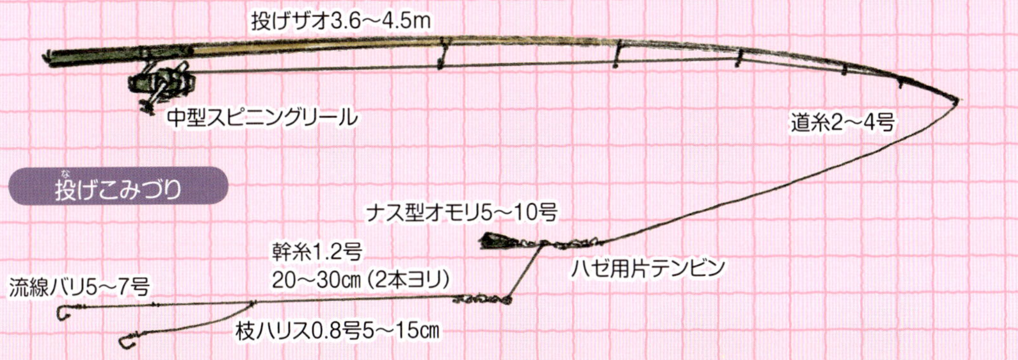

エサのつけ方《かた》

メインはゴカイ。どの場合も5mmくらい頭を取る。1匹がけのときも尾は取っておこう。
またキジもときによいエサになる。

大型《おおがた》ねらい用《よう》
（タラシは3～4cm）

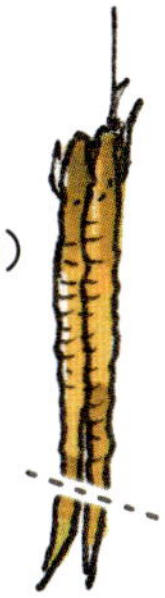

シーズン初《しょ》期《き》用《よう》
（タラシは1cm）

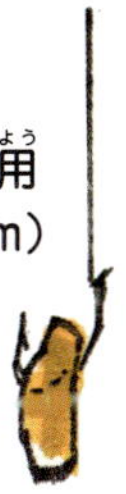

キジの
1匹《ぴき》がけ

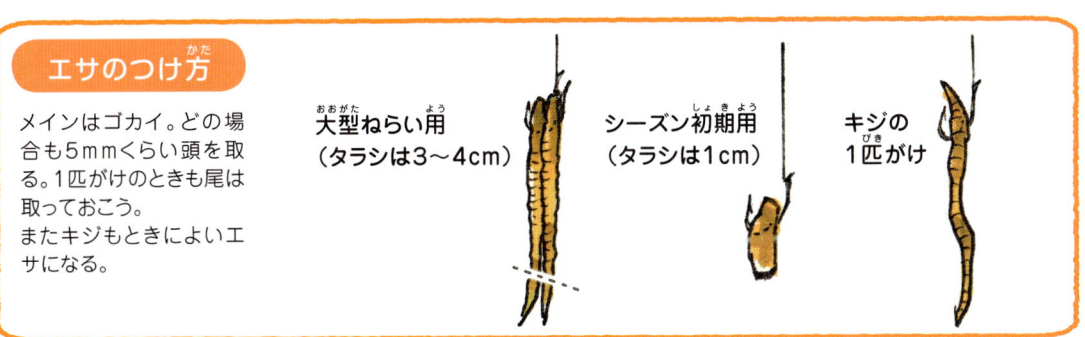

ミャクづり

これは“デキハゼ”と呼ばれる8cmくらいに成長したものをつる釣法《ちょうほう》。岸近くに集まり、盛んにエサを追うこの時期のハゼはかんたんにつれる。ウキづりでもつれるが、常に底《そこ》どりをすることを考えれば、やはりミャクづりの方が手返《てかえ》しはよいだろう。少し沖の方へ仕かけを投入したらスタート。オモリで底をこするようにしながら少しずつ手前に引いてきては止める。このときにオモリで底を軽く小突《こづ》くようにさそうのがコツ。ただし、仕かけがたるんでいるとアタリは取りにくくなってしまう。引き、止め、小突《こづ》きのどの状態《じょうたい》でも道糸《みちいと》は常に張ってアタリを待つこと。アタリはサオ先にブルブルと伝わってくるので、軽くアワセたら取りこむ。もしも、アワセが遅れてハリを飲まれてしまったら、口の両端《りょうはし》を内側へと押してやる。こうすると口は大きく開いて、ハリも取れやすい。

ポイントの探《さが》し方《かた》

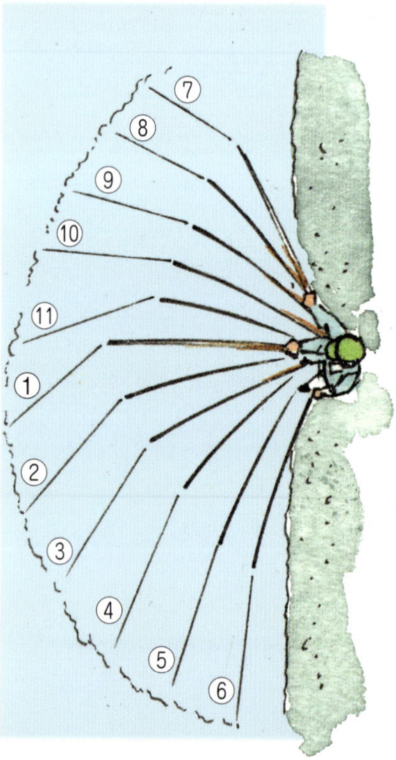

手順《てじゅん》① エリアを探《さが》す

つり座《ざ》を決めたら魚のいる場所を探しだす。基本は図のように扇形《おうぎがた》にエリアを決めてひとつひとつ探っていく。順番としては、①（沖）から②③④⑤と下半分探ったら、今度は上側の岸から⑥⑦⑧⑨⑩⑪と戻していく。

手順《てじゅん》② アプローチ

これはアタリがあったポイントを攻めるときのサオの操《そう》作《さ》。どのポイントへアプローチしても、常に仕かけは自分の手前に引いてこないとアタリは取れない。サオと道糸《みちいと》の角度《かくど》に注目。

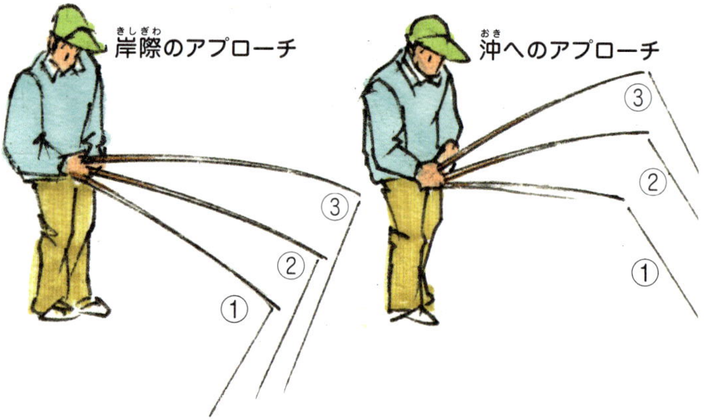

投《な》げこみづり

　春に生まれたハゼは、秋になると15cmにまで成長し、呼び名もデキハゼから“彼岸《ひがん》ハゼ”に変わる。ポイントも岸から離れた水深3～7mのカケアガリに移動《いどう》するため、投げこみづりでねらう。まず沖に向かってチョイ投げで仕かけをキャスト。仕かけが底《そこ》に着いたらイトフケを巻き取り、道糸《みちいと》を張る。このとき、しばらくはそのまま状態で様子を探ること。なぜなら近くにハゼがいる場合、落ちてくるエサを見てすぐに反応《はんのう》するからである。あとはミャクづりと同じ要領《ようりょう》でさそいを始める。

約10㎝くらいずつ仕かけを移動しながら探る。ポーズは10秒くらい。

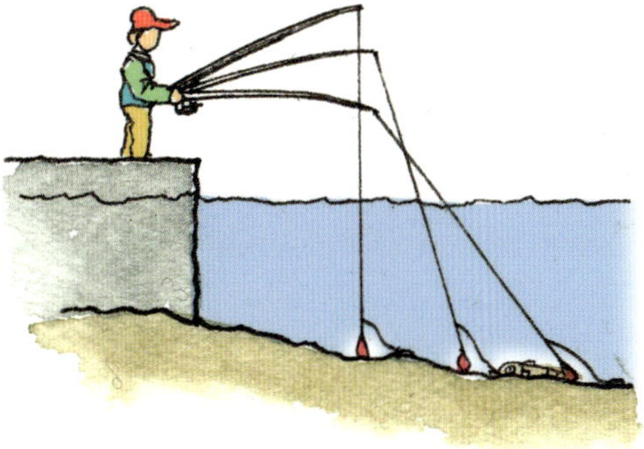

オモリは底から離さず、パタンパタンと横に倒すイメージ。
さそいの基本はミャクづりとほぼ同じ。ただし、移動距離《いどうきょり》とポーズは長くすること。理由は2本バリであることと、群《む》れがバラケたためである。距離《きょり》は約20㎝、ポーズも30秒くらい。

自分でつれば、最高の蒲焼《かばや》きを堪能《たんのう》できる

ウナギ

★ウナギ目ウナギ科

●よび名《な》（地方名《ちほうめい》）

オナギ（和歌山）、ホシ（北九州）などのよび名がある が、全国的にウナギで通用する。

●生息場所《せいそくばしょ》

日本各地の池、沼、川などにすみ、昼間は岩穴や石がきのすき間などに潜《ひそ》んでいて、夜になると出てくる。

●生態《せいたい》・習性《しゅうせい》

6年から10数年かかって成魚《せいぎょ》になったウナギは、秋に川から海におりて産卵に向かう。かえった稚魚《ちぎょ》は、春ごろから川をのぼるが、産卵習性にナゾが多い魚だ。食性は小魚、エビ、カニ、貝など動物性の雑食で、夜間に穴から出てエサをさがす。昼間も穴にエサを入れると食いついてくる。

■つり期《き》

初夏の5、6月ごろから秋にかけてがつり期。梅雨の増水期から夏ごろが最盛期である。河川工事や池の埋《う》め立《た》てなど、昨シーズンはつれたところが今シーズンはダメ、というようなことが多くなってきた。

■つり方《かた》

穴《あな》づりと投げこみ（ぶっこみ）づりがある。いずれも食いこみを待つつりである。

■ポイント

中流域から河口も含む下流域で、カケアガリや捨《す》て石《いし》の周辺、護岸《ごがん》に流れこみや流れだしがあるところ。ほかに、落ち葉などが堆積《たいせき》する深場。また、砂利底《じゃりぞこ》よりも泥底《どろぞこ》のほうがよくつれる。

つるためのコツ！

★オモリには、より固定力のあるタイプを選ぶ。

★前アタリは無視し、サオに重みがのって曲がるまで待ってからアワセる。

★取りこみは一定のスピードでリールを巻いて、手早く行うこと。

投《な》げこみづり

日中、ウナギは陽の光の届かない暗がりに潜《ひそ》み、夕方になるとエサを求めてそこからぬけだしてくる。投げこみづりはそこをねらう釣法《ちょうほう》。水深《すいしん》のある場所をつるため、ポイントは限定《げんてい》しにくい。なので、サオは3〜4本ぐらい用意して広範囲を探る。仕かけを投入後、リールを巻いて道糸《みちいと》を張り、あとはアタリを待つ。アタリはサオ先にセットした鈴が教えてくれる。ただし鈴が鳴ったからといって、すぐにアワセないこと。前アタリ（最初の反応）から、しばらく様子を見ることが大切。何回か鈴が鳴ったあと、サオ全体に重さがかかり、ググッとゆっくり曲がりだす。この曲がりこそ、魚がしっかりとエサをくわえこんだ証拠《しょうこ》なので、ここではじめてアワセをする。取りこみはすばやく道糸《みちいと》をたるませないようにする。まごついていると根《ね》に逃げられどうにもならなくなる。太ハリスはそのためなのだ。

仕《し》かけ

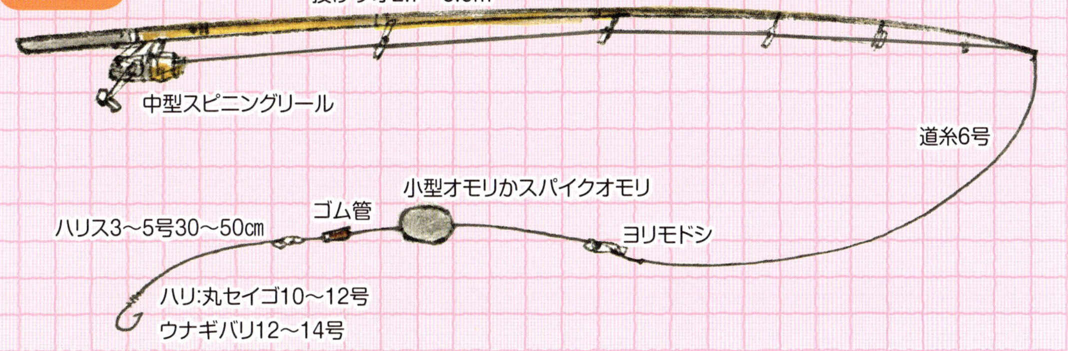

つり座

サオは扇状《おうぎじょう》に並ぶように広範囲《こうはんい》を探る。ウナギと我慢《がまん》くらべになるので、イスなどを用意しておけば疲れない。エサはドバミミズが最高。キジなら房《ふさ》がけにする。ほかにザリガニや魚の切り身、河口近くならゴカイなどでもつれる。

夜行性《やこうせい》なので、朝夕のマズメ時《どき》がねらいめ

ナマズ

★ナマズ目ナマズ科

●よび名《な》（地方名《ちほうめい》）

全国的にナマズで通用する。ヒョオタンゴ（佐賀）、ショゲンボオ（三重）、ゲエロ（福岡）など。

●生息場所《せいそくばしょ》

日本全国の川や湖沼にすむ。流れのあるところではよどみや淵《ふち》などゆるい流れを好む。環境《かんきょう》は泥底《どろぞこ》で木の枝がたれ下がったり、草の茂みがおおいかぶさっている暗いところで、日中はじっとひそむように静止している。

●生態《せいたい》・習性《しゅうせい》

暖水性《だんすいせい》で春先から動き出し、秋深まると越冬のため深みにおちたり、穴を探して入り込んでしまう。産卵は5～6月ごろ。光をきらい、夕方から夜にかけて小魚やカエルを求めて活動する。かなりどう猛《もう》な肉食魚《にくしょくぎょ》で、増水期にはドバミミズも好物《こうぶつ》のひとつ。

つり期《き》

5月～10月ごろ。とくに梅雨の増水期、夏期はよくつれる。産卵が終わって、冬にそなえて体力づくりのためによくエサを食うときがねらいめである。

つり方《かた》

エサづり、ルアーフィッシング。カエルを使ったポカンづりは有名。

ポイント

柳などの枝が垂れ下がって水面に影があるところや、ハスやスイレンの葉が水面を覆《おお》っている場所など、また、3面が護岸されている河川の下流域でも、ナマズはしっかりと生きぬいているので、コンクリートにできた溝などをたんねんに探る。

つるためのコツ！

★アタリの瞬間《しゅんかん》ではなく、ロッドに重みが十分伝わってからアワセる。
★ミスしても何度かアタリしてくるので、そのままアクションを続ける。
★バーブレスフック（カエシのないハリ）を使用すること。

ルアーフィッシング

かつてのナマズつりは、生きエサ（カエル）を使ったポカンづりが広く親しまれていた。しかし最近のナマズつりといえばルアーフィッシングである。これは、生きエサの用意といった面倒《めんどう》がなく、しかもかんたんなことが理由だろう。ルアーはトップウォーターがおもしろい。キャスト後、しばらく待ってスタート。スローリトリーブのタダ巻《ま》きやストップアンド・ゴーでアピールする。アクションさせると、あのユーモラスな顔からは想像《そうぞう》できないほど、それまでの静寂《せいじゃく》を壊《こわ》すかのごとく水飛沫《みずしぶき》をあげながらルアーに襲《おそ》いかかってくる。

仕《し》かけ

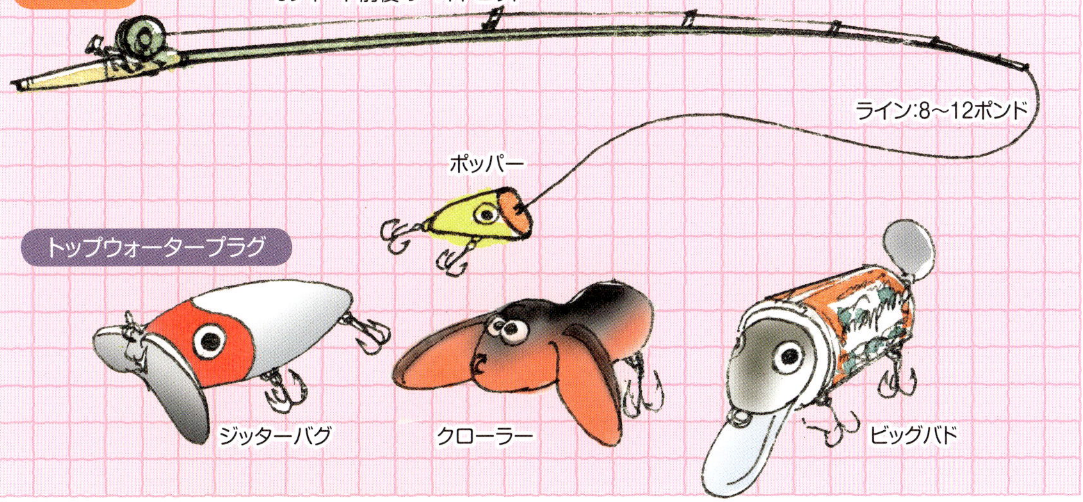

ナマズのポイント

下流域《かりゅういき》の河川では、底のコンクリートにできた溝《みぞ》や割《わ》れめなどが一級ポイントであったりする。ナマズは派手《はで》なアタリの割りに食うのはあまり巧くない魚だ。フッキングさせるには、アタリのあと、十分ロッドに重みが伝わってからアワセをすること。

ルアーに劣らずそのゲーム性はとても高い

ヘラブナ

★コイ目コイ科

●よび名《な》（地方名《ちほうめい》）

琵琶湖特産のゲンゴロウブナを大阪の河内方面で養改良した魚。地元ではカワチブナとよぶほか、全国的にヘラブナ、ヘラ、野池のものを野ベラとよぶ。

●生息場所《せいそくばしょ》

つり池、つり堀のほか、野池やダム湖などにも生息する。水郷地帯《すいごうちたい》のクリークにも見られる。ヘラブナの泳《えい》層《そう》は季節によって異なり、春から夏にかけて水温が上昇すると比較的浅場《あさば》で、秋から冬の水温低下期は深《ふか》場《ば》のエサを食べる。

●生態《せいたい》・習性《しゅうせい》

体型は偏平《へんぺい》で体高が高いのが特徴。成長が早く3年もすれば30㎝を超える。春が産卵期で稚魚《ちぎょ》は5～6月ごろにふ化し、秋口には10㎝級になる。食餌《しょくじ》をエラでこして呑《の》み込むので植物質の細かい餌を好む。性質はおくびょうである。野池にはヘラブナ、マブナ、その他の交配種《こうはいしゅ》もいて合ベラという。

■つり期《き》

1年中つれる。養魚場《ようぎょじょう》から仕入れるつり堀は別として、天然のつり場では産卵のため深場から浅場へ集まる晩春初夏の“乗《の》っ込《こ》み”がもっともつりやすい。

■つり方《かた》

エサづり。

■ポイント

野池ではよく踏《ふ》まれたつり座がある。ない場合は出っ張り、流れ込みのきわ、岸近くの水《すい》没《ぼつ》している樹木の左右や藻《も》の周辺。おくびょうな魚ので何らかの身をかくすことのできる障害物《しょうがいぶつ》のまわりにいることが多い。

つるためのコツ！

★ウキ下はこまめに調節する。特に、季節による水温変化を重視すること。

★必ず水深を把握《はあく》すること。

★つり始めはコマセも兼ね、エサの打ちこみ回数を増やす。

ウキづり

ヘラブナは専用の“ヘラウキ”を用いて微《び》妙《みょう》なアタリを楽しむつりで、つり堀でも野《の》池《いけ》でも基本的なつり方は同じだ。仕かけの全長はサオよりやや長めに、ハリスは長短２本とするのが一般的である。ヘラブナは植物性のエサを好み、寄《よ》せエサに集まる習性《しゅうせい》がある。以前はジャガイモやサツマイモ、ウドンが主流だったが、麩末《ふまつ》エサの登場とともにヘラブナ専用エサは急速《きゅうそく》な進歩をとげた。現在では、ジャガイモをフレークさせた“マッシュポテト”、麩《ふ》をベースにした“焼《や》き麩《ふ》配合《はいごう》エサ”、小麦のタンパク質を配合《はいごう》した“グルテンエサ”、海草を配合《はいごう》した“トロロコンブ配合《はいごう》エサ”、他にサナギ粉《こな》、魚粉《ぎょふん》などもある。

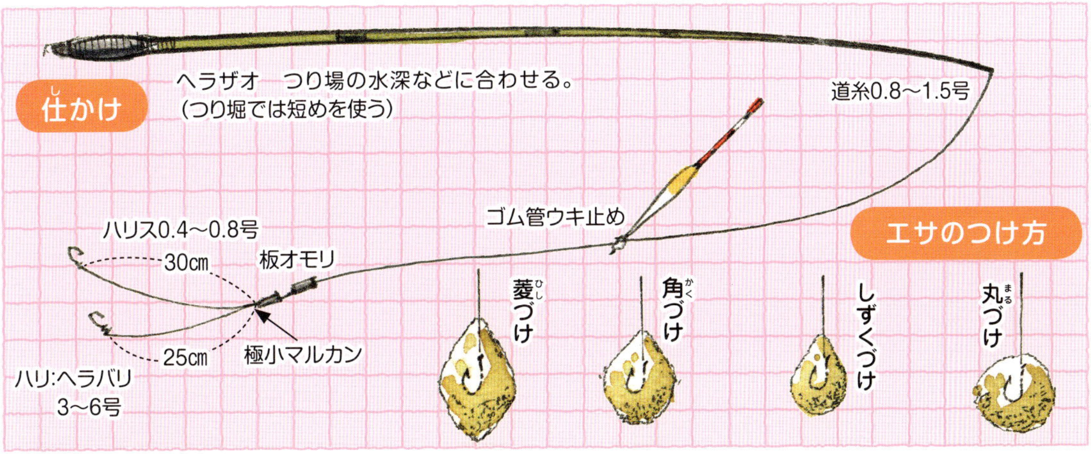

道具《どう ぐ》とつり座《ざ》

ヘラブナ専用《せんよう》のサオには、現在主流のカーボンのほかに竹やグラスなどがあり、長さも2.7～5.4mなど長短さまざまある。つり座が決まったら、サオウケ、アミダイ（フラシ）、玉アミ、エサ箱などを設置《せっち》する。

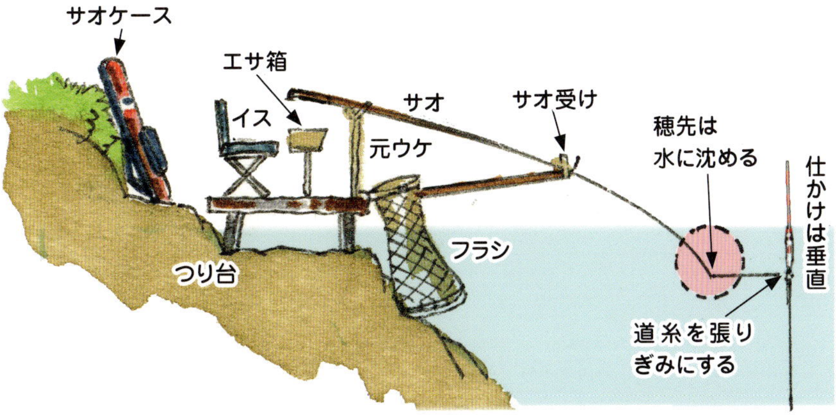

底《そこ》どり

①両バリにエサをつけて、オモリをつけて投入する。オモリを少しずつちぎりながらウキの頭が水面スレスレにくるように宙づり状態にしておく。

②エサをとってオモリだけのときのウキの目盛りを見る。

③上バリのみエサをつけて目盛りを見る。

以上の①②③をよく記《き》憶《おく》して、ウキ下を徐々に深くしていく。③と同じになったⒶは、下《した》バリのエサが着地したしるし、②と同じになったⒷは両《りょう》バリともエサが着地したことを示す。

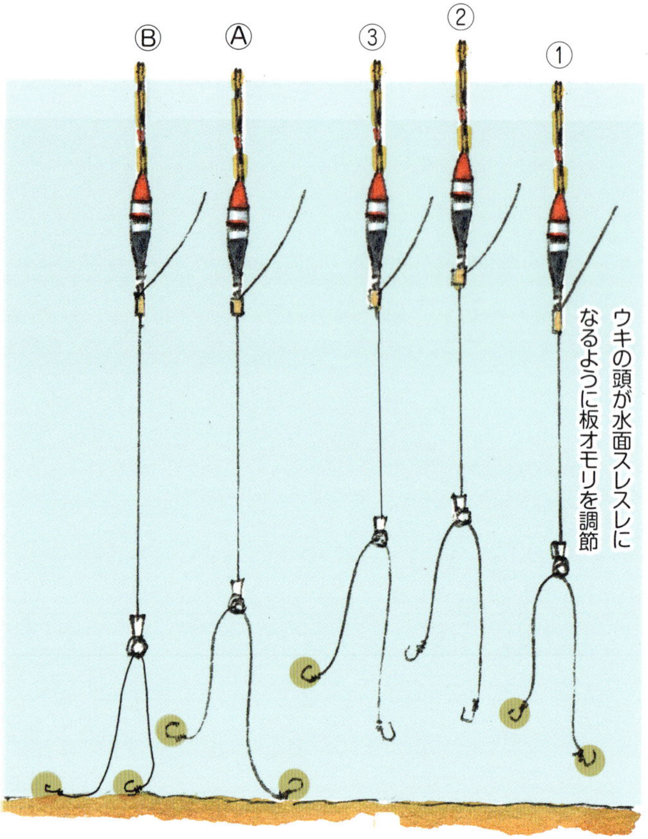

アタリの前ぶれやスレなどの動き。
ヘラブナがよってきて、エサを口先でさわっているような状態。

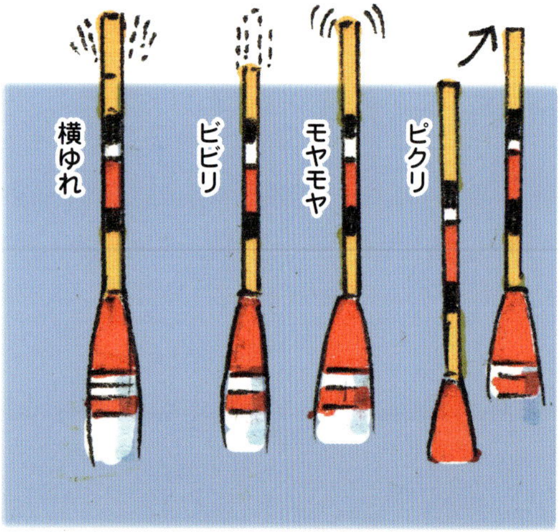

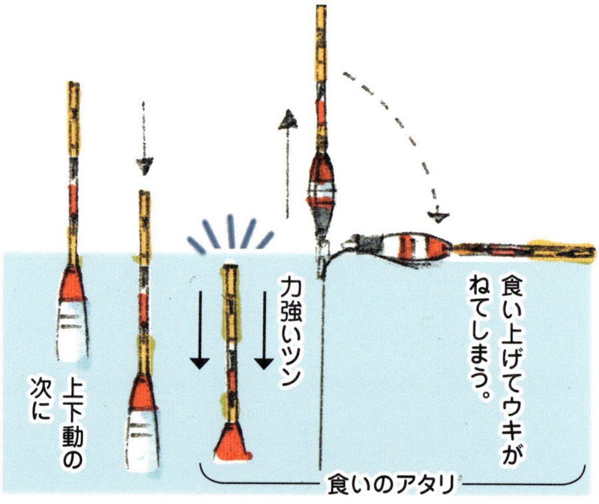

サオの振《ふ》りこみ

水平振りこみ（43ページ）のイメージで、
左手側から斜め右上に振り上げる。

①ハリスを持って道糸《みちいと》を張る。このときサオの持ち手のヒジはリラックスさせておく。

②さらにハリスを引いてサオをしならせる。ただし、ヒジは力ませないこと。

③ハリスを離す。サオの反発力《はんぱつりょく》に合わせ、ヒジを伸ばすようにサオ先を跳ね上げる。

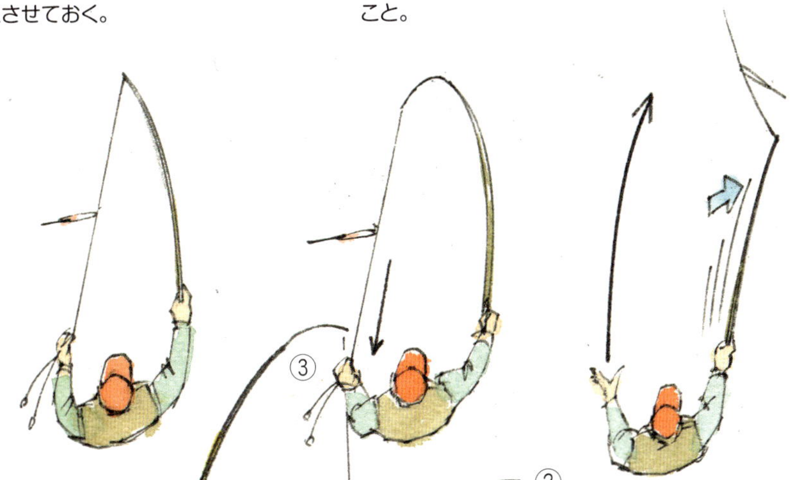

取《と》りこみ方《かた》

つり座の完成度からもイメージできるとおり、一連の動作は全て座《すわ》ったままで完結《かんけつ》される。つりのさいちゅうは、滅《めっ》多《た》に立ち上がることはない。

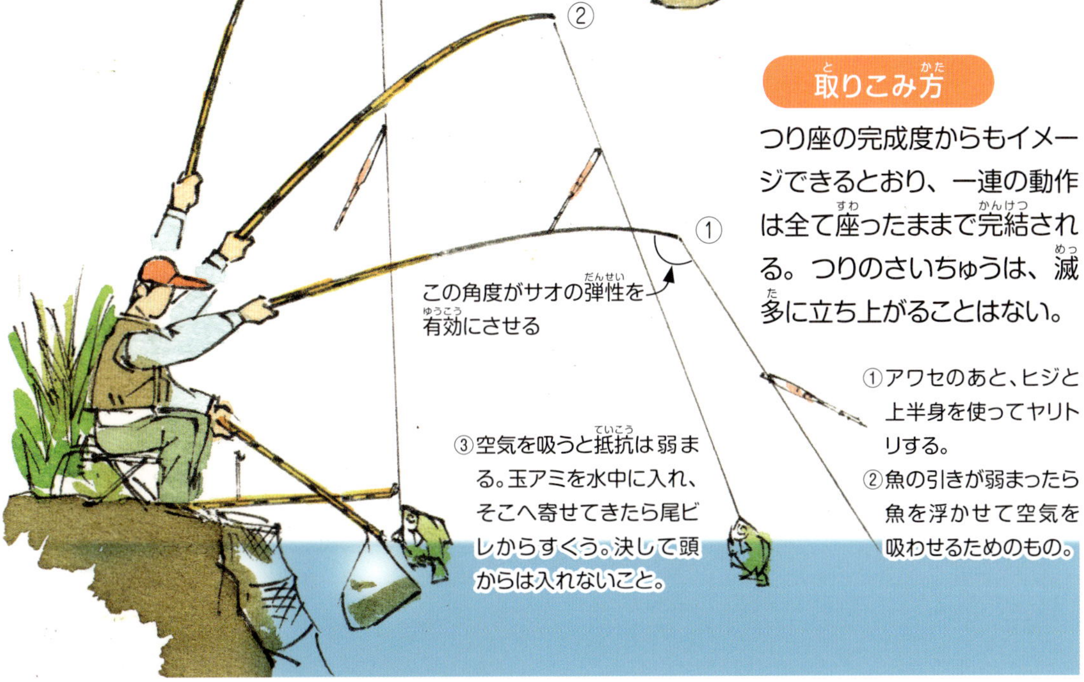

①アワセのあと、ヒジと上半身を使ってヤリトリする。

②魚の引きが弱まったら魚を浮かせて空気を吸わせるためのもの。

③空気を吸うと抵抗《ていこう》は弱まる。玉アミを水中に入れ、そこへ寄せてきたら尾ビレからすくう。決して頭からは入れないこと。

小さい魚ほど、数《かず》つりにその醍醐味《だいごみ》がある

ワカサギ

★サケ目キュウリウオ科

●よび名《な》（地方名《ちほうめい》）

アマサギ（福井・鳥取・島根・福岡）、ソメグリ（北陸）、オオカワ、コワカ（福島）など。

●生息場所《せいそくばしょ》

北方系の魚で天然分布が限られているが、受精卵《じゅせいらん》の移植が比較的容易なことから、全国の湖沼や池で放卵され繁殖《はんしょく》している。もともと天然には生息していない近畿南部の池にも生息している。

●生態《せいたい》・習性《しゅうせい》

産卵は2月から3月にかけて池の浅場や小川にのぼって行う。1年で成魚になる。群れをなして池や湖の岸近くを回遊《かいゆう》する。食性はプランクトンや水生昆虫《すいせいこんちゅう》など動物食が主である。大きさはせいぜい12～13cm、大きくて16cmぐらい。

■つり期《き》

冬がつり期で、だいたい11月ごろからつり始めて、12月、1月が最盛期。産卵期の3月までつれる。大きな湖では2～3月の短い時期しかつれない場所もある。

■つり方《かた》

陸からのエサづりがポピュラーで、主にウキづりだが、まれに投げこみづりもする。桟橋《さんばし》のある池では2mまでのサオでミャクづりやボートづり、結氷《けっぴょう》する池での穴づりは50～60cmの短いサオでミャクづりをする。

■ポイント

回遊《かいゆう》するのでタナ（泳層《えいそう》）に仕かけを合わせなければつれない。

つるためのコツ！

★ボートづりでは、危険の無い船の行き来（水の攪拌《かくはん》）する場所もポイントになる。

★アタリのパターンをつかむまでは、いろいろなさそいを試す。

★氷穴づりでは、面倒でも一匹ずつ取りこみを行う。

ボートづりと氷穴《ひょうけつ》づり

ワカサギづりの主な釣法《ちょうほう》には、ボートづり、氷穴《ひょうけつ》づり、陸《おか》づりの3つがある。それぞれにちょっとした違いはあるものの、10本前後の枝《えだ》バリを用いる仕かけがベースになっている。市販のものでもかまわないが、取りこみ時のトラブルをなくし、手返しよくつるために自作するのもよい方法だ。まず、幹糸《みきいと》の長さは150cmに決める。ワカサギのアベレージサイズを7cmに想定《そうてい》した場合は、長さ3cmの枝ハリスを8cm間隔《かんかく》で18本結ぶ。これがアベレージ8cmなら9cm間隔《かんかく》で16本の枝バリをつける。アベレージサイズプラス1cmが取りこみ時の糸絡《いとから》みを抑《おさ》え、なるべく多くの枝《えだ》バリを結べるギリギリの間隔《かんかく》である。

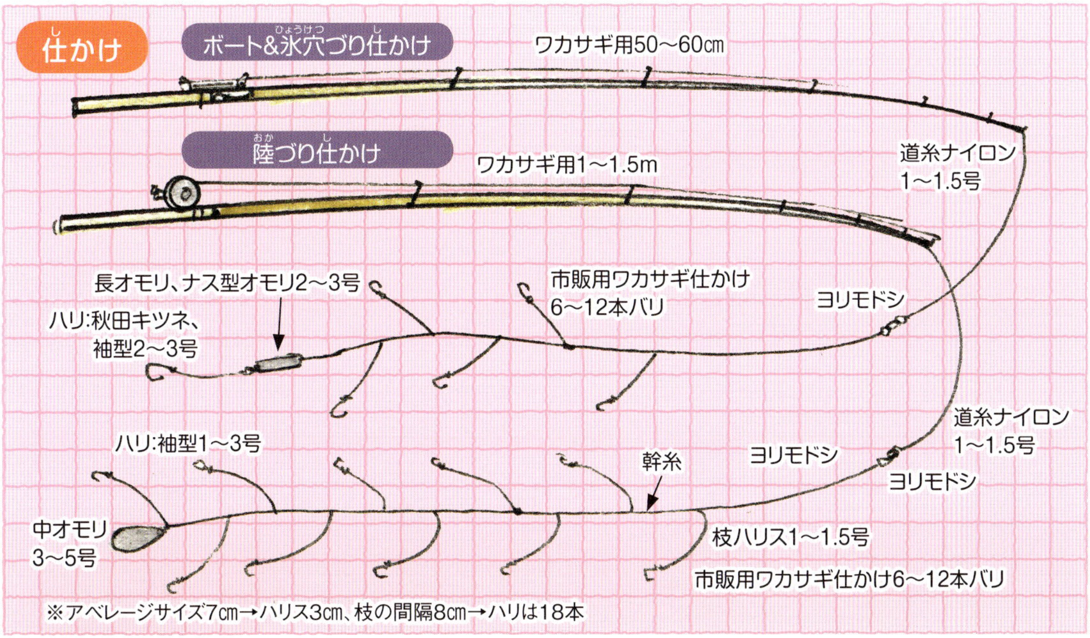

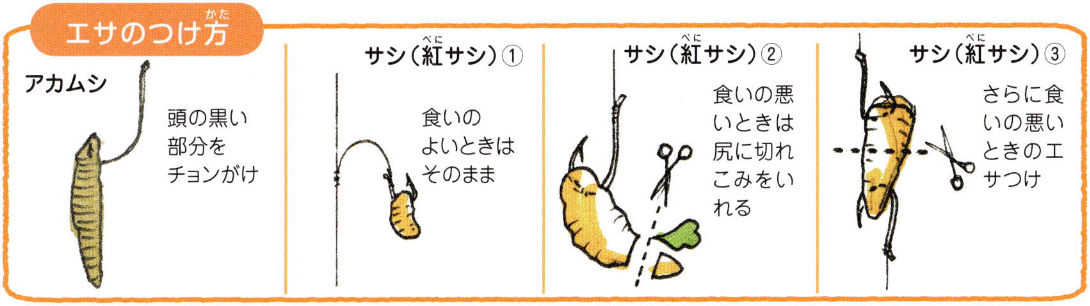

ボートづりと氷穴《ひょうけつ》づりのつり方《かた》

ボートづりの場合、仕かけを投入したらオモリまかせでは沈《しず》めないこと。ワカサギは仕かけを落としこんでいるときにも食ってくる。リールのスプールに指をそえて道糸《みちいと》の放《ほう》出《しゅつ》スピードをコントロールすれば、アタリもとれてタナを明確《めいかく》にできる。アタリがなければオモリを底まで一度落としてから底から10㎝ほどオモリを切り、サオを細かく上下させて食いをさそう。これが“シャクリ”というテクニックで、このさそい方次第で釣果《ちょうか》が決まるといっていい。氷穴《ひょうけつ》づりでもさそいの重要《じゅうよう》性《せい》はかわらない。さそい方はイラストを参考にし、さらに重要なのはさそいの後の止めだ。繊細《せんさい》な真冬のワカサギのアタリを取るために持ち手のヒジをヒザなどに固定《こてい》し、ピタリとサオの動きを止めなければならない。

ボートづりでのさそいのテクニック

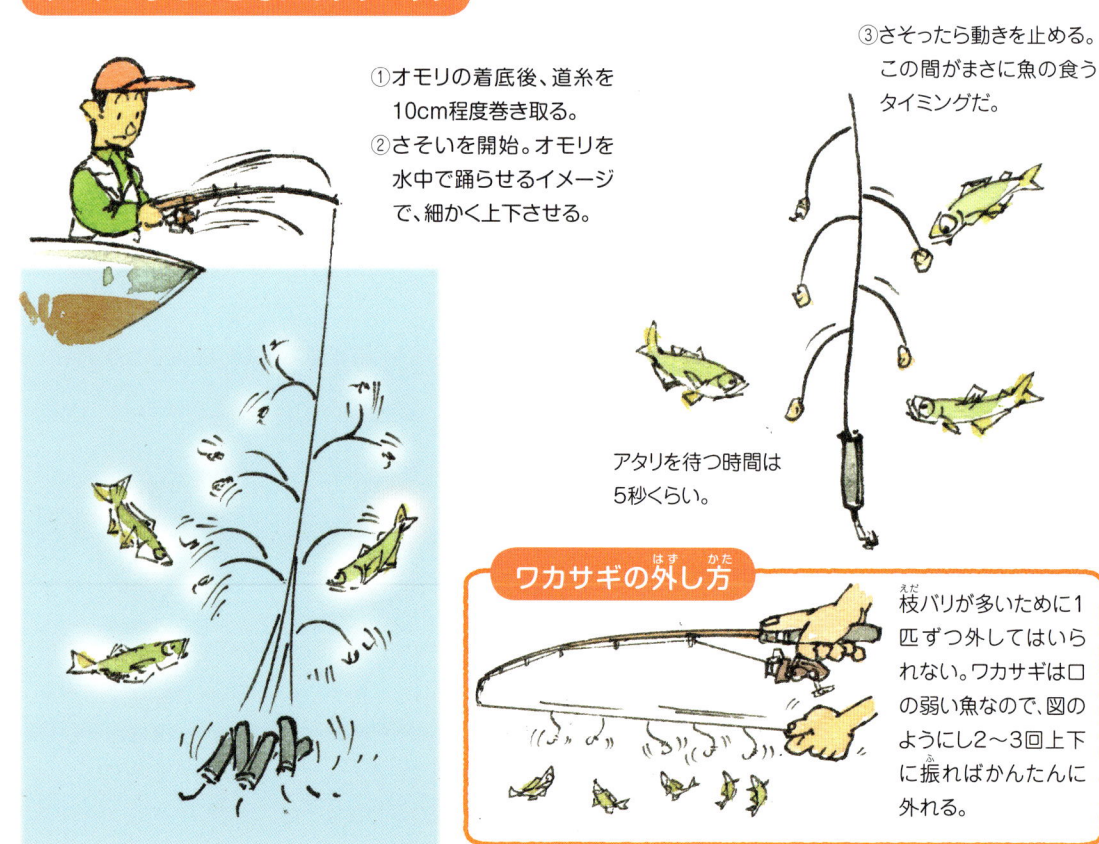

①オモリの着底後、道糸を10cm程度巻き取る。
②さそいを開始。オモリを水中で踊らせるイメージで、細かく上下させる。

③さそったら動きを止める。この間がまさに魚の食うタイミングだ。

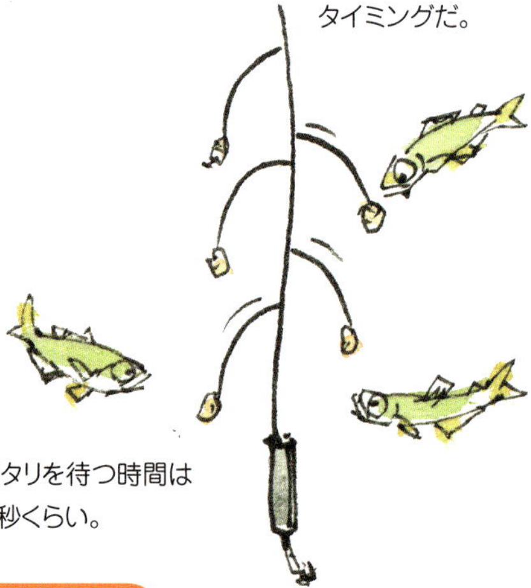

アタリを待つ時間は5秒くらい。

ワカサギの外《はず》し方《かた》

枝《えだ》バリが多いために1匹ずつ外してはいられない。ワカサギは口の弱い魚なので、図のようにし2～3回上下に振《ふ》ればかんたんに外れる。

氷穴《ひょうけつ》づりのさそい

①大きく50cmぐらい上下させてさそう。
②サオのグリップ部で穴の角をトントンと小突いてさそうⒶ。
②サオを下げてわざとイトフケをつくる。このフケを張ったり緩《ゆる》めたりしてさそうⒷ。

①寄《よ》せのさそい

②食《く》わせのさそいⒶ

②食《く》わせのさそいⒷ

ワカサギ用棒《ようぼう》オモリを使《つか》ってさそい

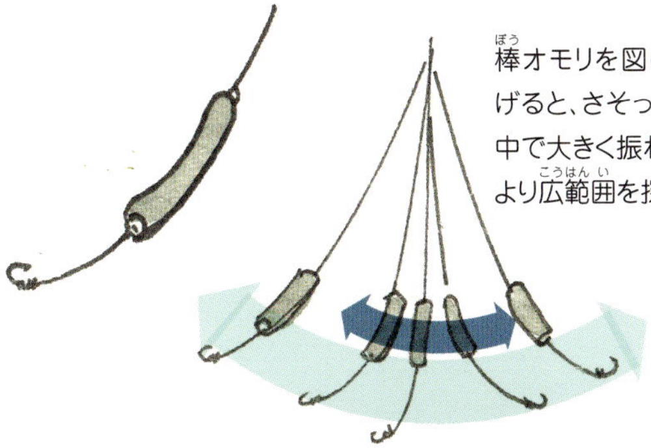

棒《ぼう》オモリを図のように曲げると、さそったときに水中で大きく振れ動くため、より広範囲《こうはんい》を探れる。

アタリとアワセのタイミング

サオ先に感じるより先に道糸《みちいと》の変化をつかみ取ることが大切。道糸《みちいと》が左右に動いた瞬間《しゅんかん》こそ、アワセのタイミングだ。

アワセ方《かた》

サオは短くて柔らかい。また道糸《みちいと》も底《そこ》近《ちか》くまで出ているため、手首ではなく、腕《うで》全体《ぜんたい》で“ピシッ”とアワセる。

取《と》りこみ方《かた》

枝《えだ》バリ仕《し》かけだが、なるべく1匹、1匹取りこみたい。バレた魚は、他のワカサギを散《ち》らしたり、よけいな警戒心《けいかいしん》をあたえかねない。

つり用語集

【あ行】

あおる　エサを動かし魚をさそうため、サオを上下させる動作。

あご［アゴ］　逆《ぎゃく》向《む》きに鋭《するど》い突起《とっき》が出ているハリ先の部分。エサが取れるのを防いだり、ハリ先にかかった魚がはずれないようにする。カエシともいう。

あたり［アタリ］　魚がエサに食いついたときのウキ、糸、サオに現れる反応《はんのう》。魚信《ぎょしん》。

あわせ［アワセ］　アタリが合った魚の口に、サオを上げてハリをかけること。

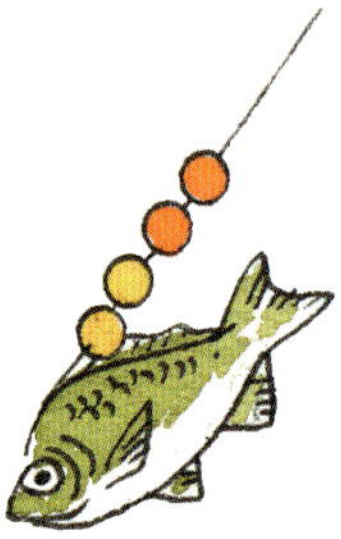

いとなり［糸鳴り］　大物がかかったとき魚の抵抗《ていこう》が激しく、道糸《みちいと》が水を切る音がすることがある。そのときの音。

いとふけ［糸フケ］　道糸《みちいと》が風などをうけて必要以上に出ること。フケをとるなどという。

いれぐい［入れ食い］　非常《ひじょう》によくつれる状態《じょうたい》をいう。

うかす　ハリにかかった魚を水面に浮かせること。

うすい　魚の数が少ないこと。

うちこみ［打ちこみ］　自分のねらったポイントにエサを投入すること。とくに、ヘラブナつりでは「打《う》ちこむ」ことによって、「寄《よ》せエ」の効果《こうか》を上げるため、「寄《よ》せエ」の意味も含む。

えさとり［エサ取り］　つりたい魚以外の魚がエサを取ること。

えだはりす［枝ハリス］　幹糸《みきいと》（モトス）から木の枝のように出ている糸。

おおすけ　主としてフナつりで30cm以上の大物。

おち［落ち］　越冬《えっとう》のため魚が深みに移動すること。

おちこみ［落ちこみ］　流れてきた水が、段階状《かいだんじょう》に小さい滝となるときその下にできる深み。

おまつり［オマツリ］　自分の仕かけが他人の仕かけと絡み合った状態。

【か行】

かうんとだうん［カウントダウン］　ルアーやフライでねらう水深《すいしん》まで、数を数えて沈ませること。

かえし［カエシ］　→アゴ

かかり　水中の障害物《しょうがいぶつ》。ハリなどが障害物などに引っかかることをいう。

かけあがり［カケアガリ］　深いところから浅いところに向かう斜面。魚が集まりやすいポイントの1つ。

からあわせ［カラ合わせ］　アタリはないがサオを上げて合わせてみること。魚をさそう効果《こうか》がある。

ぎじえ［疑似餌］　エサに似せて作られたルアーや毛バリのこと。

ぎじばり[擬餌バリ]　→疑似餌《ぎじえ》

きゃっち・あんど・りりーす[キャッチ・アンド・リリース]　つった魚をやさしくにがしてあげること。

きく[聞く]　アタリやアタリらしいものがあったとき、サオを上げてたしかめること。

きすい[汽水]　海水《かいすい》と淡水《たんすい》が混じり合った水。

くい[食い]　魚がエサを食うこと。

けしこみ[消しこみ]　勢いよいアタリで、ウキが水中に没してしまうこと。

げどう[外道]　おもに目的の魚以外の魚を指す。

こい[濃い]　魚の数が多いこと。

こづく[小突く]　サオの操作《そうさ》によって、オモリで底を小さくたたいて、魚をさそう動作。

ごぼうぬき[ゴボウ抜き]　ごぼうを抜くようにつった魚を水中から一気に上げること。

こもの[小物]　小さい魚の総称。

ころがし　アユのスガケ(かけバリを底に沈めてアユをひっかけるつり方)の一方法。

【さ行】

さおじり[サオ尻]　サオの根元。

さきおもり[先オモリ]　仕かけの先端《せんたん》にオモリがついていること。ミャクづり、枝バリ仕かけなどに用いる。

ささにごり[ササにごり]　雨のあと、増水して川がうっすらとにごった状態。

さそう[誘う]　エサを動かして魚の気をひく。

ざらせ[ザラ瀬]　流れがゆるい瀬で、底が小石でおおわれているところ。

しゃくり[シャクリ]　魚をさそう動作《どうさ》で、サオをあおってエサをおどらせる。

すいこみ[吸いこみ]　仕かけの一種。魚がエサをつついて吸いこんでいるうちに、ハリも自然に口の中に入る。そのハリを吸いこみバリという。おもにコイつり用。

せ[瀬]　川の流れが速く強い場所。

せがしらし[瀬がしら]　ゆるい流れが波立って瀬《せ》になりだすところ。

せじり[瀬じり]　瀬《せ》が静まってよどみや淵になるところ。

せわき[瀬わき]　瀬《せ》の両側の流れのゆるいところ。

そこづり[底づり]　底《そこ》にエサを下ろしてつること。

そこどり[底どり]　ウキ下をはかること。とくにヘラブナづりでは重要な作業。エサ、またはオモリを底につけてつること。

そこり[ソコリ]　干潮時《かんちょうどき》の潮位《ちょうい》が最も低い。

そこをきる[底を切る]　底《そこ》からエサを離すこと。

【た行】

たち［タチ］ 水深《すいしん》のこと。

たな［タナ］ 魚の泳層《えいそう》。ヘラブナなどは季節や天候によって変わる。

ためる［タメる］ サオを立てて魚の動きに合わせて、サオの弾力《だんりょく》と魚の引く力のバランスをとりながら魚の弱るのを待つ。

ちょんがけ［チョンガケ］ エサをハリに少しだけ引っかける。

ちんしょう［沈床］ 石やブロックなどを川岸の床に沈めたもの。増水《ぞうすい》による堤防《ていぼう》の決壊《けっかい》を防ぐためのもの。魚の寄り場の一つ。

つなぎ［ツナギ］ ねりエサをつくるとき、いろいろな材料を練り固めるために使うもの。

てじり［手尻］ サオの長さより仕かけが長いとき、その出た仕かけの部分。

とろば［トロ場］ トロともいう。静かな淵《ふち》、よどみで水通しのよいところ。

【な行】

ぬいざし［縫い刺し］ エサを縫《ぬ》うようにハリに何度も通して刺す。とくにミミズなどをつけるとき。

ぬめり［ヌメリ］ 魚体表面《ぎょたいひょうめん》の粘液《ねんえき》。

ねんなし［年なし］ 大物で年数がわかない魚。トシナシともいう。

のうかん［納竿］ つりが終わってサオをおさめること。シーズン最後のつりの意もある。

のっこみ［乗っ込み］ 産卵《さんらん》のため深みから浅場《あさば》に魚が移動してくること。群れをなしてやってくる。

【は行】

ばあれ［場荒れ］ つり手が多くつり場の魚が少なくなったり、魚がおびえて食わなくなったりすること。

はやあわせ［早アワセ］ アタリの瞬間《しゅんかん》に、素早《すばや》く合わせること。

ばらす［バラス］ いったん、ハリにかけた魚を取り込まないうちに、逃げられること。

はりす［ハリス］ ハリを結ぶ糸。

びく［ビク］ 魚を入れる容器。

ふかせづり［フカセづり］ オモリをつけずにエサの重みだけで自然に流し、ポイントに沈めるつり方。

ぶっこみづり［ブッコミづり］ リールなどを用いて、遠方《えんぽう》に仕かけを投げ込んでつるつり方。

ふところ［フトコロ］ 岩の間や曲がり角にできる小規模なよどみ。ポケット。つりバリの曲がっている内側空間も「フトコロ」という。

ふるせ 1年魚が越年したもの。あゆ、ハゼ、ワカサギなど。

ふりだしざお［振りだしザオ］ スライド式に伸びていくタイプのサオ。

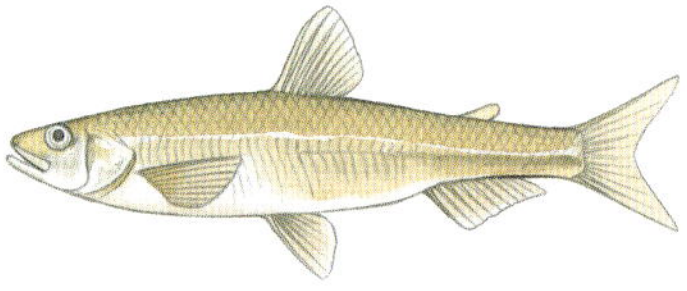

ふらし[フラシ]　網《あみ》でできた魚入れのこと。

へち[ヘチ]　池や川の岸ぎわ。

ぽいんと[ポイント]　ねらい場。

ほうず[坊主]　「魚のケもない」にかけて、釣《ちょう》果《か》のまったくないこと。魚が1匹もつれないこと。

【ま行】

まきえさ[まきエサ]　魚を寄せるためにまくエサ。寄《よ》せエサ。

まづめ[マズメ]　魚が良くエサを食べる時間帯。日没後を“夕《ゆう》まずめ”、空が明るくなってから日の出までを“朝《あさ》マズメ”という。

みづり[見づり]　魚がハリエサを食うのを見ながら合わせること。

みちいと[道糸]　サオと仕かけを結ぶつり糸。

むこうあわせ[向こうアワセ]　魚のほうから逃げて、自らハリにかかってしまうこと。

もじり[モジリ]　水面に魚の動きでできる波紋《はもん》。

もちこむ[持ちこむ]　魚が強く引いて、サオ先を水中に引きこむこと。

【や行】

やびき[矢引き]　矢を引くときの姿勢で左右の手の間隔《かんかく》を基準とする。約90センチ。

ゆきしろ[雪代]　早春、雪がとけて谷川が増水状態になること。「雪代《ゆきしろ》が出《で》る」などという。

よどみ　水流がないように見える深場。

よりば[寄り場]　魚が1か所に集まる場所。水温の低いときなど、湧水《わきみず》や底近くの条件のよいところに寄り集まる。

【ら行】

るあー[ルアー]　疑似《ぎじ》エサ、擬餌《ぎじ》バリのこと。種類がとても多い。

りゅうしん[流心]　流れの中心部。

れん[連]　2本バリに1匹ずつ、計2匹つれること。一荷(いっか)ともいう。

【わ行】

わんど[ワンド]　入江のこと。

監修:上田　歩（うえだ あゆむ）

1966年（昭和41年）東京生まれ。東京農業大学卒
フリーランス・フィッシングライター。小学生時代に友人からもらったライギョを飼育したことがきっかけで魚に興味を覚え、その後、クレイジークローラーというルアーの存在からブラックバスを知ったオタクな飼育少年は、その魚に魅せられ、やがてはルアーフィッシングに夢中になる。また、学生時代から始めたフライフィッシングでは、特に北海道での釣りが今でも珠玉の記憶として残こる。大学卒業後、3年間のブランクをおいてフリーのライターに。単行本やムック、雑誌等で執筆を行う。現在では、ルアー、フライ・フィッシングをライフスタイルの中心におき、"釣れる釣り"を展開中。主な著書や連載物に『超かんたん! 家族・親子つり入門』土屋書店　『川釣り』、『釣り大事典』・小学館　『フライフィッシング完全マスター』・青春出版社　『初めての川釣り』・海悠出版　『どーんと釣る』共同通信社など、ほかにも雑誌等で執筆。本人は決してルアーを疑似餌と解釈せずに"誘惑物"と捉えている。

■監修	上田　歩
■カバーデザイン	玉川布美子
■アートディレクション	秋葉勇人デザイン室
■本文デザイン・DTP	温水久夫（PACE Design Office）
■イラスト	佐藤敏己　角　愼作　もりなをこ
■構成	ビーアンドエス

初心者でも超わかる!

川づりの教科書

監　修　上田　歩
編　集　土屋書店編集部
発行者　田仲豊徳
印刷・製本　日経印刷

発行所　株式会社滋慶出版 / 土屋書店
東京都渋谷区神宮前3-42-11
TEL.03-5775-4471
FAX.03-3479-2737
E-mail:shop@tuchiyago.co.jp

この本に関するお問い合わせは、上記のFAXかメールまで（書名・氏名・連絡先をご記入の上）お送りください。電話によるご質問はご遠慮ください。また、内容については本書の正誤に関するお問い合わせのみとさせていただきますので、ご了承ください。